Alexander Demandt

Endzeit?

Alexander Demandt

Endzeit?

Die Zukunft
der Geschichte

Siedler Verlag
1993

FRATRI CONCORDISSIMO

Inhalt

Das Thema   7

    I. Die Wende   13

   II. Denkfigur Endzeit   23

  III. Wahrheitsgehalte der Apokalyptik   46

  IV. Umbrüche in der Gegenwart   60

   V. Vergangene Fortschritte   84

  VI. Wege zum Weltstaat   101

 VII. Drei unlösbare Aufgaben   121

VIII. Ungeschichtliches Geschehen?   155

  IX. Ein Zustand ohne Geschichte   170

   X. Alternde Ideale   181

  XI. Die Zukunft der Utopie   201

 XII. Der Prophet im Feigenbaum   222

Anmerkungen   231

Literatur   239

Gliederung   243

Das Thema

Historia magistra mortis
Orecic

1.

John Farrenkopf ließ nicht locker. Seit unserer Begegnung an der Münchner Frauenkirche im Herbst 1988 kam er immer wieder auf den Plan einer Spengler-Tagung zurück. Spengler schien ihm zu Unrecht vergessen – nicht ganz ohne Grund. Glaubte Spengler, am kulturellen Ende Europas zu stehen, so meinen wir, dessen politischen Anfang zu erleben. Oder wäre auch das vereinte Europa nur eine Stufe auf dem Wege zum Weltstaat, zu einer letzten Phase der Geschichte, in der die Entwicklung der Menschheit ihr Ziel findet?

Dank der Unterstützung von Hermann Lübbe und der Gastlichkeit der Reimers-Stiftung in Bad Homburg vor der Höhe kam das Spenglertreffen im Februar 1992 zustande. Vier Tage und drei Nächte lang wurde über den Untergang Spenglers und die Zukunft der Geschichte disputiert. Über das, was zu erwarten ist, waren wir weitgehend einig – weniger darüber, wie es zu bewerten sei.

Zur Vorbereitung hatte ich Untergang und Endzeit mehrere Semester hindurch in meinem Berliner Theorie-Kolloquium behandelt: winters in den verschmierten Räumen der Freien Universität, sommers unter Ernst Reuters Kastanie in Zehlendorf. Hilfe und Anregung erfuhr ich von Johannes Althoff, Hans-Jürgen Bienefeld, Andreas Goltz, Jens Hanefeld, Ulrike Herrmann, Bernhard Heye, Thomas Hupka, Sven Kellerhoff, Robert Ketelhohn, Olaf Matthes, Annette Pohlke, Michael Redies, Sven Rugullis, Heinrich Schlange-Schöningen und Hans-Dietrich Schultz. Die letzten Hinweise verdanke ich dem Siedler Verlag. Mit Bruder Ecke habe ich auf langen literarischen Spaziergängen durch die Gemarkung unseres hessischen Heimatdorfes die Problematik durchgesprochen, ihm sei mein Traktat gewidmet.

Freilich habe ich auch manche Warnung in den Wind geschlagen. »Bedenken Sie, Herr Demandt, Ihre Kritiker hängen sich an einzelnen Formulierungen auf!« Nun, mögen sie hängen!

Zitate, aus ihrem Zusammenhang gerissen, haben eine Chance, zu überleben.

2.

Unverhoffte Brisanz gewann die Thematik mit der Wende im Osten. Die meisten von uns haben den Tanz auf der Mauer im Tiergarten am Abend des 9. November 1989 mit allem Davor, Darum und Danach hautnah erlebt – ein westdeutscher Geschäftsmann in einem grünen Mercedes verteilte wie berauscht an alle Ostler, die am Übergang Bornholmer Straße herüberströmten, mit vollen Händen aus einem Wäschekorb Fünfzigmarkscheine! Geschichte zum Anfassen. Eine politische Epoche ging vor unseren Augen zu Ende, die *unisono* für dauerhaft erklärt worden war. Die Mauer – Symbol für den Endkampf – öffnete sich. Der ärgste aller Alpträume entwich – der Himmel hat nicht Luft genug, die wir zum Aufatmen brauchen.

Welche Erwartungen können solche Erfahrungen rechtfertigen? Kann man überhaupt noch Wahrscheinlichkeiten ermitteln, wo das Unwahrscheinlichste wirklich ward? Aber gerade solche Werde- und Wendezeiten verführen zu einer *saeculi novi interpretatio*. Die Rede vom ›Ende‹ geht leicht von der Zunge: Mitten im Zusammenbruch der großen Monarchien im Ersten Weltkrieg hatte Spengler dem Abendlande den Untergang verkündet, der sich bis dato verzögert hat. Nach der Zerschlagung der faschistischen Systeme im Zweiten Weltkrieg verhieß Toynbee eine friedliche Endzeit weltweiter Brüderlichkeit, die sich bis dato nicht einstellen will.

3.

Jetzt, da die Selbstauflösung des real vegetierenden Sozialismus den Dritten Weltkrieg ersetzt hat, konstatiert ein wacher Geist aus Washington das Ende der Geschichte. Daß Fukuyama die These am Schluß seines Buches wieder relativiert, sehe man ihm nach. Wer will eine solche Frage auch definitiv entscheiden? Schwerer wiegt, daß er Argumente übersieht. Mehr, als er glaubt, spricht für seine These; aber auch mehr, als er bedenkt, steht dagegen. Ist fünf Minuten vor Zwölf doch die Zeit aller geschichtsphilosophischen Zeitzeiger! Gewiß wird es irgendwann so weit sein. Die Uhr läuft ab; die Frage ist nur, wie spät es ist.

Was also ist von der Zeit zu halten, in der wir leben? Und was von den Sibyllen und Propheten, die über sie weissagen? Um hier Klarheit zu gewinnen, habe ich das Papier befragt, das vor mir lag. Es lieferte mir einen Entwurf für mein historisches Testament. Das Wichtige tun wir nie zu früh. *Historia magistra mortis.*

4.

Seitdem die Aufklärung das Geschick der Menschheit in einen umfassenden Entwicklungsgang eingeordnet hat, indem sie aus ihrer beschränkten Gegenwart den Weltenlauf zu überschauen suchte, da wollte sie auch umgekehrt auf dem langen Wege der Geschichte den Ort ihrer eigenen Zeit bestimmen. Das konnte kein beliebiger sein. Entwicklung unterstellt Vollendbarkeit. Sollte der Entwicklungsbegriff wie auf eine Buchrolle, wie auf ein Pflanzenleben auch auf die Menschheit anwendbar sein, so müßte sie inzwischen jenen Punkt erreicht haben, den der Berg Nebo für Moses und das Gottesvolk bedeutete: Er konnte das Gelobte Land noch nicht betreten, doch hatte er es wenigstens von fern gesehen. Die Aufklärer kannten das Ziel, sie nannten es die ›Humanität‹; die Geschichte erschien als die Humanisierung der Menschheit. Der Moment, wo dieses deutlich wurde, war keine Zeitenwende wie alle bisher, sondern Ausblick auf den Abschluß: auf die Endzeit.

5.

Die Frage, wo unsere Zeit zwischen der Vergangenheit und der Zukunft der Menschheit steht, hat wie keine andere das Denken der letzten zweihundert Jahre beschäftigt. Einig waren sich die Auguren über die Krisenlage; ob die Entwicklung zur Genesung oder zum Tode führe, ist weiterhin offen. Wo immer die Zeit ihr Selbstbildnis im Spiegel Klios sucht, da blickt ihr eine Endvision über die Schulter. Fragen wir nach deren Herkunft, so müssen wir hinter Kant und Hegel zurückgehen. Ein großer Sprung verlangt einen großen Anlauf.

Das Instrumentarium an Begriffen und Denkfiguren, mit dem das Problem üblicherweise traktiert wird, ist auf Herkunft und Eignung zu prüfen. Dies erfordert einen Blick aufs Ganze, einen universalhistorischen Sextanten. Wer seinen Ort auf Erden sucht, der muß sich an den Sternen orientieren.

6.

Das Krisenbewußtsein als solches ist uralt. Immer wieder haben Denker über ihre als Wende oder Ende empfundene Zeit reflektiert und sich bemüht, den Restgehalt an Zukunft aus ihrer Gegenwart herauszufiltern. Indem wir dies in Betracht ziehen, soll es weder um eine Geistesgeschichte der Eschatologie gehen noch um den kritischen Bericht von dem neuerdings erhobenen apokalyptischen Ton in der Geschichtsphilosophie und schon gar nicht um ein Votum »Zurück zur Kultur!«

Vielmehr bemühe ich mich, nach einer Selbstkritik der Fehleinschätzung des Sozialismus, *primo* um einen Versuch, das Endzeitbewußtsein früherer Zeiten als Ausdruck einer historischen Selbsteinordnung nachzuvollziehen und in seinem Anspruch ernst zu nehmen. Der eilige Leser mag das überspringen. Die Kunst des Lesens ist das Auslesen. Es geht dann *secundo* um die Unterscheidung zwischen absteigenden und aufgehenden Gestirnen am historischen Himmel über der nahen Jahrtausendwende und *ultimo* um einen Ausblick vom Nebo unserer Tage. Der wandernden Menschheit stünden durchaus verschiedene Zukünfte zur Wahl, wenn sie nur innehalten und vorausschauen wollte.

7.

Das Ganze ist wieder ein historisches Gedankenspiel, eine *aventiure* experimenteller Historiographie. Der Bereich des Beweisbaren hat keine scharfe Grenze zur blanken Beliebigkeit. Dazwischen liegt eine Grauzone abstufbarer Plausibilität. Die Spielregeln ergeben sich aus der Geschichte des Menschen. Wir wissen inzwischen, mit wem wir es zu tun haben.

Schriftgelehrte werden hier einen Wiederbelebungsversuch der längst für tot erklärten Geschichtsphilosophie wittern, Nekromantie, Urständ in Hegelei. Sie ahnen richtig. Bloß: Die Verwesung des Absoluten Geistes war (mit Marx zu sprechen) kein Dissolutions-, sondern ein Transformationsprozeß. Hegels Humus ist fruchtbar. Indessen verwandeln sich die Gewächse sozusagen dialektisch: Die Behauptung unbedingter Gewißheit in Hegels Zukunftsbild schlug um in die – heute übliche – Gegenbehauptung unbedingter Ungewißheit der antihegelianischen Zukunftsblindheit.

Sie führe nun in die Synthese einer bedingten Gewißheit mutmaßlicher Fortgänge. Weder eine einzige noch unendlich viele Möglichkeiten eröffnen sich. Die Grundmauern für den Bau der Geschichte sind gelegt. Wer sie studiert, gewinnt eine Vorstellung von den Möglichkeiten der Vollendung. Sie sind unterschiedlich, aber nicht zahlreich. Nur eine kleine Zahl von Faktoren wird mit nennenswerter Wahrscheinlichkeit die Zukunft der Geschichte bestimmen. Daß auch sie selbst ein Ende finden könnte, und wie ein Leben ohne Geschichte aussähe, soll uns abschließend beschäftigen.

Die Zukunft der Geschichte gehört zu den Themen, denen gegenüber ein gewagter Entwurf die schwachen Kräfte rechtfertigt, wie Properz sagt:

> *Quod si deficiant vires, audacia certe*
> *laus erit: in magnis et voluisse sat est.*

Lindheim, Neujahr 1993 Alexander Demandt.

I.

Die Wende

*Unsere Spekulationen über die
Zukunft und alle politischen Mut-
maßungen sind nichts als Possen.*
                    Friedrich der Große

1.

Am 19. August 1991 geschah das lang Erwartete. Das Militär übernahm die Macht in Moskau. Die von Gorbatschow eingeleitete Liberalisierung drohte die Errungenschaften einer siebzigjährigen Aufbau-Arbeit in eine Sackgasse zu manövrieren. Nicht nur die Zukunft des schon weitgehend zerfallenen Ostblocks stand auf dem Spiel, sondern die Zweite Weltmacht, die Sowjetunion, und mit ihr der Sozialismus, die einzige Alternative zur monopolkapitalistischen Klassengesellschaft, zu Ausbeutung und Unterdrückung.

Der Putsch bestätigte im Westen die Erfahrung, daß die innere Geschichte des Sowjetsozialismus zwischen Tauwetter und Frost schwankt, daß auch der Moskauer Frühling leichtfertig als Anfang vom Ende der geteilten Welt begrüßt worden war. Während Fahnen, Orden, Uniformen der ehemals Roten Armee bereits von russischen und afghanischen Trödlern auf dem Flohmarkt unter dem Brandenburger Tor verhökert wurden, rollten die Panzer durch die Hauptstädte der sozialistischen Sowjetrepubliken. Die Betonköpfe bewiesen, daß nicht nur die Arsenale der Atomraketen noch intakt waren.

Drei Tage später gaben die Generale auf. Maos Maxime, alle Gewalt gehe von Gewehrläufen aus, war widerlegt: Wenn die Schützen den Zeigefinger gerade lassen, dann werden Waffen witzlos. Der Putsch war die Nagelprobe.

Seither wissen wir, daß der Partei- und Polizei-Apparat nebst der Idee, die ihn hervorgebracht hatte, Geschichte geworden ist. Gegen das süße Gift der liberaldemokratischen Regenbogengesellschaft war der Stacheldraht der Lagerstaaten hilflos. Der Konsumismus triumphiert über den Kommunismus.

2.

Der gescheiterte Staatsstreich von Janajew und den Seinen hat nicht nur dem Rätesystem die letzte Chance geraubt. Er hat sowohl die sozialistischen Ideologen als auch die kapitaldemokratischen Realpolitiker Lügen gestraft, die sich aus der Rivalität der beiden Supermächte einen gnostischen Dualismus zwischen Ost und West, zwischen *closed and open society* zurechtphilosophiert hatten, der als das Gesetz des laufenden Weltalters gelten sollte. Nun ist der alte Äon zu Ende gegangen, wir blicken zurück auf ein Zeitalter des Irrtums. Was ist aus ihm zu lernen?

Von Hegel stammt der Satz: »Was die Erfahrung aber und die Geschichte lehren, ist dieses, daß die Völker und Regierungen niemals etwas aus der Geschichte gelernt und nach Lehren, die aus derselben zu ziehen gewesen wären, gehandelt haben.« Hegel unterstellt damit, daß eine besonnene Auswertung der Vergangenheit eine vernünftigere Politik zur Folge gehabt hätte. Damit aber verlangt er zuviel, zumal er gerade in der Unvernunft der Menschen die List des Weltgeistes erblickt, seine Vernunft zu entfalten. Sollten wir es besser können?

Was immer die Menschen lernen, das lernen sie aus der Geschichte – auch wenn es nicht gerade das ist, was sie gemäß ihrer unbestritten höheren Bestimmung eigentlich aus der Geschichte lernen sollten. Sie ziehen eben ihre eigenen Schlüsse, und diese sind ebenso selten ganz falsch, wie unsere eigenen ganz richtig sind. Ein Grundrecht des *homo sapiens* ist das Recht auf Irrtum.

3.

Von diesem Privileg haben wir mit unserer Täuschung über die Permanenz des Ost-West-Konfliktes ausgiebig Gebrauch gemacht. Auf politischem Gebiet wurde bestätigt, was auf zivilisatorischem zuvor schon vertreten wurde: daß die beschleunigt sich ändernden Lebensverhältnisse jede Vorhersage torpedieren. Die neue Erfahrung stützt offenbar das alte Argument. Allein unter stabilen Rahmenbedingungen können wir begründet erwarten, wann die nächste Bundestagswahl stattfindet, was uns ein Sparvertrag einbringt, wie lange die Kohlenvorräte des Ruhrgebiets ausreichen. Sobald Unvorhergesehenes dazwischentritt, geht unser Kalkül nicht auf. Zu den Kennzeichen unserer hochzivilisierten Welt aber gehört eine permanente Fluktuation der Lebensumstände. Sie haben unsere Vordenker bewogen, den Topos der *historia magistra vitae* zu verabschieden.

Wenn ich meinen Überlegungen die Devise *historia magistra mortis* vorleuchten lasse, halte ich gleichwohl an dem umgekehrten Diktum Ciceros ebenfalls fest. Denn wenn uns die Geschichte auch nicht verrät, was wir tun sollen (wie dies Spengler meinte, als er der Jugend empfahl, statt Gedichte zu schreiben lieber Brücken zu konstruieren), so verrät uns die Geschichte doch, was wir bedenken sollen, bevor wir überhaupt etwas tun. Wo die Geschichte nicht Antrieb sein kann, ist sie als Bremse nützlich. Man möge sie nicht vorschnell als Ballast abtun. Ballast stabilisiert.

4.

Gewiß erschweren die Wandlungen im Umfeld unseren Ausblick, aber sie sollten uns nicht entmutigen. Denn die meisten Veränderungen sind ihrerseits Ergebnisse vorausschauenden Handelns, zum größeren Teil beabsichtigt, zum geringeren in Kauf genommen und nur in kleinstem Umfange so überraschend, daß niemand dafür verantwortlich gemacht werden kann. Ganz ohne Abstriche gelingt kein Plan, aber dieser Tribut an Tyche widerlegt doch nicht die Planbarkeit des Lebens überhaupt. Wann wurde je so umfassend und so erfolgreich geplant wie heute? Neun Zehntel des Geschehens gehorchen Programmen und Projekten, über die immer feinere, immer fernere Terminplanung wird die Zukunft erfolgreich von der Vergangenheit gesteuert. Nie war das Leben so reguliert und rationalisiert; unsere prognostische Kompetenz dokumentiert sich auf jeder Großbaustelle. Die erweisbaren Fehlprognosen sind darum skandalös, aber nicht repräsentativ. Sie sind unsere besten Lehrmeister. Unsere Ökonomen, unsere Ingenieure, unsere Administratoren sollten den Historikern Mut machen, dasselbe zu tun: Geschichte vorauszudenken.

5.

Fraglich bleibt, inwieweit auch die Politik zu den planbaren Lebensbereichen gehört. Der Glaube an die Möglichkeit einer geschichtlich begründeten Voraussage hat mit dem Zusammenbruch des letzten Kolonialreiches sein Jahrhundert-Tief erreicht. Das Ereignis, 1950 von Ernst Jünger als eine von zwei, 1959 als eine von fünf Möglichkeiten beschrieben, von Millionen heimlich ersehnt, aber nur von wenigen vorhergesehen, traf uns so überraschend, daß wir noch gar keinen Namen (bleibt es bei »Wende«?) dafür haben. Es hat Josef Stalin und die Propheten im Osten widerlegt, die an die kommunistische Zukunftsgesellschaft glaubten, und hat Henry Kissinger und die Propheten im Westen widerlegt, die eine dauerhaft geteilte Welt annahmen. Es hat vor allem Mao Tse-tung widerlegt, der den Dritten Weltkrieg für unvermeidlich erklärt hatte.

6.

Jetzt, am ideologischen Aschermittwoch, fehlt es in der Historikerwelt nicht an Offenbarungseiden glaubwürdiger Verblüffung. Wer indessen meint, die Unerkennbarkeit des Kommenden sei für alle Zeiten bewiesen, und Hegel recht gibt, der hat selbst nichts aus Hegel gelernt, der praktisch tat, was er theoretisch für unmöglich erklärte. Der Geschichte ihren Lehrgehalt bestreiten, heißt die Erfahrung verabschieden. Wenn wir das Ende im Osten unter den zuvor bestehenden Bedingungen nicht vorausahnen konnten, dann können wir es aus den zuvor bestehenden Bedingungen auch nicht erklären. Das gilt auch umgekehrt: Nur so weit können wir es nachher erklären, als wir es hätten erwarten sollen. Daß die innere Lage im Osten vor der Wende undurchschaubar gewesen wäre und erst nach ihr die Historie herausgefordert sei, das Unerwartete zu erklären und nachzuweisen, daß alles so gekommen ist, wie es kommen mußte, wäre die von Theodor Lessing angeprangerte *logificatio post festum*: die Afterweisheit des Historikers, der dem Weltgeist die Schleppe trägt.

7.

Daß es an solchen Epipheten nicht mangeln wird, die uns beweisen, daß und warum der Koloß auf tönernen Füßen bersten mußte, ist nicht schwer vorauszusagen. Die Vorherdummen haben bewiesen, warum der Ostblock ewig halten müsse, die Nachherklugen werden hinzufügen, daß man den Einsturz hätte voraussehen können, und sie werden zugleich begründen, warum man es nicht vorausgesehen hat. Die Begründung wird sich nicht mit der exkulpativen Tarntechnik der Potemkinschen Fabriken und Kasernen begnügen, sondern selbstkritisch lauten: Das Urteilsvermögen der Fehldeuter wäre durch Interessen geblendet gewesen. Sie hätten sich gegen das Grundgebot der Zunft versündigt, *sine ira et studio* zu urteilen. Und das stimmt.

8.

Vor etlichen Jahren legte das Meinungsforschungsinstitut Allensbach einer Auswahl deutscher Professoren eine Skala vor, von Null in der Mitte bis Ziffer minus 10 nach links und Ziffer plus 10 nach rechts. Man sollte sich da politisch einordnen. Diese Latte entsprach dem damals herrschenden, ja bis in die jüngste Zeit beliebten Modell für das eindimensionale Selbstverständnis unserer Intellektuellen. (Der Schnitt lag dann bei minus 3). Gleichwohl läßt sich mit seiner Hilfe die Fehlprognose im Ost-West-Konflikt erklären. Die tendenziell optimistischen Linken haben den Sozialismus deswegen für stabil gehalten, weil sie ihn *mutatis mutandis* bewunderten. In zynischer Weise haben sie dabei die Opfer des Unrechts im Osten als Kinderkrankheiten einer goldenen Zukunft verharmlost und als den verlorenen Haufen des Fortschritts, als Preis für den Weltfrieden abgesegnet.

Der Zweck hat immer die Mittel geheiligt. Es fragt sich nur, welche Mittel welchen Zweck.

9.

Die traditionell pessimistischen Rechten hingegen überschätzten den Ostblock, weil sie selber Angst hatten oder – kaum weniger zynisch – die Angst anderer Westler schürten und nutzten, um aufrüsten zu können. ›Petit Paysan‹ war kein eidgenössisches Spezifikum. Linke wie Rechte waren an einer dauerhaften Großwetterlage interessiert, um im Kleinklima kalkulieren und profitieren zu können. Die Devise »Keine Experimente« galt überall. Rechts wie links hieß es: Der Weltfriede beruhe auf dem Gleichgewicht des Schreckens unter dem Schirm der amerikanischen Minuteman-Raketen. Das Gleichgewicht aber sei nur gesichert, solange der Schrecken stabil und die Welt geteilt bleibe, insbesondere Deutschland. Die Spaltung Deutschlands sei die Sühne für die Hitlerei; den Verzicht auf die Wiedervereinigung seien wir unseren Nachbarn im

Westen wie im Osten, ja uns selbst schuldig. »Kein Vorwurf ist drückender als der, fremden Nationen Unrecht getan zu haben, zumal wenn sie in Werken des Geistes unsere Wohltäterinnen waren« - so Herder in seinem 109. ›Brief zur Beförderung der Humanität‹. Die Kollektivbuße wurde von rechts wie links gleichermaßen geleistet. Die Buße nannte Spengler das »faustische Ursakrament«.

10.

Die *contritio cordis* war echt. Die Publizistik sorgte für die *confessio oris* (»Wir Deutsche sollten lieber, müssen endlich, dürfen nicht...«), der Eiserne Vorhang für die *satisfactio operis*. Er wurde als die verdiente Sühne gerechtfertigt. Die Absolution spendete das Wirtschaftswunder. Freilich hatte die Stacheldrahtgrenze einen weiteren Vorzug. Der Oger im Osten erforderte den Big Brother im Westen. Die Affenliebe zu Amerika mäßigte den Hitlerkomplex, die Angst der Deutschen vor dem kleinen Adolf in jedem von ihnen. Die Besatzungsmächte ersparten uns die letzte Verantwortung für das eigene Tun und Lassen, und die damit verbundene begrenzte Souveränität, lies: politische Unmündigkeit, hatte ihre angenehme Seite. »Es ist so bequem, unmündig zu sein«, heißt es bei Immanuel Unbekant 1784. Er fährt fort: »Ich habe nicht nötig zu denken, wenn ich nur bezahlen kann.« Es scheint jedenfalls leichter zu zahlen als zu denken.

11.

Der Irrtum über den Sowjetismus hatte etwas zu tun mit der Angst vor der Hochflut bei weltpolitischem Tauwetter. Wenige haben es vorausgesagt, unter ihnen Armin Mohler, Martin Kriele und Hanns-Albert Steger. Letzterer 1986 in Regensburg: Man kann »mit Sicherheit sagen, daß die Zweiteilung Europas, Ergebnis des Kalten Krieges von 1948 bis 1953 jeder wie immer gearteten geschichtlichen Absicherung ermangelt und daher auf Dauer unter keinen

Umständen wird durchgehalten werden können«. Wer so dachte – gemäß der Stimme des Gewissens oder mit dem Blick auf die Geschichte –, den traf die Schelte beider Seiten. Er wurde von links dem Weltfeind Kapitalismus zugezählt, der ja nur seine Geschäfte auf den armen Osten ausdehnen wolle, wurde von rechts der Verharmlosung des Weltfeindes Kommunismus geziehen, der zwar gebändigt, aber auch erhalten werden müsse, da in seinen Untergang unweigerlich der Rest der Welt hineingezogen werde. *Securitas* -»Sicherheit« hieß die Parole totalitärer Polizei im Osten wie demokratischer Politiker im Westen.

12.

Der Abgott im Kalten Krieg war der *status quo*, das Dogma die politische Phantasielosigkeit. Darum hat der Westen den Osten bis zuletzt durch gigantische Kredite gestützt und »aus humanitären Gründen« das menschenunwürdige System künstlich am Leben gehalten. Ein kluger Kopf von drüben bekannte schon vor zehn Jahren: »Ohne die Lieferungen aus dem Westen wären wir binnen eines Vierteljahres am Ende.« Wünsche und Ängste der Westler haben nur die politisch-militärische Fassade des Ostens sehen wollen, nicht die Wünsche und Ängste der Menschen dahinter. Nirgends hat man lauter protestiert, als Ronald Reagan 1987 von den Sowjets den Abbruch der Berliner Mauer forderte, denn in *Western Germany*. Das war mit den politischen Nerven unserer Protestler nicht vereinbar. Sie erachteten jede Anmahnung der Menschenrechte im Osten als Gefährdung ihres Wohlergehens, als Unterhöhlung des Weltfriedens. *Pax nobiscum.* Auch die Republikflucht bot ein willkommenes Ventil. Wären die Unzufriedenen im Lande geblieben, hätten sie zuerst die Gefängnisse und dann den Staat gesprengt. Asylanten verlängern das Unrecht, dem sie entfliehen.

13.

Angst vor den Folgen dieser Einsicht wird ihr die Zustimmung verweigern. Der Wunsch nach historischer Selbstentlastung verführt zum Glauben daran, wir hätten alles ganz richtig gemacht. Auch künftig wird man die ostfreundliche Stabilisierungspolitik von Bahr und Strauß daran messen, welches Unglück sie (angeblich) verhindert hat, und nicht daran, welches Glück sie (tatsächlich) verzögert hat. Es lebt sich besser im wohligen Bewußtsein, das Schlimmste verhütet zu haben, als in der peinlichen Erkenntnis, für das Schlimme Mitschuld zu tragen. Künftige Generationen aber werden verständnislos fragen, wie es möglich war, daß Unrechts-Staaten getragen wurden von Bürgern und gestützt wurden von Nachbarn, die den Unrechts-Charakter erkannt hatten. Das Urteil über uns wird lauten: Es war die moralische Schwäche des Westens, die ihm die politische Schwäche des Ostens verdeckte und dessen Zusammenbruch bejammerte, solange noch irgend Aussicht auf Rettung des Arbeiter- und Bauernparadieses bestand.

14.

Nachdem wir allzulange an die ›Endgültigkeit‹ einer Teilung der Welt in ein liberales und ein sozialistisches Lager geglaubt haben, dürfen wir nun die ›Endgültigkeit‹ der Überwindung dieser Teilung nicht vorschnell verkünden. Das Wort ›endgültig‹ sollte endgültig aus der Sprache der Historiker gestrichen werden. Wer den Grund für die begangene Fehleinschätzung erkennt, hat damit leider nicht die Gewähr, jede weitere zu vermeiden. Soweit er aber bereit ist, durch eigenes Irren andere zu belehren, darf er von seinen Zeitgenossen Nachsicht fordern. Unsere Erde ist ein Planet, ein ›irrender‹ Stern.

15.

Richten wir also den Blick in die Zukunft und fragen wir, was an Geschichte noch zu erwarten ist! Die Neugier der Nachgeborenen ist uns sicher. Was ist interessanter als Zukunftsbilder aus der Vergangenheit? Gehaltvollen Prognosen dürfen wir die Aufmerksamkeit der Nachwelt prognostizieren, die sich geschmeichelt fühlt, weil man sich mit ihr beschäftigt. Trifft seine Voraussage zu, so erregt die Hellsicht des Verfassers Erstaunen; ging sie fehl, so erweckt seine Blindheit Verwunderung. Ohne das Wagnis eines Irrtums ist kein Fortschritt an Einsicht zu erhoffen. Wir irren uns empor.

Ich folge Luthers Rat an Melanchthon *pecca fortiter*! und bitte meine Leser mit Paulus: »Den Geist dämpfet nicht, die Weissagung verachtet nicht! Prüfet alles, und das Gute behaltet!«

II.
Denkfigur Endzeit

*Es gibt Leute, die sich über den
Weltuntergang trösten würden, wenn
sie ihn nur vorhergesagt hätten.*

Hebbel

1.

Der Ost-West-Gegensatz war nicht nur politischer, ökonomischer und sozialer Natur. Er erstreckte sich auf das Bild vom Menschen, auf die Vorstellung von Geschichte und auf die Erwartung an die Zukunft. Sowohl der Historische Materialismus als auch der liberale Demokratismus legitimierten sich durch ein je eigenes Entwicklungsmodell, das überging in eine soziale Vision, deren Realisierung der Menschheit das Glück bescheren sollte. Drüben war es die ›klassenlose‹, hüben die ›offene‹ Gesellschaft. Beide Seiten glaubten, in einer Übergangszeit zu stehen, die nach der Überwindung des Gegners in einen definitiven Zustand oder doch in eine unwiderrufliche Entwicklungsrichtung münde. Dachte man dort an ein Ziel, so glaubte man hier wenigstens an eine Zielgerade.

Der universale Anspruch der konkurrierenden Ideologien rechtfertigte den Einsatz maximaler Kräfte, und dieser Beglückungskonflikt barg das Risiko eines totalen Endes. Aus dem Neben- und Gegeneinander der beiden Verheißungen erwuchs eine Bedrohung, die mit jenen den finalen Zug teilte. So oder so – *finis temporum*.

2.

Der Ausdruck ›Endzeit‹ ist ein Ärgernis. »Daß ein Zeitpunkt eintreten wird, da alle Veränderung (und mit ihr die Zeit selbst) aufhört, ist eine die Einbildungskraft empörende Vorstellung«, schrieb Kant 1794. Platon glaubte an die endlose Zeit, einen Wechsel von Vor- und Rückwärtsdrehung, woraus in der Stoa der Gedanke einer ewigen Periodizität wurde. Die Antwort auf die Frage: »Was kommt danach?« lautete: »Immer wieder dasselbe!« Das aber widerspricht unserer Erfahrung, die uns dauernd Neues beschert.

Perser, Juden und Christen dagegen vertraten die Endlichkeit unserer Zeit, die abgelöst würde durch die Ewigkeit. »Einmal starb Christus für unsere Sünden«, heißt es bei Augustin in seiner Polemik gegen den *circuitus temporum* der Griechen. Die Antwort auf die Frage: »Was kommt danach?« lautete jetzt: »Das völlig andere!« Dies wiederum übersteigt unser Vorstellungsvermögen.

3.

Im Dilemma zwischen zyklischer und linearer, unbegrenzter und begrenzter Zeit hilft die moderne Naturwissenschaft auch nicht weiter. Die Relativitätstheorie hat die Homogenität des Raum-Zeit-Kontinuums aufgelöst: die Zeit gleichsam pluralisiert. Die Kosmologie postuliert zwar mit Urknall und Wärmetod Grenzen der Zeit als Inbegriff des makrophysikalischen Geschehens, behauptet aber nicht den mikrophysikalischen Stillstand vorher und nachher. Auch dies differenziert den Zeitbegriff, umgrenzt jedoch die Zeit als solche nicht.

Die Zeit gehört zu den Grundbedingungen allen Geschehens, sowohl in der Welt als auch in unserem Kopf, und ist daher als ganze ebensowenig zu fassen wie Raum, Stoff, Kraft, Sprache und andere Grundbegriffe unseres Denkens. Wir können sie nur aus der Innenperspektive beschreiben, wie ein Schiff, das wir nicht verlassen können. Nehmen wir eine Begrenzung der Zeit an, so betten wir sie in eine Überzeit; die Zeit als Summe der Bewegung spielt sich ab in einer in sich ruhenden Ewigkeit. Endlich ist immer nur eine bestimmte, wenn nicht durch ihren Inhalt, dann durch Anfang und Ende bestimmte Zeit.

4.

In diesem, so eingeschränkten Sinne ist auch die Rede von ›Endzeit‹ und vom ›Ende der Geschichte‹ zu verstehen. Sie meint weder die Paradoxie, daß in Zukunft nichts mehr geschehe, noch die Platitüde, daß die Vergangenheit sowieso in jedem Augenblick zu Ende sei. Gemeint ist vielmehr, daß jene Phase der Menschheit vorüber sei, die im eigentlichen Sinne als ihre Geschichte empfunden wird.

Was sich von innen als Ende darstellt, erscheint von außen als Übergang. Dieses Krisenbewußtsein läßt sich in drei Varianten unterteilen. Es erscheint erstens im Bilde der Turbulenz ohne Bezug auf einen Wendepunkt; es erscheint zweitens nach einer Zäsur als Morgenstimmung, als Aufbruch in eine neue Zeit, und erscheint drittens als Niedergangs- und Untergangsbewußtsein, vielfach mit dem Blick auf einen Einschnitt, der als Anfang vom Ende gedacht und gefürchtet wird. Der Begriff der Krise in seinem ursprünglichen, hippokratischen Sinne gestattet alle drei Möglichkeiten, je nachdem, ob es sich um die Krankheit als solche handelt oder der Fortgang einbezogen wird, sei es die Katharsis, sei es die Genesung, sei es die Agonie.

5.

Das früheste Zeugnis für das Gefühl, am Ende der Zeiten zu stehen, äußert Hesiod, der Sänger von Askra, um 700 vor Christus in seinem Lehrgedicht über den Landbau ›Werke und Tage‹. Hesiod schreibt, während er sich in einem hoffnungslosen Rechtsstreit mit seinem Bruder Perses um das väterliche Erbgut befindet. Perses hatte die Richter bestochen; Hesiod fragt sich nun, wie das möglich war, und beantwortet es mit dem Mythos vom Goldenen Zeitalter. Am Anfang, so heißt es, lebte ein goldenes Geschlecht in Glück und Gottesfurcht. Ihm folgte ein silbernes, weniger begünstigtes. Nach dem ehernen und dem heroischen kam dann das letzte, das eiserne Geschlecht der Gegenwart. List und Gewalt regieren jetzt auf Erden,

Recht und Gesetz sind in den Himmel entflohen. Hesiod benutzt den Mythos als Ausdrucksform für sein Zeitgefühl. Er beschreibt einen Abstieg in Stufen, auf deren letzter und tiefster er selber steht.

Wir wissen nicht, wie verbreitet dieses Krisenbewußtsein in Hesiods Zeit war. Im 7. Jahrhundert vor Christus erlebte Hellas den Übergang von einer weitgehend ländlichen in eine überwiegend städtische Lebensform, und vielleicht gehörte Hesiod zu den Verlierern jener Verwandlung und brachte eine Hoffnungslosigkeit zum Ausdruck, die sein Mißgeschick nicht als bloß privates erklärt. Jedenfalls hat er mit dem Mythos vom Goldenen Zeitalter ein – vermutlich aus dem Orient entlehntes – Bild geschaffen, das eine große Wirkungsgeschichte entfaltet hat. Platon und Aristoteles bezeugen, daß es bereits auf die Zeit unter dem Tyrannen Peisistratos um 550 angewandt wurde. Ovid behandelte den Mythos in seinen Metamorphosen, und seit augusteischer Zeit ist immer wieder von *aurea aetas*, von *felicium temporum reparatio* die Rede.

6.

Die orientalischen Endzeitlehren werden für uns zuerst in der Sintflutsage greifbar. Gott vernichtet die bösen Menschen, nur der fromme Noah und die Seinen überleben. Diese ursprünglich wiederholbar gedachte Katastrophe ist im Alten Testament als historisches Ereignis gemeint, seine Wiederkehr ist aufgehoben zugunsten des Messianismus der Propheten.

Zur Zeit des geteilten Reiches, seit dem 9. Jahrhundert vor Christus, bilden der Abfall vom alten Glauben, wachsende soziale Mißstände und die Bedrohung durch Assyrer und Chaldäer den Hintergrund prophetischer Endzeitpredigt. Sie verkündet das Strafgericht Gottes, das Erscheinen des Messias und die Erlösung Israels. Während der babylonischen Gefangenschaft im frühen 6. Jahrhundert verhieß Hesekiel die Rache des Herrn zunächst an den Sündern in Israel, sodann an den Feinden des Gottesvolkes, die zerschmettert würden. Israel erlebt seine ›Wiedervereinigung‹, und der Tempel zu Jerusalem ersteht in neuem Glanze. »Solches wird zur letzten Zeit geschehen.«

7.

Ein zweites eschatologisches Geschichtsmodell der Antike ist die ebenfalls orientalische Idee der Weltreiche. Die kanonische Fassung erhielt das Schema im Buche Daniel während des Makkabäer-Aufstandes im Jahre 164 vor Christus. Im Bilde vom Koloß auf tönernen Füßen verbindet sich die Symbolik der von Etappe zu Etappe immer minderwertigeren Metalle mit der Naherwartung einer Messiasgestalt auf den Wolken des Himmels, die dem letzten, dem gegenwärtigen Weltreich und damit der Geschichte überhaupt ein Ende setzen und einen vollkommen andersartigen, ungeschichtlichen Zustand bringen wird.

8.

Die Idee vom Goldenen Zeitalter und das Modell der Weltreichsfolge ist dann, als Cyrenius Landpfleger in Syrien war, mit der Messiaserwartung auf doppelte Weise verbunden worden. Die römische Staatsideologie bietet die weltliche Variante, die jüdisch-christliche Endzeiterwartung die geistliche. Die säkulare Romidee der *Pax Romana* fand ihre gültige Fassung in Vergils vierter Ekloge. Sie verhieß 40 vor Christus die Geburt eines göttlichen Königskindes, unter dessen Herrschaft alles Elend ein Ende haben und das Goldene Zeitalter wiederkehren werde. Im Mittelalter erhielt das Gedicht die Überschrift ›Saeculi novi interpretatio‹. Der damals verheißene *novus ordo saeclorum* wurde seither vielmals, zum vorletzten Male unter Mussolini, proklamiert. Neuerdings dient das Etikett *Ordine Nuovo* einer neofaschistischen Erneuerungsbewegung ebenso wie dem Ökopax-Programm auf spirituellem Fundament linker Prägung.

9.

Die christliche Eschatologie, die Rede von der ›Fülle‹, genauer: der Erfülltheit (*pléroma*) der Zeit, beruht auf den Prophetenbüchern und auf spätjüdischen Endzeitlehren, die wir im vierten Buch Esra und im syrischen Baruch fassen, beide um 80 nach Christus geschrieben. Das Ende sollte nicht durch eine Entwicklung, sondern durch einen Einbruch erscheinen, dem Zeichen vorausgehen: Bäume bluten, Steine schreien, Sterne hageln vom Himmel... Schon der jüdische Aufstand 70 nach Christus war getragen von der Hoffnung auf einen endzeitlichen Sieg des Ostens unter jüdischer Führung über die Römer. Römische Autoren überliefern dies, weil sie selbst diese Orakel auf den im Osten erhobenen Kaiser Vespasian bezogen, und die Texte aus Qumran haben es bestätigt. Der Prophet spricht zum Messias: »Es erhebe dich der Herr zu ewiger Höhe, wie einen starken Turm auf ragender Mauer, auf daß du die Völker mit der Kraft deines Mundes schlügest und mit deinem Szepter die Erde verwüstetest, mit dem Geist deiner Lippen die Frevler tötetest. Er mache deine Hörner eisern und deine Hufe ehern, stoßen sollst du wie ein Jungstier und die Völker zertreten wie Straßenkot. Denn Gott hat dich zur Zuchtrute der Herrscher bestellt, und alle Nationen werden dir dienen.«

Aus dieser Zeit stammt auch die Johannes-Apokalypse, und ebenso verheißen die damals verfaßten Evangelien das Ende des alten Äon: Das Himmelreich sei nahe herbeigekommen. In der Zeit Neros bereits ermahnte allerdings Paulus die Thessalonicher, sich für den nächsten Winter lieber doch noch Vorräte anzulegen: »Wer nicht arbeitet, soll auch nicht essen.« Etwas jünger ist die bei Irenaeus von Lyon überlieferte Endzeit-Vision Jesu: »Es werden Tage kommen, wo Weinstöcke wachsen, jeder mit zehntausend Reben, jede Rebe mit zehntausend Zweigen, jeder Zweig mit zehntausend Trauben, jede Traube mit zehntausend Beeren, deren jede tausend Maß Wein ergibt... Ähnlich wird auch ein Weizenkorn zehntausend Ähren hervorbringen, jede Ähre zehntausend Körner, deren jedes zehn Pfund reinstes Mehl liefert. Alle Tiere werden friedlich und freundlich zu den Menschen sein.«

10.

Die Situation, die im Zeitalter des Augustus, dem schon damals so genannten *Saeculum Augustum*, den Glauben an das Ende der Zeiten einrahmt, war ein jahrzehntelanger Krieg im gesamten Mittelmeer-Raum. Es schien unvorstellbar, daß dies so weitergehen könne, aber ebenso unglaublich, daß es nochmal ein Ende nähme. Alle erdenklichen Staatsformen hatte man durchprobiert, von der Polis über den Stammes- und Volksstaat bis zum Großreich, von der patriarchalischen Monarchie über alle Spielarten der Oligarchie zur radikalen Demokratie – kein System hatte den Frieden gebracht. Lucrez entwarf die Szenerie des Weltuntergangs: Die *machina mundi* bricht an einem einzigen Tage zusammen. Eine verbreitete Verzweiflung, nicht nur bei den Gegnern Roms, sondern auch bei Sallust und Cicero, bei Horaz und Livius, weckte die Hoffnung auf eine Wiederherstellung des Altbewährten oder auf die Stiftung von etwas gänzlich Neuem.

Caesar und Augustus hatten es endlich gebracht. Griechische Inschriften aus Klein-Asien feierten die neue Ordnung als *evangelion*. Das kaiserliche Imperium Romanum mit der *Pax Augusta* bot den Endzeit-Erwartungen im Westen einen gewiß unvollkommenen, aber doch greifbaren politischen Anhalt. Die frohe Botschaft von der Wiederkehr Christi dagegen verkörperte für seine Anhänger im Osten die makellose, aber noch unfaßbare Form der religiösen Erfüllung.

11.

Sobald sich das Imperium der Imperatoren konsolidiert hatte, zeigte sich eine neue Facette im Lebensgefühl. Neben die Angst vor dem Ende trat das Ende der Angst, der Eindruck, am Anfang einer endlosen Endzeit zu stehen. Gewiß war das Neue, doch unklar, worin es bestand. Abendgefühle des Weltentages und Morgengefühle des Weltensabbat mischen sich in schwer entwirrbarer Weise, lassen sich einzelnen Gruppen und Personen nicht eindeutig zuordnen, ja begegnen oft beim selben Autor. Entsprechend widersprüchlich sind die Ausdrucksformen.

12.

Zu den beliebtesten Metaphern gehört das Lebensaltergleichnis. Die Geschichte einer Stadt, eines Volkes oder gar der Welt wird, wie später bei Spengler, mit den Altersstufen eines Menschen parallelisiert. Der jeweilige Autor steht dabei gewöhnlich am Anfang vom Ende. Die Vergangenheit erscheint als Stufenfolge, die Zukunft als Ebene unbestimmter Ausdehnung. Pessimisten heidnischer wie christlicher Provenienz erwarteten den nahen Tod, so Seneca bei Lactanz und dieser selbst, Optimisten wie Florus, Ammianus Marcellinus und Rutilius Namatianus wähnten sich vor einer Verjüngung, vor einem ewigen *otium cum dignitate*, einer todlosen *senectus*. Niemand aber hielt eine andere als die römische Form des Zusammenlebens für möglich – sehen wir ab von den jüdischen Zeloten und Sikariern zwischen Judas Iskarioth und Bar Kochba, die ihre eigene Endzeitvorstellung herbeizwingen wollten.

Gerade in Krisenzeiten gewann die Romideologie an Bedeutung, und selbst die Germanen übernahmen sie. Als Alarich 410 zum Entsetzen der Zeitgenossen die Ewige Stadt erobert hatte, setzte er einen Schattenkaiser ein, dessen Münzen die Devise trugen INVICTA ROMA AETERNA.

13.

Römisch-immanente und christlich-transzendente Geschichtsdeutungen erwiesen sich als vereinbar. Die Christen akzeptierten seit Paulus, Melito und Origenes die politischen Leitideen Roms: die monarchische Verfassung, die

Idee des Weltreichs und dessen Dauer bis zum Ende der Zeiten. Die Römer übernahmen mit dem christlichen Glauben die Vorstellung vom *finis temporum* nach dem *finis imperii*. Als Kompromißformel diente die Identifizierung des rätselhaften paulinischen *katechon* mit dem römischen Reich. Solange das oder der ›Aufhaltende‹ bestand, konnte der Antichrist nicht erscheinen. Constantin der Große und Eusebius von Caesarea waren einig darin, daß die *aeternitas Romae*, das *imperium sine fine* den letzten Akt des Dramas ›Geschichte‹ vor dem Neuen Äon darstelle.

14.

Zu Beginn der Völkerwanderung verbreitete sich wiederum die Stimmung, das Ende der Zeiten sei gekommen. Der heilige Martin von Tours glaubte, der Antichrist sei bereits geboren. Unter diesem Vorzeichen schrieb der Augustinschüler Orosius seine Weltgeschichte: Gottes Heilsplan sei im weltumspannenden *Imperium Romanum Christianum* vollendet. Was jetzt allein noch passieren könne und passieren müsse, sei die Christianisierung der Heiden, bis die vorherbestimmte Zahl der Heiligen voll geworden sei. Über die Germaneneinfälle konnte sich ein Christ nur freuen. Denn die Barbaren suchten Beute und fanden den Glauben. Sind die Goten, Burgunder und Vandalen nicht so zu Christen geworden?

15.

Erscheint uns heute diese Endzeitperspektive durch den Zusammenbruch des Reiches im 5. Jahrhundert widerlegt, so schlösse sich Orosius dem kaum an. Theodosius II verkündete 425 über dem Goldenen Tor von Konstantinopel die Rückkehr des Goldenen Zeitalters. Die Romidee überdauerte die Völkerwanderung, verlor das Mittelalter hindurch nicht an Kraft, und die Mission schritt voran. Otto von Freising beendete seine Fortführung des Orosius mit einem Ausblick auf das bevorstehende Tausendjährige

Reich, das die *plenitudo temporis* bezeichnet und der Gerichtsposaune vorhergeht. Solange das Römische Reich künftig bestand, gleichgültig ob römischer oder deutscher oder russischer Nation, befand man sich noch innerhalb der ›Geschichte‹, und solange das biblische Christentum lebendig blieb, wartete man betend und wachend auf den Tag des Herrn, der unverhofft erscheint wie der Dieb in der Nacht. Die Zeichen, die ihn ankündigten: Krieg, Mord, Not und Pestilenz kennzeichneten den Dauerzustand, dessen Schluß man erhoffte.

16.

Endzeitlehren, wie sie in der jüdisch-christlich-römischen Überlieferung verankert sind, finden sich ähnlich in der altpersischen, islamischen und germanischen Tradition. Zarathustra unterschied drei Zeitalter: das vergangene der Schöpfung, das gegenwärtige der Mischung und das künftige der Trennung. Die erste Zeit war gut, die zweite besteht im Kampf zwischen dem Guten und dem Bösen – sie füllt die Geschichte. Mit dem Sieg des Guten endet die Geschichte, das Böse wird ausgeschieden, und eine endlose Zeit der Verklärung folgt. Nach dem schließlichen Sieg des Lichtes über die Finsternis beginnt das Glück für die verwandelte Menschheit. Alle haben nur noch eine einzige Lebensform, eine einzige Verfassung (*politeia*), eine einzige Sprache, sie brauchen keine Nahrung mehr und werfen keinen Schatten. Das ›Avesta‹, dem diese Kosmologie entstammt, ist zwar erst in nachchristlicher Zeit zusammengestellt worden, dennoch reicht es ins frühe erste Jahrtausend zurück, so daß es eher auf die jüdische Eschatologie gewirkt hat als umgekehrt.

17.

Anders steht es mit dem Islam. Der Erzengel Israfil, der auf dem Tempelberg von Jerusalem die Posaune des Jüngsten Gerichtes blasen wird, geht auf hebräisch ›Serafim‹ zurück.

Die Idee vom Mahdi, der vor dem Erscheinen des Antichrist alle Moslems unter seiner Herrschaft vereinen wird, trägt messianische Züge. Bevor er kommt, durchbrechen Gog und Magog die Eisenmauer, die Alexander gegen sie gebaut hat.

Von christlichen Quellen scheint sodann die germanische Götterdämmerung abhängig, das ›Muspilli‹ mit dem Weltenbrand und den Ragnarök (Göttersturz) in der ›Völuspa‹, dem Endkampf zwischen Göttern und Riesen, den Heimdals Stoß ins Giallarhorn einleitet. Bis dahin herrscht »Windzeit, Wolfzeit. Bis die Welt vergeht, nicht einer will des andern schonen.«

18.

Endzeiterwartungen teils antiker, teils christlicher Provenienz begegnen in halbernster, ja albernster Form bis weit in die Neuzeit. Ein Beispiel aus den Schreckensjahren des Dreißigjährigen Krieges liefert Grimmelshausen. Wie zuvor entfesselt die Not die Phantasie. Als Simplicius von Soest aus »auf Partei ging«, erwischte er einen Narren, der sich ›überstudiert‹ hatte und erklärte, er sei Juppiter. Die Götter hätten ein Strafgericht über die Menschheit beschlossen. Dazu werde ein teutscher Held erweckt, der alle Mörder, Wucherer, Diebe, Schelme, Ehebrecher, Huren und Buben beseitigen, alle Zölle, Zinsen und Steuern ebenso aufheben werde wie die Fürstenmacht, die Leibeigenschaft und den Krieg. Er werde an einem einzigen Tage Konstantinopel erobern, das römische Kaisertum erneuern, mitten in Teutschland eine Hauptstadt errichten, die Jerusalem in den Schatten stelle. Teutsch werde Weltsprache, die Teutschen würden die Welt beherrschen und ihr ewigen Frieden schenken, »wie zu Augusti Zeiten«. Der neue Held regiert sodann mit einem ›Parlament‹ aus je zwei Gelehrten aller Städte, verpflanzt den Musenberg Helikon nach Teutschland und lehrt alle Töpfer das Goldmachen. Das wird ein Leben! seliger denn auf den elysischen Feldern, »Wie im Schlaraffenland, wo es lauter Muskateller regnet und die Creutzer-Pastetlein über Nacht wie die Pfifferlinge wachsen«. Zuvor aber werden alle christlichen Religionen der Welt miteinander vereinigt, ein Jubelfest sondergleichen eröffnet die neue Zeit.

19.

Abgesehen von solchen Nachzüglern, hat das römisch-christliche Endzeitbewußtsein bereits mit dem Beginn unserer Neuzeit an Bedeutung verloren. Der Renaissance-Humanismus ist von Aufbruchstimmungen beflügelt. Petrarca, Erasmus und Hutten hatten das Gefühl, das finstere Mittelalter überwunden zu haben, an einem Zeitenmorgen, in einer kulturellen Morgenröte zu stehen. Die damit verbundene Periodik entnahm man der voraugustinischen Antike, die man zu erneuern trachtete. Die *vicissitudo temporum*, der Wechsel der Zeiten, war ein beliebtes Thema – kein Plan, sondern der Wechsel regierte das Leben der Menschheit. Inhalt der Geschichte war hinfort nicht mehr das Handeln Gottes am Menschen in seiner vorläufigen Diesseitigkeit, sondern die eigenverantwortliche Ausgestaltung seiner Lebenswelt durch den Menschen, in erster Linie durch die Schöpfungen von Wissenschaft, Kunst und Kultur. Die christliche Eschatologie verschwand nicht, aber trat in den Hintergrund.

20.

Im gleichen Maße, wie man in der Neuzeit über die Leistungen der Alten im Können und Wissen hinausgelangte, stellte sich die Denkfigur eines Wettlaufs zwischen den ›Neuen‹, den *moderni*, und den ›Alten‹, den *antiqui*, ein, die sich dann in der *Querelle des Anciens et des Modernes* umdimensionierte, als im Anschluß an Bruno und Bacon ein Fontenelle 1688 erklärte, in Wahrheit stünden die Alten am Anfang der Zeiten, seien also die Jungen; am Ende der Zeiten aber stünden die Heutigen, seien also eigentlich die Alten. Er machte aus zwei Prozessen einen einzigen, aus dem Neben- ein Nacheinander, das den Fortschritt der Jüngeren metaphorisch sanktionierte. Die Geschichte wurde zur Einbahnstraße, wie sie uns bei vielen Aufklärern entgegentritt.

Die Aufklärung verstand sich als Bewegung aus dem Dunkel ins Licht, als Ausgang des Menschen aus seiner selbstverschuldeten Unmündigkeit. Die Schuld war allerdings bloß hypothetisch, gebunden an die Nichterfüllung der Forderung, hier und jetzt auf die eigenen Füße zu springen; sie war nicht apodiktisch an die Tatsache gekoppelt, daß die Menschheit dies nicht längst getan habe. Die bisherige Unmündigkeit wird aus einem Entwicklungsprinzip erklärt und entschuldigt.

21.

Der Fortschrittsgedanke der Aufklärung entnahm aus der Renaissance das Prinzip der Diesseitigkeit, aus dem Christentum die Idee der Teleologie. Die Endzeiterwartung wurde resäkularisiert: Der jüdische Messianismus war ursprünglich durchaus irdisch und hatte sich erst mit dem Ausbleiben des Endchrist spiritualisiert. Die Umwandlung himmlischer Hoffnung in irdische, der Wechsel von einem plötzlichen Hereinbrechen des Neuen Äon in eine allmähliche Annäherung und die Verlagerung der Aktivitäten aus den (*idealiter* geschlossenen) Klöstern an die (*idealiter* offenen) Schulen wurde bei den Protestanten durchaus christlich gedeutet; das Weltgericht erschien als Denkbild für die Weltgeschichte, deren Inhalt die Selbsterlösung der Menschheit wurde. Schiller schob Hoffnung und Genuß, Erwartung und Erfüllung 1786 in eins: »Genieße, wer nicht glauben kann... wer glauben kann, entbehre!« Die Bibel wurde von Herder und Lessing historisiert in ein zwar notwendiges, aber doch zeitbedingtes Erziehungsinstrument bei der erhofften Humanisierung des Menschen.

22.

Für das Zeitverständnis der Aufklärer war der Begriff der Entwicklung prägend. Er enthält den Gedanken an ein künftiges Entwickeltsein, an ein Ende. Das lehrt der Ursprung der *evolutio* im *volumen*, in der Buchrolle, die irgendwann ausgewickelt ist. Bestätigt wird das durch die Anwendung der Metapher auf den organischen Lebensprozeß, der in der Reife kulminiert. Herder, Lessing und Kant haben die Geschichte der Menschheit mit einem individuellen Entwicklungs- und Erziehungsprozeß verglichen, der soeben in die Maturität geführt habe. Soweit Geschichte Entwicklungsgeschichte ist, soweit ist sie Entstehungsgeschichte, also Vorgeschichte des Menschen. Die nunmehr erreichte Mündigkeit erscheint als letzte Phase der Menschheit. Sie mag noch so lang und reich gedacht sein – sie bildet den Abschluß. Das in der Logik des Bildes liegende Greisenalter wird von den optimistisch gestimmten Aufklärern ebenso verdrängt wie der Menschheitstod. Auch Seneca, Florus und Ammian hatten diese Konsequenz vermieden. Augustin nannte den bevorstehenden letzten Tag der Weltenwoche *sabbatum non habens vesperam*.

23.

Die Französische Revolution dokumentierte ihren Anspruch auf einen Neuanfang durch die Einführung einer neuen Ära, beginnend am 22. September 1792, 9 Uhr, 18 Minuten und 30 Sekunden. Die Hoffnung auf einen neuen Menschheitstag war damals verbreitet. 1799 sprach Novalis sie aus, Schiller verhieß der Kultur eine ›Morgenröte,‹ und Hegel gab die Begründung: Der Weltgeist hat sich zur Freiheit entfaltet, und was jetzt noch folgt, ist in diesem Konzept bloß die langsamere oder schnellere, friedliche oder kriegerische Ausbreitung dieses Bewußtseins über die Menschheit. Hegel proklamierte das Ende der Kunst (einschließlich der schönen Literatur), das Ende der Philosophie (einschließlich der Wissenschaften) und das Ende der Geschichte (einschließlich der Politik).

Etwas anders liest es sich in Hegels 1822 gehaltener Geschichtsphilosophie-Vorlesung. Die vierte und letzte Entwicklungsstufe des Weltgeistes im Bewußtsein seiner Freiheit ist hier die christlich-germanische Zeit, die im protestantisch-preußischen Staat ihren End- und Höhepunkt finde. Gegen den Einwand, ein weiterer Fortschritt wäre der republikanische Großstaat nach amerikanischem Muster, erklärte Hegel, Amerika sei nur ein Annex Europas. Das »Land der Zukunft« sei »noch nicht so weit vorgerückt, um das Bedürfnis des Königtums zu haben«. Im übrigen heißt es: »Der Philosoph hat es nicht mit dem Prophezeien zu tun.«

24.

Die Endzeit-Idee, von Hegel philosophisch begründet, wurde von seinem Zeitgenossen Jean Paul schon 1795 poetisch ausgestaltet: »Es kommt einmal ein goldenes Zeitalter, das jeder Weise und Tugendhafte schon jetzo genießet, und wo die Menschen es leichter haben, gut zu leben, weil sie es leichter haben, überhaupt zu leben – wo Einzelne, aber nicht Völker sündigen – wo die Menschen nicht mehr Freude (denn diesen Honig ziehen sie aus jeder Blume und Blattlaus), sondern mehr Tugend haben – wo das Volk am Denken, und der Denker am Arbeiten Antheil nimmt, damit er sich die Heloten erspare – wo man den kriegerischen und juristischen Mord verdammt, und nur zuweilen mit dem Pfluge Kanonenkugeln aufackert. – Wenn diese Zeit da ist, so stockt beim Übergewicht des Guten die Maschine nicht mehr durch Reibungen. – Wenn sie da ist: so liegt nicht nothwendig in der menschlichen Natur, daß sie wieder ausarte und wieder Gewitter aufziehe (denn bisher lag das Edle blos im fliehenden Kampf mit dem übermächtigen Schlimmen) so wie es, nach Forster, auch auf der heißen St.Helenen-Insel kein Gewitter gibt. – Wenn diese Festzeit kommt, dann sind unsere Kindes-Kinder –

nicht mehr. Wir stehen jetzo am Abend und sehen nach unserm dunkeln Tag die Sonne durchglühend untergehen, und uns den heitern stillen Sabbathtag der Menschheit hinter der letzten Wolke versprechen; aber unsre Nachkommenschaft geht noch durch eine Nacht voll Wind und durch einen Nebel voll Gift, bis endlich über eine glücklichere Erde ein ewiger Morgenwind voll Blütengeister, vor der Sonne ziehend, alle Wolken verdrängend, an Menschen ohne Seufzer weht. Die Astronomie verspricht der Erde eine ewige Frühling- Tag- und Nachtgleiche; und die Geschichte verspricht ihr eine höhere; vielleicht fallen beide ewige Frühlinge in einander.«

25.

Friedrich Engels hat 1888 erklärt: »Mit Hegel schließt die Philosophie überhaupt ab.« Wenigstens unter einem Aspekt könnte er Recht haben: Bis in die Zeit Hegels zeigt das geschichtsphilosophische Denken Haupt- und Nebenströmungen. Danach wird eine solche Unterscheidung schwierig, zwischen den nebeneinander herlaufenden Strängen ist kaum zu gewichten. Mehrere Hauptwege laufen parallel. Im Hinblick auf die Zukunftserwartung läßt sich die nachhegelianische Geschichtsphilosophie aufteilen in eine rechtshegelianische, auf den Staat konzentrierte Schule, eine linkshegelianische, auf die Gesellschaft fixierte Richtung und eine gleichsam an Hegel vorbeilaufende Tradition der liberaldemokratischen progressiven Spätaufklärung, vornehmlich in Westeuropa. Sie stimmten überein in der Bejahung der Volkssouveränität, unterschieden sich aber in der politischen Ausformung.

Die rechtshegelianische Strömung glaubte mit den Grundideen des modernen Nationalstaates das letzte Stadium der Geschichte erreicht zu haben, so noch Friedrich Meinecke. Die linkshegelianische Strömung erwartete das nahe Endreich einer klassenlosen Weltgesellschaft vor dem Erlöschen der Menschheit. Marx glaubte 1848, 1852 und 1871, das letzte Stündlein der Klassengesellschaft habe geschlagen, Engels erwartete das Ende der Menschheit in ferner Zukunft. Beide waren sich der biblischen Tradition ihrer Geschichtsvision bewußt, glaubten aber, daß erst sie die bisher religiös verbrämten Zukunftserwartungen der bedrängten Menschheit verstünden und verwirklichten.

Christliche Apokalyptik sah im Sozialismus den Antichrist. Getragen von der Aufklärung, verkörpert in den Juden, werde der Sozialismus das Ende der Welt bringen, so Dostojewski 1880 und ähnlich sein Schüler Solowjew 1899.

26.

Die Liberaldemokraten verzichteten auf eine Endzeitprognose. Sie plädierten für einen parlamentarischen Kapitalismus von unendlicher Entwicklungsfähigkeit. Die Menschheit trifft sohin der Fluch des Ewigen Juden. Ohne jemals anzukommen, muß sie wie Ahasver immer weiterziehen. Anders hingegen die Puritaner in Amerika mit Walt Whitman, die das Himmlische Jerusalem in den Kolonien der Neuen Welt errichten wollten. Die Visionen gingen auseinander – nicht nur theoretisch. Die gegensätzliche Geschichtsphilosophie entfaltete Sprengkraft.

27.

Politisch brisant wurde die vorletzte Ausgeburt der Endangst in der Tradition der biblischen Apokalyptik mit der schwarzen Utopie aus den ›Protokollen der Weisen von Zion‹, deren wirksamste Fassung auf den Russen Sergej Nilus (1905) zurückgeht und die in allen europäischen Sprachen erschien. »Nahe ist der andrängende Antichrist und das Reich des Teufels auf Erden« heißt der Untertitel zum Buch ›Das Große im Kleinen‹.

Es ist die Rede von einer jüdischen Weltverschwörung, die den Universalstaat errichten will. Die Konspiranten haben erkannt, daß der Liberalismus ins Chaos führt, daß mit dem Ende der europäischen Aristokratie 1792 die

Demokratie gekommen ist, die in der Anarchie endet. Nur eine globale Despotie vermag mit Hilfe des Kapitals die Menschheit zu regieren. Zuvor muß der Klassenkampf (er ist anzuheizen) die Wirtschaft zerstören, muß die Geldgier (sie ist anzufachen) die christliche Moral untergraben, müssen Kriege geschürt werden, in denen die bestehenden Staaten sich gegenseitig zerfleischen. Sollte gegen das Geheimregiment Widerstand aus unbeteiligten jüdischen Kreisen aufkommen, sind Pogrome zu inszenieren.

So wird die Weltregierung der Weisen allgemein als Erlösung ersehnt – das messianische Zeitalter bricht an, in spätestens hundert Jahren unter einem Sproß aus dem Hause Davids ist es soweit. Die Menschheit wird ein entpolitisiertes Leben führen, ihre Vorstellungen werden durch Bilder gelenkt, eine engmaschige Organisation sorgt für alle Bedürfnisse und verhindert jede Unruhe. Dem dient auch der Geschichtsunterricht, der die Vergangenheit künstlich verdunkelt, um die Gegenwart strahlen zu lassen. Alle leitenden Positionen im Weltstaat werden mit Juden besetzt, die sachkundig, unbestechlich und fürsorglich regieren – Glück und Gerechtigkeit herrschen in alle Ewigkeit. Besorgnis vor einer solchen Pax Judaica äußerten sogar die ›Times‹ am 8. Mai 1920.

28.

Zurück zur seriösen Literatur! Aus der Romantik stammt eine weitere, antihegelianische Richtung, die weder Staat noch Wirtschaft, sondern Kultur in den Mittelpunkt stellte. Die Gegner Hegels verwarfen das Prinzip der Entwicklung überhaupt und vertraten zyklische oder paradigmatische Modelle, denen die Geschichte als Musterbuch dient. Im Unterschied zu den optimistisch gestimmten beiden Hegelschulen ist der Antihegelianismus, von Nietzsche abgesehen, durch Pessimismus geprägt.

In diese Richtung des Geschichtsdenkens gehört Spengler. An die Stelle kausaler Entwicklungen setzte er die individuelle Entfaltung von acht eigengesetzlichen Hochkulturen, die teils nach-, teils nebeneinander aufblühten und abstarben. Die Hochkulturen unterscheiden sich nicht nur qualitativ nach der Substanz ihres ›Seelentums‹, sondern auch quantitativ nach ihrer geographischen Ausbreitung. Indem Spengler den Untergang des Abendlandes in den nächsten Generationen erwartet, steht er einerseits am Ende der von ihm so genannten faustischen Kultur. Da er dieser eine ökumenische Reichweite zuschreibt, steht er andererseits am Ende der Kulturgeschichte überhaupt. Was nun komme, sei der fünfte Akt, ja die Katastrophe.

Sehen wir ab von den vagen Ausblicken auf einen möglichen weiteren Kulturkreis in Rußland, »ein matter Nachzügler irgendwo in der Ebene zwischen Weichsel und Amur«, endet für Spengler mit der abendländischen Kultur die Abfolge der Hochkulturen überhaupt, um einzumünden in eine zivilisatorische Endphase, in der es nicht mehr zu neuen großen Kulturschöpfungen kommt. So wie man mit demselben Schritt einen Garten und ein Land verlassen kann, an dessen Grenze er liegt, so wie derselbe Glockenschlag eine Stunde und einen Tag beenden kann, so stehen wir nun vor einem doppelten Übergang. Im Sinne Spenglers ist die Zukunft gewiß nicht ereignislos, wohl aber geschichtslos, genauer: kulturlos. Daher verwundert es, wenn er sich in der Spätzeit des Abendlandes mit seiner Polemik gegen Frankreich und England für Deutschlands Griff nach der Weltmacht einsetzt. Was wäre denn da zu holen gewesen aus der Konkursmasse der Hochkulturen?

29.

Spenglers englischer Nachdenker Arnold Joseph Toynbee hat die eschatologische Perspektive wieder christlich gewendet. Ließ Spengler keinen Zweifel an seiner Verachtung ›bloßer‹ Zivilisationsphasen, einschließlich der bevorstehenden, so knüpfte Toynbee daran die Hoffnung auf ein Zeitalter weltweiter Eintracht und Brüderlichkeit, einer *Pax Oecumenica*. Er verband die stoische Idee des humanitären Weltstaates mit der christlichen Hoffnung auf das Reich Gottes: Sein Ort sollte die Erde, sein Herr aber Christus sein. Gegen Spengler, der noch 1936, im Jahr seines Todes, den Weltfrieden für eine pazifistische Illusion der erschöpften weißen Rasse erklärt hatte, erwartete Toynbee nach der »Zeit der Wirren« als großes Finale eine universale Ordnung, *some kind of world order* nach dem Muster des *British Commonwealth*.

Spenglers These, die faustische Kultur, deren Entwicklung im Grundmuster anderen Hochkulturen entspreche, habe ihre Blütezeit hinter sich, begegnet in zahlreichen Variationen. Das Empfinden, im Übergang zu einer neuen, stärker durch Zivilisation als durch Kultur geprägten Zeit zu leben, ist vor und nach ihm, unter anderen ähnlich von Max Weber und Ernst Jünger, von Jan Huizinga und Gottfried Benn, von Romano Guardini und Hendrik de Man vertreten worden.

30.

Max Weber beklagte, daß der Mensch wie nie zuvor den äußeren Gütern verfallen sei. Der siegreiche Kapitalismus, am hemmungslosesten in den Vereinigten Staaten, bedürfe des Geistes nicht mehr, eine ›mechanisierte Versteinerung‹ drohe. Die letzten Menschen: »Fachmenschen ohne Geist, Genußmenschen ohne Herz.« Weber hat 1920 in München öffentlich mit Spengler diskutiert – in der Zeitkritik gaben sie einander wenig nach.

31.

Ernst Jünger meinte 1932 zwar, die Kulturmorphologie lasse keine gültige Prognose zu, konstatierte aber selbst: »Wir nehmen an dem Schauspiel eines Unterganges teil, der nur mit geologischen Katastrophen zu vergleichen ist.« Die »vernichtenden Veränderungen der natürlichen und geistigen Bildungen auf der gesamten Erdoberfläche« führten in eine neue »Einheit, deren Heraufkunft hinter den

Trümmern der Kultur und unter der tödlichen Maske der Zivilisation zu ahnen ist.« Prägnanter formulierte er 1959, »daß wir uns am Abschluß eines Zyklus befinden, der die Geschichte, ja vielleicht die menschliche Existenz auf dieser Erde übergreift«. Sinnverwandt die Formeln »Abschied von der Geschichte«, »Furcht einer Endzeit«. »Anzeichen einer Weltwende« und nicht zuletzt das Bild der ›Zeitmauer‹, die wie andere Mauern Undurchdringlichkeit vorspiegelt.

32.

Jan Huizinga schrieb 1935: »Das Gefühl, einem Endpunkt nahe zu kommen, ist uns vertraut genug geworden.« Er sprach vom »Ende der Kultur« und konstatierte: »Die Welt zeigt das Bild von Spenglers Zivilisation plus ein Maß von Wahnsinn, Humbug und Grausamkeit.« Sichtbarster Ausdruck erschien ihm die moderne ›Kunst‹. Und 1943: »Die Welt geht der nächsten Zukunft als räuberische Gemeinschaft einer gewinn- und genußsüchtigen Menschheit entgegen.«

33.

Gottfried Benn fürchtete 1947 die »Zukunftslosigkeit eines ganzen Schöpfungswurfes«. Im Anschluß an Spenglers achte Hochkultur gehen »durch Abspannung« das Quartär und das »Dogma vom Homo sapiens« zu Ende. Zu erwarten sei noch eine Restgeschichte, ein ›Aprèslude‹ des ›synthetischen Lebens‹ in einem »Lotosland, in dem nichts geschieht und alles stillsteht«.

34.

Romano Guardini zog 1950 einen Vergleich zur christlichen Kultur des Mittelalters und leitete den Kulturgedanken der Neuzeit aus dem ›Empörungsglauben des Autonomismus‹ ab. Für die angebrochene ›Endzeit‹ des ›nichthumanen Menschen‹ in einer ›nicht-natürlichen Natur‹ prophezeite er eine ›nicht-kulturelle Kultur‹. Er folgert: »Wenn das, was der Mensch der vergangenen Jahrhunderte hervorbrachte und worin er wohnte, Kultur war, dann ist das, womit wir es heute zu tun haben, tatsächlich etwas anderes.«

35.

Hendrik de Man sprach 1951 im Rückgriff auf Cournot (gestorben 1877) und Jouvenel (gestorben 1935) vom Eintritt in die ›außergeschichtliche Zeit‹, in die ›Phase der Sinnlosigkeit‹, die *post-histoire*; damit fand er Zustimmung bei Arnold Gehlen. Die jüngste Variante säkularer Apokalyptik präsentiert 1992 Francis Fukuyama, der im Sieg der liberalen Demokratie über den ›realen Sozialismus‹ die Prophezeiung von Karl Popper bestätigt sieht, daß die ›offene Gesellschaft‹ über die geschlossene triumphieren werde.

36.

Geistesgeschichtlich stammt die moderne Endzeitlehre aus dem christlichen Chiliasmus, den die Offenbarung des Johannes im 20. Kapitel begründet. Seine hegelianisch säkularisierte Form verkörpert die optimistische Fassung, ihr trat eine pessimistische Schwester zur Seite, die unter dem Namen ihres berühmten Parfums bekannt wurde: *fin de siècle*. Sie wurde vorwiegend von Rechtsintellektuellen geschätzt, die sich von den Linksintellektuellen durch schwächer ausgeprägte Hoffnungen unterscheiden. In der jüngsten Entwicklung verwischen sich indessen die politischen Schattierungen, auch linke Spatzen tschilpen apokalyptisch von den Dächern.

Reiner Pessimismus ist ebenso selten wie eitel Optimismus. Das heute herrschende Denkbild zeigt gewaltige Gewitterwolken mit schmalem Hoffnungsschimmer. Abermals steht Herakles am Scheideweg. Die breite Bahn des Wohlseins stürzt die Menschheit in den Abgrund. Der schmale Pfad der Tugend aber führt in sanft-sicheren Serpentinen hinab. Ihn empfiehlt der zeitkritische Philosophist, selbst eher ein neuer Prodikos als ein neuer Herakles. Der Wegweiser geht nicht mit.

III.
Wahrheitsgehalte der Apokalyptik

*Wir sind dazu unfähig geworden,
an eine uns bestimmte Zukunft zu
glauben.*

Nietzsche

1.

Zeugnisse für das Gefühl, am Ende der Zeiten zu stehen, sind so alt wie das historische Bewußtsein selbst. Sie verteilen sich über alle Phasen der Vergangenheit, verdichten sich zeitweise zum Symptom für das Selbstverständnis ganzer Gruppen und treten bis in die allerneueste Zeit in Erscheinung. Sie entspringen in ihrer Frühform einem mythischen oder religiösen Denken und kleiden sich später ins Gewand philosophischer Argumentation. Als Dokumente für die Lebensstimmung ihrer Autoren sind diese Äußerungen lehrreich. Mögen sie noch so falsch gewesen sein: Sie helfen uns, die Menschen in ihren Sorgen zu verstehen. Die Frage nach der Zukunft gehört zu den Urfragen der Menschheit.

2.

Eine andere Ebene betreten wir, wenn wir – über den Ausdruckswert hinausgehend – nach dem Wahrheitsgehalt der Endzeitlehren fragen, nach dem Recht zu apokalyptischen Gefühlen. Auf den ersten Blick scheint die Frage sinnlos. Zeigt das nicht bereits ihre Topik? Alle Endzeitpropheten wurden bisher widerlegt, weil sie ihre Herzensangelegenheit zu derjenigen der Weltgeschichte gemacht haben. Ein Jude konnte auf dem Höhepunkt des Makkabäer-Aufstandes meinen, jetzt müsse der Menschensohn kommen. So der Verfasser des Danielbuches. Ein Römer konnte nach hundert Jahren Bürgerkrieg mit dem Sieg des Augustus bei Actium aufatmen und sagen: Es ist erreicht. So Horaz. Einem Christen konnten nach dreihundert Jahren Verfolgung mit dem Sieg an der Milvischen Brücke alle wesentlichen Probleme erledigt scheinen. So Eusebios von Caesarea. Der Optimismus überstand bei manchen Autoren sogar die Anfänge der Völkerwanderung. Ein Heide wie Sidonius meinte damals, die Germanen seien gekommen, um Vergil zu lesen. Ein Presbyter wie Orosius glaubte, die Germanen seien erschienen, um katholische Christen zu werden.

3.

Solche perspektivisch gebundenen Teleologien wiederholen sich in der Neuzeit. Der Archifanaticus Thomas Münzer bewies 1524 in seiner Allstedter Fürstenpredigt als neu erstandener Daniel, daß in diesen letzten Tagen das Heilige Römische Reich zu Ende gehe, daß den Gottlosen widerfahre, was der Herr gesagt hat: »Nehmet meine Feinde und erwürget sie vor meinen Augen!« Man müsse das Unkraut ausraufen. Der späte Luther, das »geistlose, sanftlebende Fleisch zu Wittenberg« – so Münzer – und Luthers Anhänger sahen durch den Erfolg der Reformation die Macht des als Antichristen betrachteten Papsttums überwunden. Ein Illuminat konnte nach dem Bastille-Sturm das Ziel der Geschichte greifen. Mit dem Sturz Napoleons schien seinen Gegnern der Weltfeind überwunden, die Ordnung auf Erden wiederhergestellt.

4.

Auch in unserem Jahrhundert fehlt es nicht an standortgebundenen Endzeitlehren: Marxisten ließen mit der Erstürmung des Winterpalais 1917 die letzte Phase der Geschichte beginnen. Das Ziel der deutschen Geschichte schien den meisten Kleindeutschen 1871, so schrieb Max

Weber, vielen Großdeutschen 1938, so glaubte Johannes Haller, endlich erreicht zu sein. Schon vor 1933 herrschte eine »unklare chiliastische Erwartung« nicht nur bei dem jugendlichen Carl Friedrich von Weizsäcker. Die Anhänger Hitlers feierten die Wiedergeburt Deutschlands schon am 30. Januar 1933, seine Gegner die Rettung der Welt am 8. Mai 1945. Dementsprechend hätte McCarthy 1990 mit dem Ende des Kommunismus die Lösung aller Probleme verbinden dürfen, so wie Fukuyama dies nun tut.

Die jeweils überstandene Gefahr erscheint den Nutznießern als die größte und letzte der Menschheit. Die Topik dieser Vorstellung beschrieb Kant 1794: »Schon so oft ist gesagt worden, der gegenwärtige Plan ist der beste, bei ihm muß es von nun an auf immer bleiben.« Und dennoch, so folgert er weitsichtig: »Es wird auch an mehr letzten Entwürfen fernerhin nicht fehlen.«

5.

Der Glaube an das nahe Ende der Geschichte ist gemischt aus dubiosen und seriösen Motiven. Anmaßend wäre der Wunsch, der eigenen Zeit die Vollendung der Geschichte zuzuweisen, suspekt die Wichtigtuerei, die mit der Pathosformel vom Zeitenende der Eitelkeit der Zeitgenossen schmeichelt und ihnen einbläst, eine universalhistorische Sonderstellung einzunehmen.

Seriös hingegen ist die aus dem Leiden geborene Hoffnung auf ein Ende. Es gibt einen Grad an Verzweiflung, der die Vorstellung eines Fortgangs des Bisherigen ebenso abschneidet, wie es das Gefühl der Erfüllung bewirkt, wenn eine große Gefahr endlich gebannt ist. Hat eine Generation es erlebt, daß der Streit um ihre heiligsten Güter entschieden ist, fällt es schwer, ja ist es geradezu frivol, darüber nachzudenken, was die kommenden Generationen noch entzweien könnte. Stets liegt des Autors Standortbindung einer solchen Sicht zugrunde. Der Punkt, auf dem wir stehen, ist unserem Blick entzogen.

6.

Jede Endzeitdiagnose wurde bisher durch die nächstfolgende *eo ipso* widerlegt, darum gönnen wir auch der einstweilen letzten keine längere Lebensdauer. Wir erkennen das Motiv hinter dem Irrtum und warnen vor der Wiederholung.

Dieses Argument ist indessen schwach. Der Einwand, daß auch die bisher letzte Endzeitthese nicht ernst genommen zu werden verdiene, weil alle älteren voreilig waren, ist seinerseits voreilig. Denn wenn auch alle älteren Teleosophen geirrt haben, so könnten die letzten doch Recht behalten. Wer hundert Krankeiten überstanden hat, sollte sich darum nicht für unsterblich halten. Über das Ende können wir bloß im Vorgriff nachdenken, weil hinterher, wenn wir Recht hatten, niemand mehr da ist, der uns Recht geben könnte. Das gewöhnliche Wahrheitskriterium, die Haltbarkeit einer Auffassung, ist für eine metahistorische Aussage wie die Endzeitthese nicht zu fordern.

7.

Zudem ist die Behauptung zu einfach, daß alle Endzeitlehren durch den Fortgang der Geschichte widerlegt worden seien. Die meisten haben einen wahren Kern. Falsifikation von Hypothesen besteht ja gewöhnlich nicht darin, sie in Bausch und Bogen zu verwerfen, sondern darin, ihre Reichweite einzuschränken. Die Erkenntnis der Standortgebundenheit einer Sicht erweist nicht diese selbst als irrig, sondern nur die überzogenen Folgerungen aus ihr. Der Fehler der Behauptung liegt meist in ihrer Pauschalität und sollte nicht durch die Pauschalität ihrer Ablehnung wiederholt werden.

8.

Ob die religiösen Eschatologien nach dem Muster von Lukas 17,21: »Das Reich Gottes ist inwendig in euch« durch Verinnerlichung gerettet werden dürfen, mögen die Theologen entscheiden. Der Historiker findet in den säkularen Endzeitlehren meist ein Körnchen ganz äußerlicher Wahrheit. Der Mann aus Türkis mit dem goldenen Gürtel, den Daniel am großen Wasser Hiddekel erblickte, ist nicht erschienen, der Koloß auf tönernen Füßen ist nicht durch einen messianischen Stein gestürzt worden. Gleichwohl signalisiert der Makkabäersieg das Ende des hellenistischen Staatensystems und den Übergang zur römischen Weltherrschaft, an welche das Wachstum des Steines gemahnt, »daß er die ganze Welt füllte«.

9.

Ciceros These von der *res publica amissa* war im strengen Sinne irrig, denn das römische Reich bestand unter den Imperatoren fort und begriff sich weiterhin als *res publica*. Dennoch sah Cicero richtig voraus, daß der Freistaat im alten Sinne der Vergangenheit angehörte. Vergils prophetisches Wort vom *imperium sine fine*, das Juppiter den Römern verhieß, war auch nicht leichtfertig – immerhin hat der Staat sich in der Idee bis 1806 gehalten. Eine allermindest partielle Bestätigung wird man auch den meisten Zukunftsvisionen seit der Aufklärung zugestehen müssen. Kants in weltbürgerlicher Absicht formulierte ›Idee einer allgemeinen Geschichte‹ von 1784 liest sich wie ein Kommentar zu dem, was kam.

10.

Ein zweiter grundsätzlicher Einwand richtet sich – im Gefolge von Jacob Burckhardt – gegen den prognostischen Gehalt der Endzeitthese, gegen das »kecke Antizipieren des Weltplanes«. Historische Prognosen gelten als unstatthaft, weil sie grundsätzlich unbeweisbar und erst *ex post* kontrollierbar seien.

Dieser Gedanke ist jedoch ebenfalls anfechtbar. Denn zum einen ist die nachträgliche Prüfung von Prognosen – nicht nur bei den Centurien des Nostradamus – schwierig: Wie ermitteln wir, was gemeint war? Und zum anderen ist die gegenteilige Annahme, die Geschichte gehe weiter, nicht weniger prognostisch als die Annahme, die Geschichte höre auf. Hier steht also Prognose gegen Prognose. Zweifellos ist die Prognose eines Fortgangs plausibler, weil Analogieschlüsse verläßlicher sind als Kontrastschlüsse. Das Wetter von morgen ist in Deutschland mit siebzigprozentiger Wahrscheinlichkeit so wie heute. Mit übermorgen aber verringert sich die Erfolgsquote, so wie die meisten Extrapolationen nur ein Stück weit tragen. Was weitergeht, läßt sich berechnen; was aufhört ist schwer, was anfängt gar nicht vorauszusagen.

11.

Prognosen lassen sich nicht mit dem Einwand abtun, daß sie grundsätzlich ungewiß seien. Grundsätzlich ungewiß sind auch alle historischen Behauptungen, einschließlich der sogenannten harten Tatsachen. Sie sind nur so hart wie die an ihnen vergeblich geübte Kritik. Außerhalb der eigenen Erinnerung ist uns die Vergangenheit, strenggenommen, ebenso unzugänglich wie die Zukunft, wir schließen aus Indizien mit Hilfe von Erfahrungsregeln im einen wie im anderen Falle. Vergangene Ereignisse deduzieren wir aus gegenwärtigen, als deren Wirkungen interpretierten Symptomen, aus den ›Quellen‹.

12.

Künftiges Geschehen folgern wir ebenfalls aus gegenwärtigen, als dessen Ursachen gedeuteten Befunden. Die dafür verwendeten Ereignisfolgeregeln sind dieselben. Asymmetrisch ist das Verfahren nur insofern, als wir die Erfahrungsregeln selbst allein aus dem, was hinter uns liegt, beziehen können und aus dem, was vor uns liegt, berichtigen müssen. Unvorhersehbar ist das Neue. Es scheint indessen mit wachsender Erfahrung abzunehmen, der Vorrat an Überraschungen ist begrenzt. Chaos verwandelt sich in Kosmos, in der Welt wie in der Wissenschaft. Trotz denkbaren Querschlägern lassen sich sowohl über Vergangenes als auch über Künftiges wahrscheinliche von unwahrscheinlichen Annahmen unterscheiden.

13.

Schließlich zieht jedes historische Urteil über Vergangenes einen Wechsel auf die Zukunft. Schon Thukydides hat den Wandel der Größen mit wachsender Zeitenferne bemerkt. Das Zeitgeschehen, meinte er, werde gewöhnlich überschätzt und offenbare seine wirklichen Maße erst aus dem Abstand. Der Fortgang der Geschichte zeigt uns immer neue Wirkungen der Vorgänge, die wir beurteilen wollen, und liefert uns immer neue Vergleichsmöglichkeiten, denen unser Urteil standhalten muß. Napoleons Aufstieg erschien nach Austerlitz in anderem Licht als nach Belle Alliance. Die Vorgänge in Deutschland von 1933 sahen 1938 anders aus als 1945. Die Ereignisse in Petrograd von 1917 wurden im anschließenden Leningrad anders bewertet als im St. Petersburg von 1992. Die Geschichte interpretiert sich gleichsam ständig selber um. Das aber ändert nichts am Recht zur Annahme unverfügbarer Tatsachen – denn ohne solche gäbe es auch keine Interpretationen, die sich im Fortgang der Forschung bewähren.

14.

Wer über Geschichte urteilen will, muß über der Geschichte stehen. Das gelingt nur bezüglich jener, über die wir gerade reden, nicht bezüglich der Geschichte allgemein. Wir können aus der Geschichte insgesamt ebensowenig heraus wie aus der Zeit und aus dem Raume, aus der

Sprache und aus dem Leben, aus unserem Kopf und aus unserer Haut. Das war – jedenfalls beim Gastmahl des Trimalchio – ein Vorrecht der Werwölfe.

Historisches Urteil erfordert den Mut zum Unmöglichen: Um die Bedeutung eines geschichtlichen Vorgangs definitiv zu bestimmen, müssen wir entweder warten bis zum Ende der Zeiten oder so tun, als stünden wir bereits dort. Solange es eine Zukunft gibt, bleiben Urteile über Vergangenes vorläufig.

15.

Jede historische Behauptung gilt unter der *ceteris paribus*-Klausel und enthält, wenn sie richtig sein soll, eine zutreffende Prognose. Sie prophezeit nämlich, daß alle hinreichend Intelligenten und Gutwilligen, die sich künftig mit dem Fall befassen, zum gleichen Resultat kommen werden. In diesem Sinne ist der Historiker nicht nur, wie Friedrich Schlegel schrieb, ein nach ›rückwärts gekehrter Prophet‹, sondern auch, wie es bei Novalis heißt, ein nach vorwärts gekehrter: »Echt historischer Sinn ist der prophetische Visionssinn.«

Wer Prognosen wenigstens mit gewissen Bedenken zuläßt, wird kurzfristige eher hinnehmen als langfristige. Eine Aussage gar über das Ende der Geschichte besitzt demnach unter allen möglichen Prognosen die geringste Wahrscheinlichkeit. Schon die Vorstellung eines historischen Nirwana scheint ein Indiz für Phantasielosigkeit. Die Annahme, der Ereignisreichtum der Geschichte sei erschöpft, zeigt nur, daß unsere Vorstellungskraft erschöpft ist.

16.

Zu den Wesenszügen der Geschichte gehört, daß immer wieder Neues, Unvorhersehbares geschieht, und den Weisen dürfen wir daran erkennen, daß er mit allem rechnet. Der Einwand der Einfallsarmut ist jedoch kaum haltbar.

Die Literaturgeschichte kennt keine gigantischeren Phantasmagorien als die Apokalyptik. Man lese die alexandrinischen Sibyllinen, das letzte Buch der ›Institutiones Divinae‹ des Lactanz oder der Weltgeschichte Ottos von Freising. Wir werden sehen, daß nicht nur eine mythische, sondern auch eine rationale Inhaltsbestimmung der Nachgeschichte möglich ist. Bevor wir sie aufzeigen, geben wir den Einwand der Phantasielosigkeit zurück. Wer mit Marc Aurel annimmt, daß die Geschichte mehr oder weniger so weitergehe wie bisher, benötigt dazu seinerseits nicht sonderlich viel Phantasie.

17.

Der vierte Einwand neben denen betreffs Topik, Prognostik und Phantasiemangel ist ein anthropologischer. »Ein vollendeter Endzustand kann in der menschlichen Welt niemals erreicht werden, weil der Mensch ein Wesen ist, das ständig über sich hinausdrängt, nicht nur unvollendet, sondern unvollendbar ist.« 1949 widerrief Jaspers seinen Satz von 1932: »Die Richtung geht auf einen stabilen Endzustand.« Denn bereits 1933 drängte der Mensch wieder einmal über sich hinaus. Der Mensch scheint eben das Wesen, an dem bloß die Unstete dauert. Sie begegnet als anthropologische Konstante, als Grundbefindlichkeit des Menschseins. Dies meinte Bultmann: »Der Mensch ist selbst nichts anderes als Geschichte.« Wäre dem so, bedeutete das Ende der Geschichte das Ende der Menschheit.

18.

Das aber muß sie nicht. Auch die Apokalypse rechnet mit Menschen nach dem Gericht. Sogar bei Kojève: *La vie y est donc purement biologique. Il n'y a donc plus d'Homme proprement dit.* Uneigentliche Menschen bleiben, sozusagen, anthropomorphe Biomasse. Freundlicher formulierte das Hans Jonas: »Sollten wir einer neuen Geschichtslosigkeit zusteuern, wären wir immer noch Menschen. Die an der Geschichte sich laben, mögen es im voraus bedauern; die an ihr leiden, mögen es für eine Chimäre halten. Nichts rechtfertigt den Aberglauben, daß der Mensch, um Mensch zu sein, Geschichte haben muß.« Die posthistorische Gesellschaft muß keine posthumane Gesellschaft sein.

19.

Die Prognose, daß es Geschichte geben werde, solange es Menschen gibt, ist eine analytische Aussage, genauer: eine Sprachregelung. Sie besagt, daß wir bei einem Verlust der Geschichtlichkeit den Menschen nicht mehr ›Mensch‹ nennen sollten, daß wir für den posthistorischen Menschen eine neue Bezeichnung einführen müßten. Für eine solche Wesensbestimmung des Menschen, die seine Geschichtlichkeit einschließt, gäbe es in der Tat Gründe. Spricht nicht die gesamte Erfahrung dafür? Die menschliche Existenz beschreiben wir durch eine Reihe elementarer Bestimmungsstücke wie Sprache, Arbeit, Recht, Wirtschaft, Kunst, Religion usw., deren jede ihre Geschichte, ihre Entwicklung hat und die wir unter den Begriff ›Kultur‹ zusammenfassen. Kultur ist ein Prozeß der Veredelung, die *cultura soli* wie die *cultura animi*. Ein Ende der Geschichte vor dem Ende der Menschheit wäre danach nicht nur unwahrscheinlich, sondern widersprüchlich, das heißt ›undenkbar‹.

20.

Unter den behandelten Einwänden gegen die Annahme, die Geschichte höre auf, ist der anthropologische der stärkste. Er besagt, daß weiterhin Altes vergeht und Neues entsteht, daß alles, was kommt, aus dem, was schwindet, erwachsen wird und daß darum die Menschen der Zukunft, wie immer sich ihr Leben und Handeln verändern und von allem bisherigen unterscheiden mag, eben dies als ihre Geschichte betrachten und als Fortsetzung der unsrigen verstehen werden. Angesichts der Kontinuität, die sich hinter den Revolutionen der Vergangenheit hat aufzeigen lassen, ist eine Fortführung der Geschichte auch künftig zu vermuten. Das gibt uns das Recht, was je unter Menschen geschehen wird, als eine zusammenhängende Geschichte zu deuten, und erlaubt auch der Zukunft, ihre eigene Gegenwart aus der Vergangenheit herzuleiten.

21.

Ob die Zukunft von ihrem Recht auf *historia perennis* Gebrauch machen wird, hängt jedoch davon ab, wie ähnlich sie der Gegenwart sein wird. Die Lage dürfte sich zu diesem Behufe weder zum Schlechteren noch zum Besseren allzusehr wandeln, sonst gibt es Diskontinuität. Es wäre ein Grad von geistiger Verdunkelung denkbar, in dem die Finsternis mangels Licht nicht mehr bemerkt wird, die Vergangenheit vergessen ist. Ebensogut aber ist auch das Umgekehrte möglich: ein Grad an Erleuchtung, der das Licht der Geschichte überflüssig macht.

Der Gedanke an einen Lehrwert der Geschichte erinnert vielleicht den künftigen *homo erectus perfectus* peinlich an die Schulzeit, die glücklich überstanden ist. Es könnte sein, daß die Kommenden bei uns nicht Unterricht nehmen wollen, daß sie gar keinen Wert auf exemplarische Parallelität oder genetische Kontinuität mit uns mehr legen, nicht die Pflicht empfinden, sich zu ihren Vorfahren zu bekennen, sich unser gar schämen. Entspringt unser Interesse an dem durch Geschichte vermittelten Zusammenhang mit den Kommenden nicht dem ichsüchtigen Wunsch, zu wissen, was sie von uns halten werden, von uns behalten haben? Wenn ja, dann wäre unser Glaube an die unverlierbare Geschichtlichkeit des Menschen nicht frei von Eitelkeit, gespeist entweder aus dem Neid, die Nachgeborenen könnten allzu weit über uns hinauswachsen, oder aus der Furcht, sie könnten allzuweit hinter uns zurückbleiben, so daß alles, was uns teuer ist, bedroht wäre. Dagegen wünschen wir, daß es bewahrt und bestätigt werden möge und daß wir auch selbst nicht in die Vergessenheit geraten mögen, die wir vielleicht verdient hätten.

22.

»Wir wissen, daß alles, was einen Anfang hat, auch zwangsläufig ein Ende finden muß«, schreibt Ibn Hassem in seinem ›Halsband der Taube‹, »außer der Gnade, die Gott, der Mächtige und Erhabene, seinen Freunden im Paradies erweist, und der Strafe, die er seinen Feinden in der Hölle erteilt.« Der Glaube, daß die Geschichte zunächst weitergeht, muß sich mit der Gewißheit abfinden, daß sie irgendwann endet. Vergangenheit lehrt Vergänglichkeit, im kleinen wie im großen. Wie die Geschichte des Kosmos ist die der Menschheit ein unumkehrbarer Prozeß. Der Fortschritt ist ein Wettlauf zum Tode.

Die Apokalypse ist der mythische Ausdruck für die zwar voreilig angesetzte, aber langfristig richtig erahnte Endlichkeit der *species homo*. Zwar ist noch immer unklar, wann und wie die Lebensmöglichkeiten erlöschen werden, ob erst die durch Gezeitenreibung und Sternstaub-Bremsung hervorgerufene Annäherung der Erde an die Sonne das Leben, das sie einst hervorgezaubert hat, verschmoren läßt oder ob schon zuvor durch natürliche oder menschliche, bloß verursachte oder auch verschuldete Schäden an Luft, Wasser oder Boden die für uns lebenswichtige Fauna und Flora ausgelöscht werden – Verschmutzung und Vernutzung der Natur gehen ja fort. Auch die absolute Mehrheit der Grünen im Weltparlament brächte bloß ein suspensives Veto.

Irgendwann verschwindet die Biosphäre, grenzt die Lithosphäre wieder an die Atmosphäre, und der Blaue Planet ist eine sphäroide Mülldeponie geworden. Die sichere Aussicht, daß die Menschheit noch vor dem Anbruch des Quintär aussterben wird, erlaubt uns, die mutmaßlichen Umstände in Betracht zu ziehen. Zu diesen gehört auch ein endzeitliches Nachspiel zur Geschichte. Ein Denkverbot für eschatologische Reflexion wäre intellektuelle Selbstverstümmelung.

Zukunft – das heißt nicht: totale Unsicherheit des Lebens, sondern: totale Gewißheit des Todes.

23.

Psychische Widerstände erwachsen aus dem Lebensfetischismus. Humanitäre Ehrfurcht vor dem Leben läßt den Tod der Menschheit als das größte denkbare Unglück erscheinen. »Dieser Gedanke hat etwas Grausendes in sich: weil er gleichsam an den Rand eines Abgrunds führt« – so Kant 1794. Mich graust er nicht. Ich gehöre einer untergehenden Welt an. Es gibt keine andere.

Wie der Individualtod dadurch erträglich wird, daß es neben trauernden Hinterbliebenen auch lachende Erben gibt, zu denen wir lebend selbst gehören, so tröstet über den Kollektivtod der Menschheit die umgekehrte Aussicht, daß weder beraubte noch bereicherte Angehörige übrigbleiben. Wer sollte das Verschwinden der Menschen bedauern? Der letzte Dackel? Begrüßen könnten es diejenigen Lebewesen, die vom Menschen nicht ausgerottet wurden und durch sein Ende vom größten Parasiten der Naturgeschichte befreit wurden. Leben wir auf Kosten anderer, so sterben wir zu Gunsten anderer und scheiden wir quitt.

24.

Ist unser dermaleinstiges Ende selbstverschuldet – die Verschandelung der Umwelt läßt das vermuten –, dann wäre ein vorgreifendes Selbstmitleid noch weniger angebracht. Und wir werden das Urteil nicht unverdient erleiden, denn wir fällen es selbst. Wenn der Engel der Geschichte einst den Stab über den Kindern Kains bricht, wird er sagen: «Sie haben ihren Lohn dahin.« Was bleibt, ist ein Recht auf Stolz für den Menschen, der bewußt untergeht. Er kann seinen Abgang zelebrieren. *Quand l'univers l'écraserait,* schreibt Pascal, *l'homme serait encore plus noble que ce qui le tue, puisqu'il sait qu'il meurt; et l'avantage, que l'univers a sur lui, l'univers n'en sait rien.*

25.

Die beschleunigte Dezimierung der Tier- und Pflanzenarten durch die sich ›entwickelnde‹ Menschheit läßt deren Untergang biosophisch wünschbar erscheinen. Je ertragreicher die Menschheit wirtschaftet, desto gründlicher ruiniert sie ihr Habitat und einiges mehr. Der Mensch ist die Motte in der Gottheit lebendigem Kleid.

Forderte bisher die Sittlichkeit vom Einzelnen, seine eigensten Interessen hinter die der Familie, des Volkes, der Allgemeinheit zurückzustellen, so darf sie angesichts des Biozids durch unsere hochtechnisierten Ausbeutungsverfahren künftig erwarten, daß die Natur nicht beliebigen Interessen der Menschheit untergeordnet wird. Müssen die letzten Steinadler der bayerischen Alpen dem tausendsten Ski-Lift geopfert werden? Philanthropie ist im Verhältnis zur Naturliebe bloß kollektiver Egoismus.

26.

Kultur bedeutet Pflege dessen, was um und in uns wächst, die Verwandlung der Erde in einen Gottesgarten, nicht in eine Zementwüste. Wer im Stolz auf seine nachsintflutliche Aufgeklartheit die Achtung vor der Würde der Natur zum animistischen Hirngespinst erklärt, verdient unseren Fluch. Die Selbstliebe des *genus humanum* steht nicht über der Sympathie zur Kreatur: Denkbar ist nicht nur eine humanitäre, sondern auch eine universale Solidarität, eine Naturethik aus Ehrfurcht vor Gottes Schöpfung. Franziskus hat sie in seinem ›Sonnengesang‹ formuliert.

IV.
Umbrüche in der Gegenwart

Omnis subita mutatio rerum non sine quodam quasi fluctu contingit animorum.

Boethius

1.

Jede plötzliche Wendung der Dinge setzt zugleich den Geist in Gang – bewegt ihn nicht nur, sondern verwirrt ihn auch. Wir wurden Zeugen von Umwälzungen, die unseren Glauben an künftige Geschichte erschüttern, und es fehlt nicht an Zeitgenossen, die ihn aufgegeben, ja für unhaltbar erklärt haben. Verstehen wir, wie man heute an ein Zeitenende denken kann, so wird uns vielleicht klarer, wie das früher möglich war. Die Umbrüche, die den überlieferten Geschichtsbegriff in Frage stellen, betreffen die Zukunft der Kultur, der Politik und des Krieges.

2.

Zunächst zur Kultur! Die Ansicht Spenglers vom Übergang des Abendlandes aus der (primär ästhetisch-formbewußten) Kulturzeit in die (vorwiegend praktisch-funktionsbetonte) Zivilisationsphase läßt sich nachvollziehen. Niemand erhofft heute, wie einst Friedrich der Große oder der junge Herder, von der nächsten Zukunft die lang ersehnte deutsche Nationalliteratur oder Nationalkultur. Alle Völker Europas haben die ihre kulturelle Identität ausmachenden Schöpfungen vorgelegt, sind stolz auf ihre klassische Periode. Sie ist vorbei. *Monumenta aere perennius* unserer Zeit werden voraussichtlich keine Gedichte oder Gemälde sein. Wenn die Zukunft sich freundlich unser erinnern will, wird sie eher an die Anfänge des Fernsehens und der Kernfusion, der Raumfahrt und der Rechenanlagen zurückdenken als an unsere künstlerische Hinterlassenschaft. Technische, medizinische, zivilisatorische Großtaten überragen die ästhetischen.

3.

Das erinnert an ein früheres Zeitalter, den der griechischen Klassik folgenden Hellenismus, der durch ähnliche Leistungen herausragt und dessen Kunstwerke so schwer zu datieren sind, weil Stileinheit und Stilreinheit zugunsten eines bunten Allerlei aufgegeben worden waren. Modernistische, klassizistische, archaistische Strömungen durchkreuzten sich. Kunstraub und Kunsthandel blühten. Exotische Moden traten auf, orientalisierende, ägyptisierende Formen erschienen. Pathos auf der einen Seite, Kitsch auf der anderen. Das Schöne wurde verdrängt einerseits durch das Gefällige, andererseits durch das Abartige, Häßliche, Bizarre. Plinius berichtet von einem griechischen Maler, der Aufsehen dadurch erregte, daß er Barbier- und Schusterbuden darstellte und deswegen ›Schmutzmaler‹ genannt wurde.

So wie im Hellenismus finden seit dem letzten Jahrhundert Werke fremder Völker und ferner Zeiten eine erhöhte Aufmerksamkeit. Dahinter stehen Ausbruchversuche, Hinwendungen in eine bessere Welt: Die einen werden angezogen von der Exotik des Urmenschen, die anderen werden abgestoßen durch die Elaborate der Spätkultur. Keine Phase der Vergangenheit zeigt so viele Parallelen zur Gegenwart wie der Hellenismus, als die griechische Kultur ›weltläufig‹ wurde, wie Droysen schrieb. Sie demonstriert im Kleinen, was wir im Großen erleben. Legen wir den Kulturbegriff Nietzsches zugrunde, der Kultur als »Einheit des künstlerischen Stiles in allen Lebensäußerungen eines Volkes« bestimmte, so können wir das Ende der Kultur konstatieren.

4.

Weisen wir Nietzsches Definition ab, so müssen wir doch eine weit fortgeschrittene Auflösung der Stileinheit in der ästhetischen Formgebung einräumen. Ein ›Verlust der Mitte‹ im Sinne eines zeiteigenen Maßpunktes ist eingetreten, ob wir ihn bedauern oder begrüßen. Kein Jahrhundert der Kunstgeschichte hat derartig verschiedene Stilrichtungen aufzuweisen wie das letzte. Beziehen wir – wie billig – die Meisterwerke der Kunstfälschung ein, so scheint heute künstlerisch nichts mehr unmöglich. Dies beruht zum guten Teil auf dem hohen Stande unserer Technik, sie legt uns die Welt zu Füßen.

5.

Kunst war bisher durch zwei Merkmale gekennzeichnet. Das erste ist die Meisterschaft des Künstlers, die Vortrefflichkeit seines Werks. Kunst ist, was nicht jeder kann. Im Griechischen bezeichnet *techné*, im Lateinischen *ars* die überragende Leistung auf beliebigem Gebiet. Im Deutschen beschränken wir den Kunstbegriff auf die nicht unbedingt lebensnotwendigen Bereiche. Anders als für Griechen und Römer sind für uns Heilkunst und Kochkunst nicht mitgemeint.

Dennoch erinnern diese Zusammensetzungen an die ursprüngliche Sinnbindung. Kunst war nie Selbstzweck. Die höchsten künstlerischen Bemühungen galten der Religion. Damit verband sich früh eine politische Zwecksetzung, die Verherrlichung des Herrschers – so an den orientalischen oder absolutistischen Höfen – oder der Gemeinschaft – so in den griechischen oder italienischen Stadtstaaten. Sowohl der Monarch als auch die Polis hatten ihre religiöse Aura.

6.

Der wesenseigene Reiz des Kunstwerks, seine ästhetische Autonomie, kehrte indes die Zweck-Mittel-Relation um. Diente ein Künstler kurzfristig seinem Brotherrn, so förderte dieser langfristig die Kunst, deren Schönheit unabhängig davon ist, ob der Auftraggeber ein Tyrann (so Cesare Borgia) oder der Künstler ein Mörder war (so Caravaggio). Der Parthenon ist aus erpreßten Seebundgeldern, die Peterskirche aus erschwindelten Ablaßgebühren errichtet. Kunst sublimiert das Dämonische, wie Thomas Mann 1914 schrieb, sie verschönerte die Schöpfung und stand in einem sozialen Zusammenhang. Als 1554 Cellinis ›Perseus‹ aufgestellt wurde, gab es ein Stadtfest in Florenz, und man wetteiferte in Sonetten auf den Meister und sein Werk.

Massenwirkung verhieße auch die schon 1987 zur 750-Jahrfeier Berlins geplante ›Verpackung‹ des Reichstages. Sollte es dem Konsumkünstler Christo Javacheff gelingen, das Denkmal der deutschen Demokratie in eine Margarinekiste zu verwandeln, wäre das die Bravournummer eines Dompteurs, der seiner abgeblaßten Idee dadurch Leben einhaucht, daß er historische Symbolik vermarktet und in der Verpackung den Triumph des größten Müll-Produzenten zelebriert.

7.

Die europäische Kunstgeschichte ist durch ihre Stilfolge gekennzeichnet. Sie hat sich inzwischen so beschleunigt, daß aus dem Nacheinander ein Neben- und Durcheinander geworden ist. Im Stil der Stillosigkeit sind alle Grade an Traditionsdistanz vertreten. Bindung an Sinn und Zweck zeigen unverändert Kirchenkunst und Kunsthandwerk, Buchillustration, zumal der Kinderbücher, Architektur und Industriedesign. Überall wo Aufgaben zu meistern sind, die unabhängig von ihrer Lösung definiert werden können, ist Kunst im herkömmlichen Sinne zu erwarten.

8.

Dies gilt auch für solche Könner, die in der ästhetischen Tradition ihrer Kunstgattungen stehen, denken wir an die Bilder von Hundertwasser, Janssen oder Bacon, an die Porträts von Hans Reiser oder die Skulpturen von Henry Moore. Hier ist das formgeschichtliche Erbe aufgenommen und weiterentwickelt. Zu den Stilmitteln der Spätzeit gehören Spolie und Zitat, der gekonnte Umgang damit eröffnet Kontinente an Gestaltungsmöglichkeiten. Das zeigen etwa die Galleria della Tartaruga in der Via Sistina zu Rom oder die Galerie Rutzmoser am Münchner Odeonsplatz.

9.

Am anderen Ende der Skala stehen jene Künstler, die sich darum bemühen, die künstlerische Tradition und die Bindung an einen Zeitstil hinter sich zu lassen und dabei so erfolgreich sind, daß ihre Einordnung in die Sphäre der Kunst zweifelhaft wird. Die Kasseler Documenta hat Objekte gezeigt, deren Anspruch auf Kunstcharakter teils von den Herstellern selbst aufgegeben, teils von den Vermittlern mit anfechtbaren Gründen verteidigt wird. Das Hauptargument ist zumeist die zum Wesenskern aller Kunst erhobene Neuartigkeit. Man begnügt, man betrügt sich mit einer für originell erklärten ›Idee‹. Diese Forderung ist ihrerseits nicht neu, sie ist zumindest so alt wie der Geniekult der Sturm- und Drangzeit, hat aber das Kunstwerk nie von der erkennbaren Schwierigkeit und Sorgfalt in der Ausführung dispensiert.

10.

Das Postulat der Neuartigkeit widerspricht zudem der Tradition, in der die als Vorhut auftretenden zeitgenössischen Künstler unfreiwillig stehen. Sie bilden die schier endlos sich hinschleppende Arrièregarde des Dadaismus. Dada war Protest gegen den Ersten Weltkrieg, gegen die Bürgerlichkeit, war der »Ekel vor der albernen verstandesmäßigen Erklärung der Welt« (Hans Arp) – eine Begleiterscheinung zum lebensphilosophischen Irrationalismus. Unsere Neodadaisten polemisieren und provozieren allerdings nicht mehr, sie haben sich weitgehend von ästhetischen Prinzipien und von lebensweltlichen Funktionen emanzipiert, verwirklichen nur noch sich selbst und ihre Masche. Der Protest war die letzte, nun ebenfalls überwundene Form von Heteronomie.

1935 beklagte Jan Huizinga die »traurigen Extreme der Sinnlosigkeit« in der modernen Kunst, ihren Freiheitsdrang, der sie »allen Exzessen und aller Entartung ausliefert«, wie es das »andauernde Haschen nach Originalität« mit sich bringt. Wo die Idee dem unschuldigen Betrachter verborgen bleibt, muß der Interpret in die Bresche treten, den Verdacht auf Bluff zerstreuen und erläutern, wieso die auf einen Bogen Papier geklebte Fahrkarte ein Gedicht, die zerbeulte Badewanne eine Skulptur, das Potpourri von Bahnhofsgeräuschen eine Symphonie darstellt. Ein Papierkorb in einem Raum der Documenta IX wird durch eine Katalognummer zum Kunstwerk.

Es gibt kein Geräusch, das vom Auditorium der Philharmonie nicht als ›Musik‹ hingenommen wird, sofern es im Programm als solche angekündigt ist. Das ist ein Machtakt intellektueller Suggestion, der an ästhetischer Demagogie mehr leistet als die erfolgreiche Werbung für ein minderwertiges Waschmittel, das zumindest als Waschmittel über jeden Zweifel erhaben sein muß.

Easy-Art besteht in der schweren Aufgabe, den Kunstwert eines Machwerks von fadester Banalität publizistisch durchzusetzen, und dafür benötigt der Heutzutagige *public relations*: einen Apparat von Galerien und Medien, von Institutionen und Fulltime-Experten.

11.

Die Gründe für die Meinungsbildung der Meinungsmacher selber sind vermutlich so belanglos wie das Ergebnis. Das Problem liegt im Publikum – einst Richter, nun Opfer. Wenn die Geschichte der Zivilisation im Fortschritt der Affektkontrolle liegt, vollendet sie sich in der bedingungslosen Kapitulation gegenüber den ›Kultursachverständigen‹.

12.

Meinungsverschiedenheiten über den Rang von Kunstwerken hat es immer gegeben, und sie waren heilsam. Inzwischen aber verstummt der Streit zugunsten eines *laissez faire, laissez aller*. Es fehlt an ästhetischer Zivilcourage zur Bestimmung der Grenzen des Zumutbaren. Wenn die akademische Kunstkritik die Unterscheidung von schön und häßlich, gut und schlecht verpönt und mit ihrer liberal-egalitären Gesinnung, die *in politicis* ehrenwert ist, auch *in artibus* nichts mehr verurteilt, weil sie sich vor hitleristischen Fehlurteilen scheut, deren es gewiß genug gab, so vergißt sie, daß die großen Leistungen sich eben daran zeigten, daß sie hitleristische Verdammungen überstanden. Wie aber will sich ein Künstler beweisen, wenn er kein Anathema mehr fürchten muß? Wenn ein gewisser Baselitz plötzlich behauptet, alle seine Bilder hingen auf dem Kopf und seien umzudrehen, sollte man erwarten, daß er sich damit entpuppt. Weit gefehlt! Der Künstler entlarvt sein Publikum. Wann wird er anordnen, daß seine Ölereien im Kopfstande zu betrachten seien? Er läßt seine Adoranten am Nasenring tanzen. Gönnen wir ihm das zynische Vergnügen.

13.

Management und Manipulation ersetzen den wahren Charakter der Kunst durch ihren Warencharakter. Wer sich alles, was als Kunst ausgegeben wird, gefallen läßt, den blendet der auf die Intention des Künstlers abgemagerte Kunstbegriff, wonach nicht nur Kosmetik und Mode, Schuhputzen und Bettenmachen Künste wären, sondern auch der Vandalismus, der aus ›primär ästhetischen‹ Gründen Kunstwerke demoliert. Wo konstruktive und destruktive Beweggründe für die Beschaffenheit eines Kunstwerkes sich nicht mehr aus einem Stilgesetz ergeben, das dem Betrachter die Feststellung einer Beschädigung erlaubt, wo gar der Hohn auf die Kunst als eine Form von Kunst durchgeht, hat diese sich selbst *ad absurdum* geführt.

14.

Der ästhetische Bankrott ist da erklärt, wo die Kompetenz des Publikums an die Experten abgetreten wird, wo bereits eine differenzierende Betrachtung der modernen Kunst als Pauschaldiffamierung verstanden wird, wo der Mut zum und die Lust am höchsteigenen Geschmack als Arroganz gegenüber den allein zuständigen Institutionen verunglimpft und dem Kritikus die Freiheit bestritten wird, die der Künstler selbstverständlich beansprucht. Maßstäbe für Kunst sind künstlich, aber nicht beliebig. Wir können nicht wählen, ob uns ein Werk zusagt oder nicht, können uns aber die Urteilsfähigkeit aberziehen. Die Subjektivität des Geschmacks rechtfertigt noch nicht die Ubiquität der Geschmacklosigkeit.

15.

Im gleichen Maße, in dem die periodisch in Kassel gefeierten Künstler die älteren Werke nicht mehr zu erreichen und zu übertreffen suchen, sondern sich selbst in einer hämischen Pose gegen die tradierte Kunst insgesamt gefallen, ist es statthaft, vom Ende der Kunstentwicklung und damit der Kunstgeschichte zu sprechen. Die artistischen Protuberanzen verpuffen, sie reihen sich ein in die zum alsbaldigen Verbrauch bestimmten Reizmittel.

16.

Das Erlöschen der ästhetischen Urteilskraft im pluralisierten, ja atomisierten Publikum läßt im Abendlande keine klassischen, das heißt als Vorbild akzeptablen Kulturleistungen mehr erwarten, und ebensowenig ist irgendwo anders auf der Erde eine außereuropäische Hochkultur im Keim zu erkennen. Schon Leo Frobenius bemerkte, »daß kein Volk der Erde mehr im Genuß der Unberührtheit und Abschließung verbleibt, die nötig ist, um die zur Kulturei führenden Ideale eines Volkspaideuma zu entwickeln«, und auch Konrad Lorenz hat darauf hingewiesen, daß biologische wie kulturelle Eigenentwicklung einer Schutzlage, einer Nische, bedarf.

17.

Die bisherigen Hochkulturen entstanden nach der neolithischen Revolution in abgeschirmter Lage mit dichtem Verkehr im Inneren und schwachen Kontakten nach außen. Fremde Einflüsse in kleiner Dosis beflügelten die Eigenentwicklung dieser Kommunikationsräume und erstickten sie nicht. Welcher Winkel der Welt aber läge heute noch so geschützt? Zwischen den Kulturen, meint Lorenz, habe eine ›extraspezifische‹ Konkurrenz bestanden, die der Motor des Fortschritts sei. Durch die Homogenisierung der Welt gebe es nur noch den intraspezifischen Wettbewerb, und dieser führe zu hybriden Formen. Den ›Untergang des Menschlichen‹ führe die rasante Wandlung der zivilisatorischen Lebensformen herbei, an die sich der Mensch phylogenetisch nicht rasch genug anpassen könne. Er versagt gegenüber den Anforderungen, die seine Werke an ihn stellen.

18.

Die Öffnung der Kulturgrenzen, die Globalisierung des Lebens ist eine der neolithischen Revolution gleichwertige Umwälzung. Sie ist schon seit langem im Gang. Goethe äußerte am 31. Januar 1827 gegenüber Eckermann, daß die Zeit der Nationalliteraturen vorbei sei, daß nur Bestand habe, was ›Weltliteratur‹ sei. Dasselbe gelte für Kunst und Wissenschaft – und gilt in der Tat neuerdings für alle Produkte. Jedes wo immer gefertigte Werk steht, sobald es wirken will, in der Konkurrenz des Weltmarkts. Wenn die abendländische Kultur untergegangen sein sollte, hat sie zuvor die Welt überschwemmt, so daß in ihren Fluten die Eigenarten der anderen Kulturen versinken. Die außereuropäischen Kulturen verschwinden als gelebte Formen, als erstarrte Relikte erhalten wir sie durch Mumifizierung und Musealisierung, sie enden in den Reservaten Greenpeace-geschützter Nostalgie, wo *Powwows* und andere folkloristische Tourismus-Attraktionen ein zusätzliches ökonomisches Motiv dafür liefern, funktionslos gewordenes Geistesgut zu konservieren und zu konsumieren. Der Alkoholismus in den nordamerikanischen *Indian Reservations* entspringt der Verzweiflung über ein zwar sorgenfreies, aber würdeloses Dasein. Menschen, die davon und dafür leben, sich gegen Gebühr fotografieren zu lassen, stehen am Rande der Gesellschaft, oben oder außen.

Wo Europäer Eingeborenen die Segnungen des Funktelefons und des Girokontos vorenthalten und sie in ihrer Kultur bewahren wollen, müssen sie sich von deren in Oxbridge studierten Vertretern sagen lassen, der ethnologische Zoo sei eine menschenunwürdige Lebensform. Ein weißer Fundamentalethnologe muß zwar diesen kulturell korrumpierten Sprechern der Indigenen das Mandat bestreiten, wird aber zugeben, daß die letzten Naturvölker nur durch Freiheitsberaubung konserviert werden können, indem sie durch bewachte Grenzen daran gehindert werden, die Wirkungen des Aspirins zu erfahren. Kein Zoo ohne Gitter.

19.

Die weltweite Streuung von Gütern und Gedanken hat zu einem Verlust von Individualität, zu einem kulturellen Synkretismus geführt. Spenglers Vision einer letzten Hochkultur in Rußland ist hinwegmodernisiert worden.

Die schutzlose Offenheit, die dem Aufblühen neuer Hochkulturen entgegensteht, erschwert auch anderen möglichen Gegenständen von Geschichte die Selbstverwirklichung. Der Historismus hatte als das Wesen der Geschichte die Entstehung und Entwicklung von Individualitäten bestimmt, und in diesem Sinne definierte Hermann Lübbe Geschichten als Prozesse der Systemindividualisierung.

Mit dem sich verdichtenden Verkehr, der alles mit allem vernetzt, geht ein Verlust an Eigenständigkeit einher. Es wird dem Historiker schwer und schwerer, die Geschehnisse aus sich selbst heraus zu begreifen, denn sie werden zunehmend *ab ovo* durch Einflüsse von außen verfremdet. Diese wiederum werden diffuser, anonymer. Wir erleben einen Identitätsschwund auf zahlreichen Gebieten: Orte und Länder verlieren ihren urtümlichen Reiz, Regionen und Institutionen verflechten sich, ihre Entwicklung ist nur noch in globalen Zusammenhängen zu schreiben, Geschichte wird allenthalben welthaltig. Der Schatz an unverwechselbaren Gehalten und Gestalten schwindet, und dies bedeutet für die Historie einen Abbau an Gegenständen möglicher Geschichte.

20.

Die Geschichte war bisher nicht nur durch ihren Reichtum an Kulturen, Völkern und Religionen, sondern ebenso durch ihre Vielfalt an Gemeinschaftstypen geprägt. Die verschiedensten Staats- und Gesellschaftsordnungen, Rechtssysteme und Herrschaftsformen standen neben- und gegeneinander. Dies war das Reich der Politik. Im Kampf der politischen Prinzipien ging es um die Priorität von Polisautonomie oder Universalmonarchie, von Reichsidee oder Nationalstaat, von weltlicher oder geistlicher Gewalt, von Gottesgnadentum oder Volkssouveränität, von Ein- oder Mehrparteienstaat, von Rätesystem oder Parlamentarismus.

Alle dynamischen Epochen sind durch eine derartige Polarität gekennzeichnet, die nicht nur ein Gegeneinander, sondern auch ein Nacheinander darstellt. Im Ersten Weltkrieg, als die Romanows und die Osmanen, die Habsburger und die Hohenzollern abtreten mußten, setzte sich die in der Französischen Revolution gegen den dynastischen Legitimismus proklamierte Volkssouveränität durch, zersplitterte sich aber in einen westeuropäischen, liberaldemokratischen Parlamentarismus und zwei populistische, als Stimme der *volonté générale* auftretende Einparteienideologien in Mittel- und Osteuropa. Unter letzteren wurden im Zweiten Weltkrieg die faschistischen Systeme Mitteleuropas beseitigt.

21.

Der Dritte Weltkrieg hat nicht stattgefunden. An die Stelle der Explosion ist eine Implosion getreten. In der großen Wende der letzten drei Jahre hat der Sozialismus seinen Charme verloren. Die Diktatur des Proletariats konnte den verheißenen und erwarteten Fortschritt nicht verwirklichen. Der Kalte Sieg des Westens beruht mindestens teilweise auf der wirtschaftlichen Überforderung der Sowjetunion durch die Hochrüstung. Die strukturelle Angleichung über die Bürokratisierung führte Ernst Jünger schon 1950 zu der These: »Die Zeit der Ideologien, wie sie noch nach 1918 möglich waren, ist vorbei; sie liegen den großen Mächten nur noch als ganz leichte Schminke auf.«

Die Konvergenz der Konkurrenten verlief asymmetrisch. Die Lernfähigkeit verteilte sich ungleich. Während der Kapitalismus durch die allmähliche Aufnahme sozialer Impulse und dirigistischer Maßnahmen, durch ökonomische Subvention und staatliche Intervention an Stabilität und Prosperität gewann, ja durch den Niederbruch der Klassenschranken und den Aufschwung der Wirtschaft genau das erfüllte, was Lenin versprochen hatte und sich zum bürokratischen Sozialkapitalismus oder technologischen Kapitalsozialismus mauserte, hat sich der Kommunismus durch den Einfluß vergebens bekämpfter liberaler Ideen und heiß ersehnter kapitalistischer Produkte selbst unterhöhlt. Dieser Widerspruch machte ihn im eigenen Lager unglaubwürdig. Man konnte nicht mehr marxistisch, intelligent und ehrlich zugleich sein – wenigstens eine dieser Eigenschaften war zuviel.

22.

Der kritische Punkt war erreicht, als der Glaube an die abklingenden Kinderkrankheiten des Sozialismus bei Michail Gorbatschow ins Wanken geriet. Der Zentralismus des sowjetischen Systems erlaubte es dem Mann an der Spitze, die Diskussion freizugeben und damit jene Bewegung auszulösen, die ihn selbst zuletzt entmachtet hat. Der von Gorbatschow 1985 eingeleitete unblutige Zusammenbruch des Kommunismus war kein Kriegsende, das Rachegefühl auslöst. Die Schuld am Versagen des Systems läßt sich weder auf den äußeren Gegner noch auf Verräter im Inneren abwälzen, so wie es in Deutschland nach 1918 geschah. Die Betroffenen selbst fühlen sich von einer trügerischen Ideolügie befreit, aus einem dogmatischen Schlummer erwacht. Der Westen steht nicht als Feind, sondern als Helfer da. Darum ist ein Wiederaufleben des antiwestlichen Marxismus-Leninismus im großen Stile nicht zu erwarten. Moskau erwartet Starthilfe vom Rhein, denn schließlich kam das Unheil von der Mosel.

Angetreten unter dem Zeichen der Modernisierung, hatte der Sowjetmarxismus einerseits ein totalitäres Instrumentarium entwickelt, das weder mit humanitären noch mit zivilisatorischen Prinzipien vereinbar war, und andererseits allzuviele byzantinisch-zaristische Denk- und Lebensformen in bloß äußerlicher Verwandlung konserviert: das Obrigkeitsprinzip, den Zentralismus, die Gesellschaftsschichtung, das Sendungsbewußtsein, das Ritualwesen etc. Aus der transzendenten Eschatologie der Orthodoxie war eine irdische Endzeitlehre der klassenlosen Gesellschaft geworden und hatte beispiellose Opfer gefordert. Im Kampf gegen freiheitliche Regungen entstand ein Zwangsstaat, der die kostbarste Produktivkraft, die Initiative, erstickte. Damit schlugen die 1917 zunächst neuen Produktionsverhältnisse um in Fesseln der Produktivkräfte, und diese wälzen nun den ganzen ungeheuren Überbau um. Einen Karl Heinrich Marx hätte das, was der eigennützig und inkorrigibel gewordenen Nomenklatura widerfahren ist, kaum gewundert. Die brausenden Volksmassen, an denen sich die Funktionäre erbauten, haben diese selbst hinweggefegt. Wenn die gegenwärtige Erwartung auf ökonomischen und sozialen Fortschritt sich im Osten als begründet erweist, dann war der Sturz des Marxismus im Sinne von Marx nicht nur eine Revolution, sondern auch eine Provolution.

23.

Die Selbstpreisgabe des Marxismus bedeutet das Ende der Sozialgeschichte im Sinne der siebziger Jahre. Sozialgeschichte hieß vor allem Entwicklung der Arbeiterklasse, sie besaß höhere Aktualität als die Entwicklung der Angestellten, der Beamten, der Bauern und Intellektuellen. Dies beruht weniger auf der wirtschaftlichen Präponderanz, die ebenso die Ingenieure, Verwaltungsbeamten und die Ökonomen beanspruchen könnten, als darauf, daß die Arbeiterschaft der einzig politisierte Teil der Industriegesellschaft war. Hinter der Sozialgeschichte stand stets die Frage nach der Sozialpolitik; und da die Kommunisten, ohne Erfolg beim konservativen Bauernstand, vornehmlich die Industriearbeiter repräsentieren wollten, hieß die Frage nach der Sozialpolitik im Westen stets: Wieviel Sozialismus müssen wir übernehmen, wieviel können wir verkraften? Seitdem der Versuch, ihn in reiner Form zu realisieren, gescheitert ist, hat er auch in verdünnter Form an Zugkraft verloren. Marx ist Geschichte geworden, er ist kein Idol mehr, sondern Wegweiser an einem Scheideweg, dessen eine Abzweigung in den Gulag, dessen andere in den Goldenen Westen geführt hat. Die Küsten der freien Welt werden länger.

Indem keine Alternative zur westlichen Form der sozial gesicherten, mitsprachefähigen Arbeiterschaft verlockt, hat das Proletariat den ihm zugemuteten Willen zur Diktatur, seine Rolle als revolutionäre Klasse und weltgeschichtliche Avantgarde aufgegeben und damit sein sozialpolitisches Privileg verloren. Mit dem Anspruch auf die Zukunft sank das Interesse an seiner Vergangenheit auf das Niveau beliebiger anderer Teile der Gesellschaft. Den Anschein, die progressivste Disziplin der Geschichtswissenschaft zu sein, hat die auf die Arbeiterbewegung konzentrierte Sozialhistorie damit eingebüßt.

24.

Das Ende der Ideologie wurde von Marx mit dem in Kürze erwarteten weltweiten Sieg des Kommunismus erhofft. Wenn er dabei zu Recht unterstellte, daß es nur noch zwei Ideologien gebe, die kommunistische und die bürgerliche, dann bedeutete der Zusammenbruch des Marxismus das Ende der Ideologie im umgekehrten Sinne zugunsten des demokratischen Pragmatismus. Dann war er – trotz Baha-Ullah – der letzte Glaube in Europa. Eine programmatische Konkurrenz zur Parteiendemokratie ist zur Zeit nicht erkennbar, auch wenn es noch Relikte anderer Staatsformen gibt.

25.

Wäre das Ende der ideologischen Prinzipienkonkurrenz in der Politik gekommen, so könnte Francis Fukuyama, sich auf Spenglers Wort »Politik ist Geschichte« berufend, seine These vom Ende der Geschichte erfolgreich verteidigen. Fukuyama meint, es werde »keine weiteren gravierenden historischen Veränderungen mehr geben«. Entsprechend der augustinischen Metapher von der *senectus mundi* plaziert er die Gegenwart ins »Alter der Menschheit«. Seine hegelianische Fortschrittstheorie der Weltgeschichte überblickt allerdings nur die »letzten vier Jahrhunderte« und verzichtet damit auf die Argumente, die aus der älteren Geschichte für und gegen seine Konzeption sprechen – insbesondere aus der Spätzeit der antiken Kultur, der engsten Parallele zu unserer Zeit.

26.

Als Augustus zur Macht kam, hatten Jahrhunderte lang unterschiedliche Staatsmodelle konkurriert: zentralistische Großreiche, lose Stammesverbände, Stadtstaaten mit monarchischer, aristokratischer oder demokratischer Verfassung. Die Polisdemokratie des klassischen Athen unterlag 338 vor Christus bei Chaironeia gegen Philipp und Alexander, die römische Republik wurde von Caesar und Augustus in einen zentralistischen Verwaltungsstaat umgewandelt. Die Staatsmodelle, die auf Selbstbestimmung aller Bürger beruhten, versagten gegenüber dem dynastisch-monarchischen Flächenstaat, dem welthistorisch erfolgreichsten Staatstypus, von dem Friedrich der Große 1770 durchaus treffend sagen konnte, daß die Geschichte seine Überlegenheit sattsam bewiesen habe. Er vermochte besser als jede andere Herrschaftsform Frieden und Wohlstand zu sichern.

27.

Unsere Erfahrung mit der parlamentarischen Massen-Demokratie dagegen ist blutjung und das Vertrauen auf ihre unwiderrufliche Durchsetzung gewagt. Durch die Fixierung auf den hegelianischen Freiheitsgedanken, der zum Ziel der Geschichte erklärt wird, und auf den hegelianischen Geschichtsbegriff, der auf dem Staat beruht und nur Staatskunst als *materia historica* akzeptiert, kommen bei Fukuyama andere Gegenstände möglicher Geschichte nicht in den Blick. Er glaubt, daß die liberale Demokratie alle geschichtsträchtigen Aufgaben lösen, sich weltweit verwirklichen und endlos dauern werde, weil sie, wie die gerechte Polis Platons, alle drei Teile der Seele befriedige und ein von der Vernunft geleitetes Gleichgewicht hergestellt habe. Platon hat freilich, realistischer als Fukuyama, seinem eigenen Idealstaat den Zerfall vorausgesagt.

28.

Die Entscheidung im Osten zugunsten der Demokratie läßt sich als Erfüllung welthistorischer Prognosen verstehen. Tocqueville hat 1835 schon von einem bevorstehenden Zeitalter der Demokratie gesprochen. 1919 schrieb Spengler:»Demokratie, mag man sie schätzen, wie man will, ist die Form dieses Jahrhunderts, die sich durchsetzen wird.« Etwas voreilig setzte er hinzu:»Der Marxismus bricht mit der schallenden Orgie seines Versuchs zur Wirklichkeit heute zusammen.« Popper bezeichnete zwar 1960 jede Vorhersage als unmöglich, als ›historizistisch‹, teilte gleichwohl die Weltgeschichte in drei Phasen ein, von denen die dritte damals noch ausstand. Phase Eins war die der ›geschlossenen Gesellschaft‹ bis zur griechischen Sophistik, als die patriarchalisch-traditionale Struktur durch die Kritik der ersten Aufklärung in Frage gestellt und die Demokratie im klassischen Athen geschaffen wurde. Phase Zwei war die der Konkurrenz zwischen ›geschlossener‹ und ›offener Gesellschaft‹ von Platon bis zu Marx und den folgenden falschen Propheten, deren Ende Popper noch erleben durfte. Phase Drei ist die der künftigen nachtotalitären, der ›offenen Gesellschaft‹, die das Ziel der Geschichte darstelle. Popper glaubte sich im Übergang zu dieser dritten Periode, und wir bestätigen ihm dies. Eine Alternative zur offenen Gesellschaft ist weder zu erkennen noch zu wünschen.

So wie Kunst und Kultur scheinen auch Politik und Staat

als Thema von Geschichte erschöpft. In der jüdischen Apokalyptik heißt es, am Ende der Tage werde das Volk Gottes den Leviathan schlachten und verzehren. Das ist das Ende des Staates.

29.

Wenn der Triumph der Demokratie als das Ende der Geschichte empfunden wird, so beruht das nicht nur auf der Angst vor der letzten Alternative, der Diktatur des Proletariats in Gestalt einer totalitären Partei, sondern auch auf der friedlichen Form dieses Sieges. Er erscheint zugleich als ein Sieg über den Krieg als Mittel der politischen Kontroverse. Der Krieg war seit Herodot und Thukydides das zentrale Thema der Historie. Der Zwist über Mein und Dein wurde innerhalb der Staaten mit Worten, zwischen den Staaten mit Waffen entschieden. Der Krieg forderte den höchsten Einsatz; er zeigte, wozu Menschen fähig sind, und diente als Mittel der Menschenkenntnis. So wurde der Krieg bis in die jüngste Zeit einerseits als Teil der bürgerlichen Normalität hingenommen, andererseits als Erlösung von ihr begrüßt. Der Krieg setzt an die Stelle der kleinlichen Alltagssorgen eine große gemeinsame Aufgabe, zerbricht die Konventionen zugunsten eines elementaren Pragmatismus, führt aus dem bürgerlichen Einerlei in die Bewährung zum Heldentum.

Gewiß ist der Krieg ein Rückfall in archaische Verhaltensweisen, aber das ist kein Einwand für jemanden, der gerade in ihnen das Urtümliche und Gesunde erblickt. Aufschlüsse über diese Tiefenschichten der Seele auch noch im technischen Zeitalter bieten die Äußerungen von Thomas Mann, Sigmund Freud oder Rainer Maria Rilke zum August 1914: »Heil mir, daß ich Ergriffene sehe... Andere sind wir, ins Gleiche Geänderte: jedem sprang in die plötzlich nicht mehr seinige Brust meteorisch ein Herz. Heiß, ein eisernes Herz aus eisernem Weltall.« Die Autoren ahnten freilich nicht, was sie begrüßten.

30.

Für die Kulturgeschichte war der Krieg bedeutsam als eine Form der Kommunikation, eine ›Gemeinmachung‹ wie das Gespräch, wie der Handel, wie der Verkehr. Die Kriegsgegner waren sich einig über den Wert des Streitgegenstandes, einig über Ort, Zeit und Form der Auseinandersetzung und glichen sich an hinsichtlich der gegeneinander gerichteten Waffen und des miteinander gepflogenen Umgangs. Kulturgeschichtlich bedeutsam waren Wikingerfahrten und Kreuzzüge, in denen fremde Völker einander kennenlernten. Die letzten Kriege dieser Art waren die Kolonialkriege, die den Völkern Amerikas, Afrikas und Asiens die Überlegenheit der europäischen Zivilisation bewiesen und damit die Europäisierung der Erde einleiteten. Mit der Niederschlagung des Boxer-Aufstandes 1901 hat der Krieg diese Funktion und damit seinen kulturgeschichtlichen Sinn verloren.

31.

Der Krieg ist der Vater aller Dinge, ihre Mutter aber ist der Frieden. Die Bedeutung des Krieges für den Fortschritt liegt darin, daß da, wo die Gegner nicht gar zu ungleich sind, es zumeist einen zweiten und dritten Sieger gibt. Neben dem Gewinner auf dem Schlachtfeld ist es die Militärtechnik, die profitiert, und das Prinzip, um das gekämpft wird. Der Zusammenhang zwischen Staatskunst und Kriegshandwerk zeigt oft beim Verlierer politische und soziale Defekte, beim Sieger eine überlegene Verfassung. Noch der Zweite Weltkrieg zählt zu dieser Gattung.

32.

Der Krieg rückt – wie Bismarck sagte – die Zeiger auf der Uhr der Geschichte richtig. Er ist ein Anpassungsvorgang oder ersetzt einen solchen. Sozialdarwinisten parallelisieren ihn mit dem *struggle for life* im Selektionsprozeß der

Tiere und Pflanzen. Die in diesem Sinne historisch bedeutsamen Kriege wurden nicht zwischen zwei Heeren, zwei Völkern oder zwei Staaten geführt, sondern zwischen zwei Zeitaltern. Hier ist der Krieg ein schmerzhaftes Wehikel der Belehrung. Wer nicht fühlen will, muß hören.

33.

Die Zeit des Kalten Krieges stand im Zeichen der Atombombe, darum haben die Großmächte nur Marionettenkriege in der Dritten Welt geführt, die das Gleichgewicht nicht sichtbar verschoben. Das nukleare Vernichtungspotential weckte die begründete Befürchtung vor dem globalen Selbstmord. Namentlich Elias Canetti (1946), Karl Jaspers (1958) und Günther Anders (1959) haben über ein *finale furioso* reflektiert. Sie sprechen für eine ganze Generation.

»Die Epoche, in der wir leben, ist, selbst wenn sie ewig währen sollte, die endgültig letzte Epoche der Menschheit. Denn wir können nichts verlernen.« Günther Anders meinte damit die unverlierbare Verfügung über den Overkill. Zur Wahl stehe nur ein Schrecken ohne Ende oder ein Ende mit Schrecken, wobei er allerdings die Schill'sche Priorität von 1809 umkehrte. Am Ausgang der Geschichte stehend, sah Anders keinen Übergang mehr, nur den Untergang voraus und warf den Zeitgenossen vor, blind gegenüber der Apokalypse zu sein. Die jüdisch-christliche Endzeitvorstellung verwertete er bewußt als *figura mythologica* für den Atomtod, von dem uns nur noch eine Gnadenfrist trenne. Ihre Verlängerung war das höchst bescheidene politische Ziel des Autors. Er sah die Menschheit in einer umgekehrten Utopie angekommen: »Während Utopisten dasjenige, was sie sich vorstellen, nicht herstellen können, können wir uns dasjenige, was wir herstellen, nicht vorstellen.« Auch wenn nicht gewiß sei, daß wir das Ende der Zeiten erreicht hätten, stehe fest, »daß wir in der Zeit des Endes leben«.

34.

Der globale Atomkrieg ist nun nicht mehr zu erwarten. Der Schrecken hat ein Ende gefunden, wir können einem Ende ohne Schrecken entgegensehen. Wenn die Kassandra-Rufe gleichwohl weiter erschallen, beruht dies auf der Gewöhnung an eine apokalyptische Perspektive. Es fällt uns leichter, für die Atomkatastrophe stellvertretende, ja sie überbietende Gefahrenherde zu benennen, als die Hoffnung wahrzunehmen, zu der wir berechtigt wären.

Mit bewaffneten Auseinandersetzungen ist weiterhin zu rechnen, zumal sie nun weniger riskant sind. Sie müssen nicht mehr unter dem Damokles-Schwert des Atomtodes geführt werden.

Qualitativ tritt an die Stelle der ritterlichen Auseinandersetzung zwischen Gleichberechtigten auf dem Felde der Ehre der (selbst)gerechte Krieg: auf der Seite der anderen als krimineller Akt, auf der eigenen als Polizeiaktion. An der ideologischen Legitimation der Gewalt wird es auch im demokratischen Weltalter nicht fehlen. So wie die Christen sich für die richtige Auslegung des Evangeliums schlugen, so kämpfen Demokraten um die angemessene Interpretation der Menschenrechte. Arme und Reiche lesen sie verschieden. Das erinnert an Gullivers Eierkrieg. Aber selbst im Vergleich zum Zweiten Weltkrieg – um vom lange gefürchteten Dritten zu schweigen – dürfte es sich hinfort nur noch um Puppensünden und Mäusekriege handeln. Sofern das höchste Ziel der Politik und damit der wichtigste Inhalt der Geschichte darin bestand, die atomare Drohung abzuwenden, wird das Gefühl begreiflich, daß alles, was jetzt politisch und militärisch noch geschieht, mit dem, was geschehen ist oder hätte geschehen können, zu Unrecht den Namen ›Geschichte‹ teilt.

35.

Die Technisierung des Krieges macht den Heldentod atavistisch, so wie die Rationalität der Wissenschaft das Martyrium für den Glauben erübrigt. Durch die ganze Kulturgeschichte hindurch war es *common sense*, daß nicht das nackte Leben der Güter höchstes sei. »Und setzet ihr nicht das Leben ein, nie wird euch das Leben gewonnen sein.« Autonome Staatlichkeit war ohne Opferbereitschaft im Felde ebensowenig zu denken wie monotheistische Hochreligion ohne Blutzeugen. Nun wandelt sich diese Einschätzung. Die Selbstopfer von Leonidas oder Regulus für ihre Stadt, von Petrus und Paulus für ihre Religion erzeugen heute ein allgemeines Schütteln des Kopfes. Ganz neu ist dieser Wertewandel wiederum nicht. Schon kynische Kosmopoliten verwarfen den Tod fürs Vaterland.

36.

Gewalt ist in der modernen Welt geächtet; nicht nach ihrem Recht, sondern nach ihrem Ausmaß wird gefragt. Helden und Heilige finden zwar noch immer ein exotisches Interesse – das Lebensrisiko aber lohnt nur als Individualrausch: im psychodelischen Delirium oder hinter dem Steuer eines schnellen Wagens. Der Tod vor dem hundertsten Geburtstag ist ein peinlicher Kunstfehler der Medizin. Der moderne Mensch stirbt hinter verschlossener Türe. Ernst Jünger beschrieb die Ablösung des heroischen Geistes durch den humanitären. Bravo! Das Gesundheitsideal ist im demokratischen Hedonismus zum höchsten aller Werte aufgestiegen, gerät mit diesem allerdings da in Konflikt, wo die Steigerung der Lust – sagen wir durch bunte Gifte – die Länge der Genußfähigkeit verringert. Hier greift der Gesetzgeber ein. Gegen ihn muß das in Rilkes Stundenbuch geforderte Recht auf den eigenen Tod ertrotzt werden.

37.

Alle Kanonen Friedrichs des Großen trugen die Inschrift ULTIMA RATIO REGIS. Die klassische Politik war auf den Ernstfall des Krieges abgestellt. Kernstück des modernen Staates wurde der *miles perpetuus*, das stehende (und das sitzende) Heer. Im 17. Jahrhundert kämpfte man für religiöse Prinzipien, im 18. für dynastische, im 19. für nationale und im 20. für ideologische. Zu den siegreichen Ideen zählt die Ächtung des Krieges. Nun scheint dieser selbst den fortschreitenden Neutralisierungen im Sinne von Carl Schmitt zum Opfer gefallen. Sein Dictum: »Immer wandert die europäische Menschheit aus einem Kampfgebiet in neutrales Gebiet, immer wird das neu gewonnene neutrale Gebiet sofort wieder Kampfgebiet«, bestätigt sich einstweilen, setzt aber einen endlosen *globus politicus* voraus. So wie die Wohngebiete erschöpfen sich die Kampfzonen und damit die Kämpfe. Die Streitäpfel fangen an zu faulen. Wachsen immer neue nach?

38.

Die Geschichte des dritten Jahrtausends wird Themen verlieren. Sie wird keine Geschichte von Hochkulturen mehr sein, wird überhaupt keine Geschichte von Kulturen, das heißt von Komplexen einheitlichen Stils mehr sein. Kunst- und Geistesgeschichte lösen sich als Individualien auf. Geschichte vollzieht sich nicht mehr an umgrenzten Gegenständen, ist keine Individualisierung von Systemen mehr, sondern verkörpert allenfalls Beziehungen zwischen Komplexen. Geschichte besteht auch nicht mehr in der Rivalität ruhmsüchtiger Fürsten und landhungriger Staaten, politischer Prinzipien und Ideologien, nicht mehr in der Emanzipation von Unterdrückten, sie wird keine Völker- und Staatengeschichte, keine Macht- und Kriegsgeschichte mehr sein.

39.

Die großen alten Themen zerbröseln. Man schreibt die Geschichte der Auf- und Um- und Abrüstung, die Schlachten finden mit Boccherini und Veuve Clicquot auf den Friedenskonferenzen statt, mit Gutachterkanonaden zwischen Konzernen und Institutionen. Erfreulich, aber langweilig. Was bleibt dann noch an *materia historica*? ›The Emergence of *anorexia nervosa* as a modern disease‹ (1988), das heißt über die Magersucht der Mädchen, oder ›Die Rolle des Fleischextrakts und der Aufstieg der Suppenindustrie‹ (1990) – *notabilia quisquilia*.

40.

»Universaltendenz ist dem eigentlichen Gelehrten unentbehrlich.« Novalis müßte auch heute nicht verzweifeln, denn die historische Abendstille wird durch ein Wetterleuchten am Horizont gestört. Die armen Länder modernisieren sich mit Blut und Eisen und erhoffen sich den Wohlstand von der Demokratie, den diese den reichen Staaten aber keineswegs beschert hat. Demokratie ist öfter eine Folge als die Ursache wirtschaftlicher Prosperität. Demgemäß gerät die Demokratie in Gefahr, sobald der Reichtum auf dem Spiel steht und seine Bewahrung eine starke Hand erfordert. Welche Chance hat die Selbstverwaltung gegen die Selbsterhaltung? Der Fortschritt fordert seine Kosten; zahlen wir nicht, so kommen die Zinsen dazu. Fundamentalismus, Übervölkerung und Technikfolgen versprechen eine bewegte Zukunft. Wir müssen Geduld haben mit der Geschichte. Klio spitzt ihre Feder.

V.
Vergangene Fortschritte

Was geht mich die Geschichte an?
Meine Welt ist die erste und einzige.
Wittgenstein

1.

Schlegels Wort vom Historiker als rückwärts gewandten Propheten bedarf einer zweiten Ergänzung: Wie der Historiker über Vergangenes nicht ohne einen Blick auf Künftiges urteilt, so gewinnt der Prophet, der nicht geradezu blind weissagt, das Gesehene aus dem Geschehenen. Soweit wir überhaupt Erwartungen begründen, stützen wir sie auf Erfahrungen aus der Geschichte. Und darin liegt seit Thukydides und Polybios ein wesentlicher Sinn, Vergangenes zu überliefern: Es macht uns, wo nicht weise für immer, so doch klug für ein andermal. Spengler wußte nicht, daß Klio bei den Griechen sowohl die Muse der Historiker als auch die Muse der Propheten war – sonst hätte er den ersten Satz in seinem ›Untergang‹ anders formuliert. So rufe ich Klio an mit der Bitte um Hellsicht und lade den geneigten Leser ein zu einem eschatologischen Gedankenspiel.

2.

Ein Rückblick auf die Geschichte zeigt drei auf uns zukommende Strömungen, deren Alter und Stärke einen Fortgang in die Zukunft erwarten lassen. Es ist zum ersten der wissenschaftliche Fortschritt mit der Vermehrung und Vertiefung unserer Kenntnis der Welt. Er verbindet sich mit einer Vereinheitlichung des Denkens auf der Linie der

Rationalität. Es ist zum zweiten die technische Modernisierung unserer Lebensführung, die Weiterentwicklung der Zivilisation. Sie ist verbunden mit einer Angleichung der Formen auf dem Weltmarkt. Es ist zum dritten die weltweite Verflechtung, die politische Universalisierung des Zusammenlebens, die ein immer dichteres Netz von Beziehungen über die Erdkugel zieht. Sie deutet auf den Weltstaat hin.

3.

Den Wunsch, mehr zu wissen, ein angenehmeres Leben zu führen und die Reichweite des Handelns zu erweitern, erfüllten in früheren Zeiten Wunschringe und Wunderlampen, Zauberstäbe und fliegende Teppiche. Sie bezeugen tief in der Menschenseele verankerte Bedürfnisse danach, die Schöpfung zu verbessern. Dies gelingt, doch fordert es seinen Preis. Größte Gabe verlangt höchsten Einsatz – das Seelenheil.

Den genannten drei progressiven Tendenzen stehen in unserer Gegenwart Faktoren gegenüber, die für Turbulenz sorgen und das Bild der Zukunft verdüstern: der religiöse oder ökologische Fundamentalismus, die beschleunigte und unkontrollierte Bevölkerungszunahme und die bedrohliche Nebenwirkung der Industrie. Diese sechs Momente stehen in vielfältiger Wechselwirkung. Sie bestimmen unser Geschick, wenn auch im einzelnen unklar ist, in welcher Art und in welchem Ausmaß.

4.

Max Weber betrachtete 1919 die Weltgeschichte als Intellektualisierung, als Rationalisierung, als ›Entzauberung‹. Gewiß ist die Welt nicht wirklich verzaubert, aber erst das Wissen, daß sie es nicht ist, gibt sie dem Wissenden zu eigen. Das Instrument hierzu ist die Vernunft, das Unterscheidungsmerkmal des Menschen gegenüber den Tieren. Deutsch ›Mensch‹ hängt zusammen mit lateinisch *mens*;

griechisch *mnémé, logos* bezeichnet neben dem Denkvermögen auch dessen wichtigstes Werkzeug: die Sprache. Die Darstellung der Wirklichkeit durch Laute ermöglicht die Verfügung über das Dargestellte auf einer symbolischen Ebene, gestattet das Experimentieren mit den Dingen und die Weitergabe von Erfahrungen, die andere nicht wiederholen müssen. Die Schrift überbrückt noch weitere Räume und Zeiten. Der Lernprozeß des Menschen hat sich im Laufe der Geschichte mit nur vorübergehenden Einbußen und Rückschlägen fortgesetzt. Der ältere Plinius prophezeite einen endlosen Fortschritt: *ne quis desperet saecula proficere semper*, und bisher hat er recht behalten.

5.

Der Fortschritt in der Wissenschaft ist in Frage gestellt worden von Oswald Spengler und von Thomas Kuhn. Spengler verglich die ›apollinische‹ und die ›faustische‹ Mathematik, erkannte deren unterschiedliche Sicht- und Arbeitsweise und schloß daraus auf kulturspezifische Denksysteme, deren Vereinbarkeit nur um den Preis grundsätzlichen Mißverstehens zu erzielen sei. Spengler übertrug den Stilbegriff von der Kunst auf alle Äußerungen einer Kultur und leugnete damit sowohl eine einheitliche Wissenschaftsgeschichte als auch einen allgültigen Wahrheitsbegriff. »Die Erscheinung andrer Kulturen redet eine andre Sprache. Für andre Menschen gibt es andre Wahrheiten.«

Diese These macht auf die fraglos vorhandenen Eigentümlichkeiten innerhalb der Wissenschaftskulturen aufmerksam, die im Sinne der postulierten Linearität einer universalen Wissensentwicklung ausgeblendet werden. Sie übersieht aber, daß so wie ein Bauwerk Stil und Statik verbindet, jede Wissenschaft nicht nur individueller Ausdruck ihrer Zeit ist, sondern vor allem in alle Sprachen übersetzbare und in alle Kulturen übertragbare Aussagen über nachprüfbare Sachverhalte enthält, die *grosso modo* zahlreicher und genauer geworden sind.

6.

Thomas Kuhn bekämpft ebenfalls das Modell eines linearen und kumulativen Fortschritts. Die Wissenschaft bewege sich nicht in Richtung auf die Wahrheit. Fortschritte gebe es nur in den Phasen der durch gleichbleibende Lehrbücher definierten Normalität, die periodisch durch revolutionäre Wechsel der Fragestellung und der Lösungsversuche unterbrochen würden und zu einem neuen Paradigma führten, das ebenso überholt würde wie das vorangegangene.

Kuhn aktualisiert die Sinnvariante ›Muster, Beweis, Vorbild‹ für das sonst mit ›Beispiel‹ übersetzte griechische Wort *paradeigma* und betont damit die Ersetzbarkeit der jeweiligen Grundannahmen. Sicher gibt es Sichtwechsel in der Wissenschaftsgeschichte, und ebenso sicher wird nach einem solchen dem soeben überwundenen Konzept Unrecht getan.

7.

Kuhns berechtigter Protest gegen eine auf Verbesserung und Vermehrung zurückgestutzte Wissenschaftsgeschichte weckt die Vorstellung von einem Baum, dessen Äste alle bis auf denjenigen abgesägt sind, auf dem der Wissenschaftshistoriker selber sitzt. Trotzdem führt eine Metapher Kuhns irre, wenn er die wissenschaftlichen Denkmodelle mit den Bildern in einer Galerie vergleicht. Der ›Zusammenhang‹ ist ein anderer. Velazquez ist ohne Dürer denkbar, Magellan ohne Kolumbus nicht. Ein im ganzen kumulativer Prozeß schließt zwischenzeitlichen Schwund nicht aus, ein im ganzen linearer Vorgang verkraftet Sprünge und Wendungen. Alfred Brehm kannte mehr Tiere als Konrad Geßner und dieser mehr als Plinius maior. Das Wissen Einsteins über den Weltraum war genauer als das von Kopernikus, und der wußte mehr darüber als Aristarch. Der kumulative und lineare Charakter kennzeichnet den wissenschaftlichen Fortschritt in großen

Zügen durchaus treffend. Er ist bisher nur vorübergehend unterbrochen worden und läßt sich allein durch eine engherzige Verwendung der Begriffe ›kumulativ‹ und ›linear‹ bestreiten.

8.

Ein Verzicht auf den Wahrheitsbegriff als höchstes normatives Postulat weckt den Verdacht eines heimlichen Irrationalismus, dem Kuhn auch durch seine explizite Parallele zwischen der Wissenschaftsgeschichte und der darwinistischen Evolution Vorschub leistet. Mag man zwischen der wachsenden Vielfalt der Lebewesen und der Mehrung der Erkenntnis eine Analogie erblicken und beides auf ›Mutation‹ und ›Selektion‹ zwecks *survival of the fittest* zurückführen, so bleiben doch beträchtliche Unterschiede zwischen dem Auf- und Abtreten von Arten und dem von Theorien übrig. Das Mammut war, wie alle fortpflanzungsfähigen Arten, seiner Umgebung rundum angepaßt; warum es ausgestorben ist, wissen wir nicht. Ist es degeneriert? Und wenn, warum? Hat es einen Klimawechsel nicht verkraftet? Und wenn, wieso? Wurde es vom Wollhaarnashorn verdrängt? Und wenn, weshalb? Gewiß war das kein Opfer eines zoologischen Fortschritts. Wir sehen das Resultat, können es aber nicht erklären.

9.

Kuhn meint, eine neue Theorie setze sich erst dann durch, wenn die Verfechter der alten, dem unbelehrbaren Mammut gleichend, ausgestorben seien. Indes: Irrtümer sterben nicht aus. Sie werden widerlegt. Der Glaube an den Vogel Phönix gehört in den Mythos. Er beruht – bei Plinius maior und Tacitus ist das evident – auf mangelhafter Naturkenntnis. Nur für geschichtsblinde Ethnologen ist das mythische Denken eine typologische Variante zur Rationalität. Der Historiker erkennt im Naturmythos eine Frühform der Naturwissenschaft, wo Unkenntnis durch Phantasie überspielt wird, bis verbesserte Information sie ablöst. Von Hesiod über Hekataios und Herodot zu Thukydides läßt sich die Rationalisierung beobachten. Wille und Fähigkeit zur Kritik wuchsen. Das mythische Weltbild hielt entgegenstehenden Erfahrungen nicht stand. Darum wurde es nach und nach dem Fortschritt geopfert. Wir sehen das Ergebnis und können es verstehen.

10.

In der Evolution haben wir es mit zwei variablen Größen zu tun, mit den Lebewesen und der Umwelt; in der Wissenschaft dagegen rechnen wir mit einer konstanten Größe, dem erforschbaren Sachverhalt, und einer einzigen Variablen, der Aussage. Solange eine biologische Art lebt und sich fortpflanzt, ist sie hinreichend angepaßt. Stirbt sie aus, wissen wir nie, welche Variable sich früher oder stärker geändert hat, also ›schuld‹ am Artentod ist.

11.

In der Wissenschaftsgeschichte aber hapert es mit der Angepaßtheit, wenn die Vorstellung von einem Teller der Erdkugel entsprechen soll. Zwar hat auch das Modell der Erdscheibe Jahrtausende lang der Orientierung gedient, doch erwies es sich bereits dem Erkenntniswillen eines Pythagoras gegenüber als unzureichend, und dieses Mehrwissen-, Mehrkönnen-, Mehrhaben wollen sind Gattungsmerkmale des Menschen. Er arbeitet sich aus Irrtümern heraus und wird nicht in das neue Weltbild hinein geboren. Hier vollzieht sich die ›Anpassung‹ durch mühsame Annäherung der Vorstellung an den Sachverhalt, und es ist klar, wie und warum: weil die Menschen sich um reichere und genauere Kenntnis bemühen.

Die Evolution (als Teil von Vicos *mondo naturale*) können wir beschreiben, aber nicht verstehen, ohne sie zu personifizieren und ihr einen Willen zu unterstellen. Die Wissenschaftsgeschichte (als Teil von Vicos *mondo civile*) aber können wir beschreiben und verstehen, indem wir Neugier und Vernunft in Rechnung stellen. Vico wird von Kuhn nicht zitiert. Wer die Evolution als Paradigma für die Wissenschaftsgeschichte verwendet, unterliegt einem *hysteron proteron*, indem er die Geistesgeschichte aus einer zuvor anthropomorph rationalisierten Naturgeschichte ableitet. Er macht aus Darwin einen Hegel der Biologie, wogegen der eine wie der andere sich zu Recht verwahrt hätte.

12.

Das in Büchern, Geräten und Stoffen gespeicherte Wissen ist gewachsen und wächst weiter. Welch ein Segen darin für die Menschheit liegt, beleuchten nicht nur die Tagebuchnotizen von Friedrich Hebbel über seine Zahnschmerzen. Trotzdem haben die Fortschritte ihre Schattenseiten. Zunächst bedeutet die Zunahme des Wissens nicht, daß die Wissenschaftler klüger, geschweige denn, daß sie weiser würden. Niemand wußte mehr als Aristoteles, nur verteilte sich sein Wissen auf alle Gebiete des Wißbaren. Der Fortschritt verläuft nach dem Prinzip *more and more about less and less* und mündet in ein virtuoses Spezialistentum, das in Präzision schwelgt, dem aber der Überblick abgeht und das damit in eine Abhängigkeit gerät, die den Spott des Stagiriten herausgefordert hätte. Schon Heraklit verhöhnte die Ignoranz der Vielwisser. Heute darf ein Ornithologie-Professor eine Bachstelze mit einer Elster verwechseln, wenn er Fachmann für Limicolen ist.

Jeder Fortschritt wird mit einem Verzicht erkauft. Schon Odin opferte Mimir ein Auge, um wissend zu werden. Der Preis für den Zuwachs an Wissen über einzelnes ist ein Verlust an Orientierung im ganzen. Zumal in Schwellenzeiten wie der unseren macht sich das bemerkbar. Die Elemente sind nicht mehr unveränderlich, die Atome nicht mehr unteilbar; die Kausalität ist nicht mehr stringent, die Objektivität nicht mehr gegeben; Raum und Zeit sind nicht mehr homogen, das Naturgesetz gilt nur noch näherungsweise; Anschaulichkeit und Vorstellbarkeit beschränken sich auf Alltagserscheinungen, Axiome wanken... Der gestirnte Himmel über mir verschwindet in Smog und Streulicht, das moralische Gesetz in mir entpuppt sich als verinnerlichtes Aggressionspotential frühkindlicher Triebunterdrückung.

13.

Sodann ist immer mehr Aufwand für immer winzigere Fortschritte nötig, so wie der Sprinter für immer kleinere Rekordverbesserungen immer länger trainieren muß. In der Forschung wie im Sport: Heroisch oder idiotisch? Auf der Suche nach den kleinsten Quarks und nach den fernsten Galaxien steigen die Kosten ihrerseits ins Astronomische, so daß irgendwannn für die Geldgeber die Frage der Relation akut wird. Ob der Glaube an die Erschöpfbarkeit der Erkenntnis berechtigt ist, bleibt durchaus fraglich. Bisher scheint die Vermehrung des Wissens die Menge des Wißbaren nicht zu mindern - im Gegenteil wirft jede neue Einsicht drei neue Fragen auf, so daß wir uns der Quintessenz des Sokrates nähern.

14.

Schließlich wird die schonungslos fortschreitende Aufklärung selbst mörderisch, selbstmörderisch wie der eiskalte Intellektualismus. Wer, um alles zu wissen, jedes Opfer und jeden Eingriff in Kauf nimmt, wer dem Apollinischen zuliebe das Dionysische ausrottet und jedwede Neugier als Gebot der Aufklärung ausgibt, der gefährdet deren lebensweltliche Voraussetzungen. Die Vernunft ist radikal, aber die Radikalität ist nicht vernünftig. Ihr Sinnbild ist die Guillotine. Sie stand in Colmar vor dem *Temple de la Raison*, dem ehemaligen Münster, wie Hebbel zum 18. II. 1857 notiert. Indem Dunkelzonen aufgehellt, Schattenreiche durchleuchtet werden, wird Wurzelboden für Wachsendes zerstört. Am Ende stünde der Triumph der *Miss Universum*, der Hure Vernunft, die nicht mehr nach dem Was, nur noch nach dem Wie fragt.

So unvermeidlich die Aufklärung als Prozeß ist, so rühmlich jeder Geistesblitz bleibt: so öde wäre die gesättigte Auf- und Abgeklärtheit der entschleierten Geheimnisse, nachdem der Baum der Erkenntnis abgeerntet ist. Wer alles durchschaut, der sieht nichts mehr. Das Durchsichtige ist unsichtbar. Der Alleswisser lebt in einer Welt ohne Schatten, ohne Schattenspender, gleißend und unfruchtbar, wie die Kalahari zwischen Matsu und Hututu. Der Schatten der Aufklärung ist die Unzuträglichkeit des ungefilterten Lichts.

15.

Die Entwicklung im Wissen ist eng verknüpft mit dem Fortschritt im Können. Das griechische Wort *techné* bezeichnet jede Art von erlernter Meisterschaft, die Gewinnung, Anwendung und Verbesserung von Geräten und Fertigkeiten, die den Menschen vom Tier unterscheiden. Das lateinische Wort *cultura* meint keinen Zustand, keinen Vorrat, sondern die pflegende Tätigkeit des Menschen, der den Boden und sich selbst veredelt. Der Fortschritt ist der Technik auf den Leib geschrieben. Ihre Geschichte ist die Geschichte der Zivilisierung.

Leo Frobenius hat sie in drei einander folgende, wenn auch vielfach verschränkte Abschnitte gegliedert: in die schöpferische ›Barbarei‹, die gestaltende ›Kulturei‹ und die erfüllte ›Mechanei‹. In der Barbarei beginnt die Zivilisationsgeschichte, und zwar mit der Erfindung der ersten Werkzeuge und der Nutzung des Feuers während der Altsteinzeit. Die Herstellung von Werkzeugen und das Unterhalten von Feuer ist Arbeit. Das Neolithikum brachte den Übergang der Jäger und Sammler zu Viehzucht und Ackerbau, die ersten festen Siedlungen entstanden, die Geräte wurden vermehrt und verbessert. Der Weg der Menschheit teilte sich. In Mesopotamien und im Niltal, später auch am Indus und am Hoangho entfalteten sich die ersten Hochkulturen, gekennzeichnet durch die Stadt und die Schrift. Nachdem seit dem zweiten vorchristlichen Jahrtausend das Pferd als Zug- und Reittier genutzt und die Metallbearbeitung entwickelt wurde, war eine Zivilisationsstufe erreicht, auf der bis zum Beginn der Neuzeit keine Errungenschaft von vergleichbarer Bedeutung hinzukam. Noch Napoleon ritt nicht schneller als Odysseus und Diomedes.

16.

Goethe unterschied in seiner ›Farbenlehre‹ Epochen des Werdens und Epochen des Benutzens. Erstere sind typisch für zivilisatorisch-technische, letztere für künstlerisch-kulturelle Perioden. Die Aktivitäten der Menschheit in der Phase der Kulturei (nach Frobenius) oder der Hochkulturen (nach Spengler) galten in erster Linie der Benutzung, nicht der Verbesserung ihrer Geräte. Der Ehrgeiz richtete sich nicht auf die Perfektion der Instrumente, sondern auf deren Anwendung. Man suchte die Welt, in der man lebte, zu verschönern. Dabei entstanden jene Werke, die wir heute in unseren Museen bewundern. Die Artefakte dieser dreitausend Jahre hatten einen doppelten Zweck: sie dienten einerseits einem praktischen Gebrauch und andererseits einem ästhetischen Wohlgefallen, indem sie den Geschmack und das Können ihrer Hersteller zum Ausdruck brachten. Die praktische Seite ist ein universaler Effekt, die ästhetische ein individueller Affekt.

17.

Während die Formgestaltung an subjektive, gruppenspezifische Stilnormen gebunden ist, die nicht jedermann teilen muß, unterliegt die Nutzbarkeit objektiven Kriterien, die jedermann kontrollieren kann. Durch Prüfung und Vergleich verbessern wir die Geräte, durch Erfahrung erweitern wir den Kreis des Machbaren. Im zivilisatorischen Bereich gibt es zu allen Zeiten Niveaudifferenzen zwischen fortschrittlichen und zurückgebliebenen Völkern, die zu einer Ausbreitung der Güter der überlegenen Zivilisation führen. Weil mit dem Gebrauchswert auch die Formgebung der Artikel exportiert wird, kommt es zu einem Kulturgefälle und zu einer Akkulturation. Die Geschichte kennt mehrere Beispiele für diesen Vorgang.

18.

Im Zeitalter des Hellenismus übernahm ein ganzer Völkerkranz nichtgriechischer Randkulturen das Bau- und Städtewesen, die Verwaltungs- und Wirtschaftsweise, die Schrift und die Sprache von den als überlegen eingestuften Griechen. Ihre gelehrigsten Schüler waren die Römer, die ihrerseits dann den westlichen Mittelmeer-Raum zivilisierten und romanisierten, während Ostasien unter den kulturellen Einfluß Chinas geriet. Wäre das Kulturgefälle nicht grundsätzlich unabhängig von der militärischen Schlagkraft, wäre die Angleichung siegreicher Barbaren an die Kultur der Unterworfenen nicht zu begreifen: Das lehren die völkerwanderungszeitlichen Germanen, die Araber im Fruchtbaren Halbmond, die Mongolen unter und nach Kublai Khan in China.

19.

Zu den zivilisatorischen Errungenschaften zählen die Religionen. Auch bei ihnen gibt es Niveau-Unterschiede, die den Erfolg der Hochreligionen gegenüber den primitiven Kulten erklären. Anderenfalls wäre es unverständlich, wieso zivilisatorisch und militärisch lange Zeit unbedeutende Völker wie Juden und Araber erfolgreich missionieren konnten. So gewiß die Hochreligionen die Kulturgeschichte wie kaum ein anderer Faktor bereichert haben, so gewiß ging das nicht ohne Kosten ab. Die christliche Mission hat – was schon Alexander von Humboldt beklagte – mit den heidnischen Kulten zahlreiche Sprachen, Bräuche und Überlieferungen beseitigt und zur Verarmung der Völkervielfalt beigesteuert. Das, was die Mönche in Monte Cassino und Hersfeld zur Erhaltung der antiken Literatur beigetragen haben, ist ein winziger Rest all dessen, was ihre Glaubensbrüder zuvor *ad maiorem Dei gloriam* vernichtet hatten. Die Bilderstürme und Bücherverbrennungen im Namen des wahren Glaubens zählen zu den Schattenseiten der Kulturgeschichte.

20.

Besonders erfolgreich ist die Ausbreitung einer Zivilisation dort, wo ihre Träger auch militärisch überlegen sind, wie das Griechen und Römer in ihrer Frühzeit waren und wie das die Europäer seit Beginn der Neuzeit sind. Das durch die Erfindung des Buchdrucks vermehrte Wissen, überwiegend antiken Ursprungs, die durch den Kompaß erleichterte Seefahrt, die Reiterei und das Schießgewehr haben den Europäern im 16. Jahrhundert die Hegemonie über den Globus gebracht. Die seitdem anhaltende technische Entwicklung, die jüngst einen der neolithischen Revolution vergleichbaren Doppelsprung mit der Energie- und der Computer-Technologie gemacht hat, führte zur Europäisierung der Erde. Allüberall dieselben Hotels und Universitäten, dieselben Fabriken, Krankenhäuser und Kasernen.

Die Universaltendenz der Industrietechnik ist keine ideologische Idiosynkrasie der Alten Welt, die nach dem Zusammenbruch ihrer Kolonialimperien sich in der Pose »Und ihr habt doch gesiegt!« sonnt. Die Technik ist kulturneutral. Sie bereichert jeden, der sie herstellt und besitzt, sie beglückt jeden, der sie bezahlen und benutzen kann. Sie ist das Produkt eines weltgeschichtlichen Lernprozesses, der in Babylonien begann, auf Griechen und Römer überging, dann von den romanisch-germanischen Völkern West- und Mitteleuropas fortgeführt wurde und heute in den Vereinigten Staaten und Japan gleichwertige Epizentren besitzt.

21.

Im Vorwort zum ›Kapital‹ hat Karl Marx die Industrialisierung der Welt prognostiziert. Als Mittel dazu begriff er auch die Kolonialisierung, deren objektiv fortschrittsfördernde Wirkung allerdings aus subjektiv profitorientierter Ursache stamme. Das bewies ihm die List der Vernunft. Die in den Kolonialkriegen begonnene Modernisierung Außereuropas hat sich nach dem Ende der Kolonialherrschaft nach kurzem Zwischentief fortgesetzt. Die angestammten ethnischen Lebens- und Denkformen werden von ihren Trägern selbst zugunsten dessen aufgegeben, was sie aus europäischen Fabriken, Sendestationen und Universitäten beziehen. Das tradierte Identitätsbedürfnis, von Yoshinobu Tokugawa, Abd ul-Hamid und Pio Nono erfolglos verteidigt, hält den praktischen Vorzügen der Modernität nicht stand, alle fortschrittshemmenden Faktoren werden hinwegmodernisiert. Beträublich ist nur, daß die Völker auch meinen, unsere Fehler machen zu müssen, Nationalismus und Cäsarismus übernehmen und sich in den abgelegten Kostümen Europas gefallen.

22.

Den Fortgang der Modernisierung sagte bereits das ›Kommunistische Manifest‹ treffend voraus: »Die Bourgeoisie kann nicht existieren, ohne die Produktionsinstrumente, also die Produktionsverhältnisse, also sämtliche gesellschaftlichen Verhältnisse fortwährend zu revolutionieren.« Unter allen kurzfristigen Prognosen ist die Fortsetzung dieser Tendenz die wahrscheinlichste. Die Nutzung der bereits verfügbaren Technik macht die weitere Vermehrung der Instrumente und Pharmaka, der Bauten und Bücher wahrscheinlich. Täglich werden in Deutschland hundert Hektar Mutterboden zubetoniert, täglich rollen fünfzehntausend neue Autos vom Band. Schtarckteutsch: Die Würthschafft ist der Schtoltz von Müllionen. Die Industrie produziert nach dem Prinzip KHM.103: Das

Töpfchen kocht und kocht den süßen Brei, der steigt über den Rand hinaus und kocht immerzu, die Küche und das ganze Haus voll, und das zweite Haus und dann die Straße, dann die Stadt, als wollt's die ganze Welt satt machen und ist die größte Not, weil niemand sagt: Töpfchen steh!

23.

Die ersten Maschinen wurden von Hand erbaut. Inzwischen werden sogar die Maschinenbaumaschinen maschinell hergestellt. Die Maschinen werden immer besser und immer zahlreicher. Immer mehr menschliche Hand- und Kopfarbeit erledigen Apparate schneller, genauer und billiger. Automatisierung und Mechanisierung rechtfertigen den Vorschlag von Frobenius, die dritte Periode der Geschichte ›Mechanei‹ zu nennen. Sie führt die seit dem Neolithikum auseinanderlaufenden Wege der regionalen Kulturen der Menschheit wieder zusammen in eine globale Industrie-Zivilisation.

24.

Die Modernisierung fördert die Homogenität. Die Vielfalt weicht dem jeweils Besten oder dem, was sich als Bestes darzustellen weiß. Das gilt zunächst für die Werkzeuge, deren Leistungsfähigkeit sich nachweisen läßt. Das Praktischere setzt sich gewöhnlich durch. Der vornehme Römer verabscheute Hosen und Jacken der Germanen als barbarisch, aber sie kleiden besser als Toga und Tunika.

Das Zusammenspiel der Geräte erfordert die Normierung, an deren Anfang die Normierung der Normen selbst steht. Ähnliches vollzieht sich im Bereich der Kleidung und der Wohnung, der Fahrzeuge und der Waffen – lange als gruppenspezifische Identitätssymbole kultiviert, werden sie nun funktionalisiert und normiert. Ein altgriechischer Helm ist von einem gleichzeitigen persischen leicht zu unterscheiden, ein Türkensäbel und ein malaiischer Kris desgleichen. Die heutigen Maschinenpistolen zeigen keine Stilunterschiede mehr, die Funktionalität verdrängt die Ästhetik.

25.

Nicht anders steht es mit Schrift und Sprache. Unter den Schriften hat die lateinische Antiqua einen beispiellosen Siegeszug hinter sich. Gotische Fraktur ist schöner, aber schwerer lesbar und daher von Hitler 1941 seiner Europapolitik geopfert worden. Noch erfolgreicher waren die indisch-arabischen Zahlen. Sie werden auf der ganzen Welt verstanden, seitdem Preise, Maße und Termine das Leben gängeln.

Die Romantik hat mit dem Nationalismus nochmals scheintote Sprachen belebt: das Dänische, Tschechische und Neugriechische. Das letzte gelungene Beispiel ist das Hebräische. Die nostalgischen Versuche der jüngeren Jahre sind Rückzugsgefechte: In einer Zeit des Weltverkehrs gerät ins Abseits, wer nur Baskisch oder Sorbisch, Gälisch oder Ladinisch versteht. Die Mundarten der großen Sprachen sind durch Radio und Fernsehen bedroht. *Since everybody learns English, the Tower of Babel is coming to be completed.* Das Witzwort, Englisch sei keine Sprache, sondern ein Verständigungsmittel, zielt darauf, daß Sprachen mehr seien: Sind sie ursprünglich zu diesem Zweck entstanden, so haben sie sich später, spätestens mit der Geburt der Poesie, zu Mitteln entwickelt, in denen Menschen und Gruppen sich selbst und ihre Welt zum Ausdruck bringen. Und diese Sprachwelten verschwinden mit den Elementen ihrer Darstellung. Das Englische bezahlt seinen Vorrang als *lingua franca* damit, daß es wie keine andere Sprache verhunzt und verhudelt wird.

26.

Zur Homogenität der Instrumente tritt ein Ausgleich der Gefühle. Die Zivilisation mindert die emotionalen Spannungen. Hunger, Kälte und Dunkelheit werden überwunden, physische und psychische Schmerzen marginalisiert. Die Angst, heute ein Privatproblem von ›Psychopathen‹ und ›Neurotikern‹, wird mit großem Aufwand und erkennbarem Erfolg von Psychotherapeuten und Medizinern, Pharmazeuten und Versicherungsgesellschaften bekämpft. Was die antiken Philosophen zur Bändigung der Affekte und zur Wahrung der Seelenruhe empfohlen haben, bleibt unverständlich, solange wir der Antike die Leidenschaftsarmut der Moderne unterstellen. Ähnliches gilt für das Mittelalter, dessen massenwirksame Höllenfurcht und Heilshoffnung uns kaum noch nachvollziehbar sind. An die Stelle dieser Schwankungen ist inzwischen eine mittlere emotionale Temperatur des (Un)Behagens getreten, in der wir eher den bequem gewordenen Alltag begrüßen, als das Verschwinden alter Freudenfeste und Jubelfeiern bedauern.

27.

Die Homogenisierung, die Tocqueville 1835 im Blick auf Amerika der gesamten zivilisierten Welt prophezeite, ergreift alle Lebensbereiche. Die Industrie dirigiert und nivelliert die Formen und Ebenen des Daseins. Die Gesellschaft wird atomisiert und mobilisiert. Terminkalender und Stechuhr regulieren Arbeit und Freizeit allenthalben nach demselben System. Supermärkte, Kinos und Hallenbäder beseitigen das Gefälle zwischen Stadt und Land durch flächendeckende Urbanität. Die Bewußtseinsindustrie omnipräsenter und omnipotenter Massenmedien bestimmen das Denken und Handeln. Das Erfolgskriterium der geistigen Fernsteuerung ist die ›Aktualität‹. Wer abends die Tagesschau sieht, weiß, worüber Millionen am nächsten Morgen reden werden. Immer neue Gesetze, neue Vorschriften, neue Fragebögen vereinheitlichen das Verhalten, mindern Reibungsflächen und Streitgegenstände. Das tröstet uns über den mit der Uniformität einhergehenden Profilverlust; das Identitätsbedürfnis wird abgedrängt in den Vorgarten und den Hobbyraum und bringt es hier bisweilen zu olympischen Leistungen. Auf der untersten Ebene wird das Leben, wenn auch kleinkariert, so doch vielfarbig. Bunt, bemerkte Platon, ist der Rock der Demokratie.

VI.
Wege zum Weltstaat

Patria historici universus orbis est.
Arpe 1716

1.

»Alle Bindungen der Rasse, der Klasse, des Vaterlandes lassen nach, aber der große Verband der allgemeinen Menschheit wird enger«, so Tocqueville 1835. Die Universal-Zivilisation verbreitet sich *via* Weltmarkt, und die für ihn erforderliche Marktordnung tendiert über das Völkerrecht zur Weltrepublik. Die Zahl und die Stärke der internationalen Organisationen wächst seit der Gründung des Roten Kreuzes 1864 und des Postvereins 1874 von Jahr zu Jahr. Den Globus umspannt ein engmaschiges Funknetz von tausend Sendern, dessen Wellen uns noch zwischen Hüsterlo und Krekelborn erreichen. Menschen nomadisieren, Waren zirkulieren, Gedanken fluktuieren. Im Zeitalter der Kosmopolitik bleibt den Altstaaten nur ein schrumpfender Bereich kommunaler Selbstverwaltung: Auch ein vereintes Europa ist nur eine Stufe auf dieser Stiege.

Goethe hatte gegenüber Eckermann am 23. X. 1828 die Einigung Deutschlands durch die Eisenbahn prognostiziert. Inzwischen bricht der Verkehr alle Grenzen nieder. Irgendwann erinnert man sich ihrer so wenig wie heute der Bistumsgrenzen. Erkennbar bleiben die Schrebergartenzäune. Wo sieht man so viele schwarz-rot-goldene Fahnen wehen wie über Kleingartenkolonien?

2.

Zu den Urwünschen der Menschheit gehört, sich unsichtbar zu machen, wieder jung zu werden, zu fliegen und die Sterne zu erreichen. Manches davon erwies sich als erfüllbar – gehört dazu auch der Traum vom Weltstaat? Schon im Alten Orient begegnet uns die Idee einer politisch geeinten Oikumene. Die Ägypter betrachteten ihre Pharaonen seit Thutmosis III (um 1450) als Sachwalter des Sonnengottes innerhalb der vier Säulen des Himmels, die Assyrerkönige präsentierten sich seit Tiglatpilesar I (um 1100) als ›Sonne der Menschheit‹ und ›Könige der vier Weltgegenden‹. Auch in der Titulatur der Großkönige von Iran und Nichtiran kommt der Anspruch auf die Weltherrschaft zum Ausdruck, wurde indessen durch die Griechen bei Marathon und Salamis zurückgewiesen.

3.

Die Versuche der Griechen, eine Politik über den Polis-Rahmen hinaus zu machen, blieben erfolglos: Der Peloponnesische Bund Spartas, die Großmachtträume der Tyrannen von Syrakus und das attische Seereich scheiterten, trotz der Vision des Alkibiades. Nachdem Alexander der Große Persien und Griechenland unter seine Herrschaft gebracht hatte, scheint er selbst von einer Vereinigung aller Völker in einem Reich des ewigen Friedens geträumt zu haben. Apelles hat ihn gemalt, wie er vor seinem Triumph-Wagen den Kriegsgott Polemos gefesselt einherführt.

Historische Größe beruht nicht nur auf dem Leben, sondern auch auf dem Tode des Helden. Alexander starb, als noch sein Stern im Steigen war. So stieg er weiter und leuchtet als Vorkämpfer der Menschheitsidee. In den Diadochenkämpfen zerfiel das Alexanderreich wieder, aber die hellenistische Weltzivilisation schuf bei Kynikern und Stoikern ein kosmopolitisches Bewußtsein, das in allen Menschen Mit- und Weltbürger sah. *Patria est, ubicumque est bene.*

4.

Testamentsvollstrecker Alexanders wurden die Römer, denen Juppiter bei Vergil die Herrschaft über die Völker verhieß. Wie bei Alexander ist das Programm die Sicherung des Friedens, der Wohlfahrt und des Rechts. »Wer sieht nicht, daß die Vereinigung des Erdkreises unter der Hoheit Roms dem Leben durch den Handel und einem allgemeinen glücklichen Frieden einen Fortschritt beschert hat und alles, was zuvor verborgen war, dem Nutzen aller offensteht?« So der ältere Plinius. Rom regiert den Erdkreis – in ihren auf dem Memnons-Koloß eingeritzten Gedichten verleiht die Dichterin Balbilla dem Kaiser Hadrian den Titel des Zeus ›Pambasileus‹.

5.

In der Völkerwanderung brach das Imperium Romanum als Staat auseinander. Die Universal-Idee aber lebte fort. Um die Nachfolge stritten der Basileus aus Byzanz, der Papst in Rom, den Thomas von Aquino als wahren Weltherrscher betrachtete, und der römisch-deutsche Kaiser, dessen gottgewollte friedestiftende Weltherrschaft Dante in seiner Schrift über die Monarchie verteidigte: *Pax universalis est optimum eorum, quae ad nostram beatitudinem ordinantur.* Ein allgemeiner Friede sei das Beste, was für das Glück der Menschheit geschaffen werden könnte.

6.

Alle drei Großmächte aber verloren ihren Rang zu Beginn der Neuzeit. Dennoch blieb die Hoffnung auf eine globale Ordnung lebendig. Die Eroberungen und Entdeckungen seit Heinrich dem Seefahrer ließen sie wünschbar erscheinen. 1713 entwarf der Abbé de Saint Pierre sein ›Projet pour rendre la paix perpetuelle en Europe‹, ihm folgten 1789 Jeremias Bentham's ›Plan for an Universal and Perpetual Peace‹ und Immanuel Kant mit seinem Entwurf ›Zum Ewigen Frieden‹ 1795. Kant lieferte das am besten durchdachte Modell für einen ›Völkerbund‹ – richtiger: einen Weltbund der Rechtsstaaten. Napoleons zentralistische Weltreichsidee mußte scheitern, ebenso der Imperialismus der übrigen Kolonialmächte: Sie alle wuchsen nicht aus ihrem Jingoismus heraus, wie es den Römern mit der allgemeinen Verleihung des Bürgerrechts durch Julia Domna 211 nach Christus wenigstens juristisch gelungen war.

7.

Der Weltstaatsidee widersprachen Romantiker mit Sinn für Realismus. 1808 heißt es bei Adam Müller: »Die Torheit aller Begriffe vom ewigen Frieden, denen man einen Thron über allen diesen Staaten hat erbauen, die man durch einen Universal-Monarchen oder permanenten Völker-Kongreß hat repräsentieren lassen wollen, braucht nicht erst bewiesen zu werden.« Müller verband mit der Universalstaatsidee die Furcht vor einem Stillstand der bürgerlichen Gesellschaft, der das Ende der Geschichte und das Unglück der Welt bedeutet hätte.

8.

Um die letzte Jahrhundertwende war der Weltstaatsgedanke wieder erwacht. 1912 lieferte der dänische Architekt Ludwig Andersen einen Entwurf für die Welthauptstadt – eine Kreuzung aus Nebukadnezars Babylon und Speers Germania – und lokalisierte sie bei Fréjus. Der Erste Weltkrieg vereinte die Völker im Kampf gegen den Weltfeind Deutschland. 1915 forderte Hermann Cohen einen von jüdisch-messianischen und protestantisch-deutschen Traditionen beherrschten Staatenbund, der »den Frieden der Welt« und in ihm die »wahrhafte Begründung einer Kulturwelt« stiften werde. Die Abwehr solcher Pläne führte zur Bildung des Völkerbundes, dem freilich die beiden Weltmächte USA und UdSSR nicht angehörten – jede von ihnen vertrat ihre eigene Universalideologie.

Die schon von Max Weber 1916 vertretene Idee einer mitteleuropäischen Alternative zur weltpolitischen Hegemonie des Westens oder des Ostens wurde von Carl Schmitt 1939 als der Sinn des Zweiten Weltkrieges verstanden, der allerdings im Westen wie im Osten gegen die Weltmachtansprüche Hitlers geführt wurde. Einig war man sich darüber, daß es um die Ordnung der Erde ging. Der Sieg über Deutschland und Japan schuf die Vereinten Nationen, deren politische Handlungsfähigkeit jedoch durch die Ost-West-Spannung beeinträchtigt war. Deren Lösung bringt uns dem Weltstaat näher.

Die Versuche, auf der Basis des europäischen Völkerrechts eine kosmopolitische Ordnung zu stiften, kommen voran. Daraus läßt sich die schon von Kant 1795 geäußerte Vermutung ableiten, daß dies irgendwann gelingen wird. Rückfälle in den extremen Nationalismus beflügeln den Wunsch nach dessen Überwindung, und das Ende der hegemonialen Rivalität beschleunigt seine Verwirklichung. Im Hinblick auf das Zusammenleben wäre das außenpolitisch ein Fortschritt.

9.

Die Frage nach dem innenpolitischen Fortschritt in der Geschichte ist schwerer zu beantworten. Zum einen kann man in der Vielfalt der Verfassungen die Vielzahl der Volks-Charaktere erblicken und mit De Maistre sagen: *Toute nation a le gouvernement qu'elle mérite.* Zum andern aber bezeugt der Wandel der Staatsformen nicht nur eine wechselnde Anpassung an veränderte soziale Bedingungen, sondern auch eine verbesserte Lösung gleichbleibender Aufgaben wie Friede, Gerechtigkeit und Wohlfahrt. Darin liegt ein Fortschrittsmoment, das namentlich Kant herausgestellt hat. 1784 vertrat er in seiner ›Idee zu einer allgemeinen Geschichte in weltbürgerlicher Absicht‹ die These von einer regelmäßigen Verbesserung der Staatsverfassungen seit den Griechen in Europa und glaubte, daß auch die anderen Völker die europäischen Gesetze übernähmen. Das ist vielfach geschehen, und mit Grund. Die Gleichheit vor dem Gesetz, die Kodifizierung des Rechts, die Fixierung des Gerichtswesens, die Abschaffung von Folter und Leibesstrafen, die Unabhängigkeit der Richter, die Einspruchsmöglichkeiten des Beklagten – all das sind Errungenschaften, deren Vorzüge sich herumsprechen.

10.

Der nächstliegende Einwand gegen die welthistorische Fortschrittlichkeit der innerstaatlichen Entwicklung liegt in der mehrfach zu beobachtenden Ablösung von ›guten‹ Staatsformen durch ›schlechte‹. Die gewöhnlich dafür angeführten Beispiele aber sind weniger eindeutig, als es scheint. Viele dieser Rückfälle lassen sich als Lernvorgänge deuten, aus denen sich die Vorstellung einer zuträglichen Gemeinschaftsordnung, wie sie uns vertraut ist, allererst ergeben hat. Die Tyrannis eines Peisistratos nach den solonischen Reformen war gewiß kein unvermeidlicher Rückschlag auf dem Wege zur attischen Demokratie, dennoch hat sie diese Entwicklung langfristig beschleunigt: objektiv durch die Förderung der Wirtschaft und die Zurückdrängung des Adels, subjektiv durch das Bewußtsein vom Werte der Bürgerfreiheit, das sich in Erinnerung an dieses Durchgangsstadium gefestigt hat. Auch die Niederlage des Demosthenes gegen Philipp und Alexander war nicht unbedingt ein Rückschritt, denn Athen verlor nur seine außenpolitische Souveränität, das heißt die Möglichkeit, nach Belieben Krieg zu führen. Im Sinne von Frieden, Recht und Wohlstand bildete das Imperium Romanum dann das fortschrittlichste System der antiken Staatenwelt.

11.

Der Zerfall des Römischen Reiches beruhte auf dem Heranwachsen der germanischen Völker, die nicht zu integrieren waren. Die Germanen haben nach ihrem Sieg Elemente der Administration Roms übernommen und *peu à peu*, gemeinsam mit den romanischen Völkern, die neuzeitliche Staatenwelt herausgebildet, die in steter Auseinandersetzung mit den Erfahrungen der attischen Demokratie und der römischen Republik einerseits sowie mit den Lehren antiker Humanität und christlicher Nächstenliebe andererseits die liberale Demokratie der Moderne ermöglicht hat.

12.

Die Zwischentiefs der totalitären Systeme, unter deren Eindruck wir noch stehen, verunklaren den Entwicklungsprozeß durch ihre zeitliche Nähe zu uns. Wir dürfen aber zwei ihrer Erfolgsbedingungen nicht übersehen. Es war zum einen ihr Angebot an kollektiver Identität, die sich um eine Tradition, eine Nation oder eine Person kristallisiert, und zum anderen die im Zentralismus liegende Möglichkeit beschleunigter Modernisierung durch gezielte Förderung von Industrien, Aufbau von Schulsystemen und Stillstellung des Arbeitskampfes. Der Begriff der Entwicklungsdiktatur verarbeitet die Dialektik von Absicht und Erfolg. Der Weltgeist schreibt auch auf krumme Zeilen gerade.

13.

Der Schlangenpfad des Fortschritts beruht darauf, daß die Triebkräfte hinter der politischen Entwicklung einander in die Quere kommen. Die Wünsche nach Mitsprache, nach Wohlstand und nach Geborgenheit werden unterschiedlich betont und lassen die Verfassungsgeschichte oszillieren. Darum wird man später vermutlich auch die autoritären Staatsformen der Neuzeit als Umwege zur Modernität, als verfehlte Versuche zur Modernisierung interpretieren, die wie nichts anderes die Wünschbarkeit liberaldemokratischer Ideale klargemacht und damit ihre Realisierung dialektisch gefördert haben. Niemand hat für die Demokratie in Deutschland mehr getan als Hitler. Er hat dafür gesorgt, daß die Neigung zu politischen Abenteuern erlischt. Mögen sie hier und da nochmals aufflackern – der Zündstoff an Emotionalität und Ignoranz in der Politik geht wohl zur Neige.

14.

Das Ende des kostspieligsten Experiments der Weltgeschichte im Osten und die Bekehrung der Kommunisten zur Demokratie hat das letzte, scheinbar unüberwindbare Hindernis auf dem Wege zur *res publica universalis* ausgeräumt. Anders als die faschistischen Systeme zielte der Marxismus, ebenso wie die liberale Demokratie, auf eine Weltgesellschaft ohne Herren und Knechte, ohne Klassen- und Staatsgrenzen, auf Wohlfahrt und Menschlichkeit – nur hat er dafür zuviel in Kauf genommen. Die Konkurrenz der beiden Universalideologien hatte zur Folge, daß der gesamte Globus zum Zankapfel wurde. Jede der beiden Supermächte suchte noch den letzten Winkelstaat für ihr System zu gewinnen, brachte dafür beträchtliche Opfer an Solidaritätsbeiträgen und förderte damit die Einbindung der Regionalmächte in globale Zusammenhänge stärker, als dies eine monopolare Welthegemonie bewirkt hätte.

15.

Der parlamentarische Liberalismus hat sich in der ökonomisch progressiven Sphäre durchgesetzt. Es sind keine politischen Bewegungen erkennbar, die der Demokratie der Industrienationen prinzipiell gefährlich werden könnten. Es bleibt nur ein grundsätzliches Unbehagen, das historisch und formal argumentiert. Historisch: Die ›Einführung‹ der Sklaverei oder des Feudalismus hatte längst nicht überall den Fortschritt zur Folge – garantiert ihn der Kapitalismus jedwedem, der ihn übernimmt? Und formal: Die These von der Ablösung der Ideologien durch den Pragmatismus könnte selbst eine Ideologie sein, und zwar deren gefährlichste: Sie hält sich für das Heilmittel einer Krankheit, deren Symptom sie ist. Indem diese letzte Ideologie keine Alternativen mehr ernstzunehmen bereit ist, verliert sie die Fähigkeit, solche wahrzunehmen, Pseudodemokratie und Scheinliberalismus zu entlarven.

16.

Bisher verlief die Ideengeschichte wie die Machtgeschichte nach der Dialektik der Selbstentzweiung: Hatte im Kampf der Potenzen die eine gesiegt, so spaltete sie sich selbst wiederum und erneute den Zwist. Leviathan kämpft gegen Behemoth, verschlingt ihn, gebiert die Enhydris, entzweit sich von ihr und wird selbst von ihr verschlungen, worauf Enhydris den Basilisken zur Welt bringt, *da capo al fine*. In diesem Dreischritt von Kämpfen, Fressen und Gebären befinden wir uns just in dem Augenblick nach dem Fraß, da der alte Gegensatz überwunden, der neue noch nicht entstanden ist. Ist das auf Dauer? Das ist unwahrscheinlich anzunehmen, aber auch unmöglich auszuschließen.

17.

Wenn der alte Cato wieder einmal sein *Ceterum censeo* für die Zerstörung Karthagos ausgesprochen hatte, pflegte Scipio Nasica zu widersprechen. Rom brauche den ›Wetzstein‹. Spätere Moralisten meinten, mit dem Ende des punischen Rivalen habe der Niedergang Roms begonnen, Rom sei abgeschlafft. Könnte der Sozialismus für den Demokratismus eine ähnliche Bedeutung gehabt haben? Im intellektuellen Bereich gewiß: Die schärfsten Debatten der Nachkriegszeit über die Grundfragen von Staat und Geschichte fanden mit überzeugten Kommunisten statt, ihnen gegenüber mußten wir allen Geist aufbieten und gewannen in der Abwehr des Angriffs Klarheit über uns selbst. Nun sind diese Stimmen erloschen, staatsphilosophische Funkstille breitet sich aus. Was bewegt sich noch? Die Problemlosigkeit wird zum Problem. *Anything goes.*

18.

Die Dialektik der Geschichte fordert nun den Zusammenstoß zwischen den Siegermächten. Auf der ideologischen Ebene haben sich die Fronten verkreuzt in einen neuen Chiasmus: Nach dem *unconditional surrender* der Rechtskonservativen (Nationalismus) 1945 und der Linksprogressiven (Sozialismus) 1989 stehen nun Rechtsprogressive (Industrie, Wohlstand, globaler Zentralismus) gegen Linkskonservative (Landleben, Umwelt, globaler Föderalismus). Jene setzen auf Freiheit und Fortschritt, diese fürchten um Leben und Natur. Die veränderten Erwartungen an die Zukunft zwingen zu einer Umdeutung der Vergangenheit. Die Rechtsprogressiven verabschieden sich von alt-rechten Werten wie ›Vaterland‹ zugunsten von Europa und Weltordnung, die Linkskonservativen verzichten auf alt-linken Internationalismus zugunsten regionaler Selbstbestimmung.

19.

Auf der politischen Walstatt wächst der Widerspruch entweder zwischen Amerika und Europa oder zwischen Euramerika und Japan, zwischen Weiß und Gelb. Ob aber die Dritte Welt – vielleicht unter der Führung des islamischen Nahen Ostens – als lachender Dritter dasteht, wie das Spengler 1936 prophezeite, ist mehr als fraglich. Eine neue Weltmacht Afrasien könnte sich auf ihren Menschenreichtum stützen. Die in ihm schlummernden Kräfte müßten jedoch zuvor geweckt werden.

Carl Schmitt interpretierte 1939 die weltpolitische Zukunft als Alternative zwischen einem hybriden angloamerikanischen Universalismus, der die Humanitätsidee zur Kaschierung seiner Profit- und Herrschgier mißbrauche, und einer maßvolleren Großraumordnung, die Deutschland für Europa, Japan für Ostasien anstrebe. Den Zusammenbruch des Sowjetimperiums nahm er stillschweigend vorweg.

Der Nomos der Erde ist ihre Aufteilung. Den Gedanken an eine Vereinigung aller Reiche und ihrer Herrlichkeit mußte ein Christ wie Schmitt mit den Worten des Meisters abweisen: »Hebe dich hinweg von mir, Satan!« Der Weltstaat wäre eine teuflische Nachäffung des Gottesreiches, wie das bereits der Kirchenvater Hippolytos gegenüber dem Imperium Romanum behauptet hatte. Schmitt betrachtete das Freund-Feind-Verhältnis als unaufhebbar.

Sollte die Politik unser Schicksal bleiben und der Weltstaat auf sich warten lassen, weil die Vereinigten Staaten als Ordnungsmacht versagen, so wäre eine geopolitische Konstellation dieser Art denkbar. Der Ausgang des Zweiten Weltkrieges hätte sich ins Gegenteil verkehrt.

20.

Der Zwist zwischen den Industriemächten bahnt sich an, wird aber durch die Ökonomisierung der Interessen und das Lebenstabu abgefedert. Hähnchenkriege stehen bevor. Die Japaner könnten in verstärktem Maße versuchen, alle wirtschaftlichen Maßnahmen, die sie bedrohen, durch die Politik des goldenen Esels abzubiegen. Angesichts der Mittel, die ihnen dafür zur Verfügung stehen, ist kaum vorstellbar, wie ihnen dies mißlingen sollte. Nur der Neid der nichtbeschenkten Nichtjapaner bedroht diese Politik der gelben Handsalben und müßte von Tokyo durch medienwirksame Streuung der Stillhaltegelder ausgeräumt werden. Das Schlagwort von der gelben Gefahr ist keinesfalls veraltet, da es dazu dienen könnte, an den Gewinnen der japanischen Wirtschaft teilzunehmen.

21.

Zum Verständnis der Beziehung zwischen Politik und Ökonomie in der Geschichte ist die Hegel-Interpretation von Alexandre Kojève hilfreich. Sie bietet ein Begriffsgefüge, das Ordnungen aufzeigt, und läßt sich erweitern: Homer und Hesiod, mit denen die europäische Literatur beginnt, liefern die Themen der Geschichte: Homer eröffnet die Welt des Kampfes, Hesiod die der Arbeit. Kampf und Arbeit, Blut und Schweiß sind die beiden durchlaufenden großen Themen der Geschichte, die auch miteinander verquickt sind. Der Krieg erscheint als Naturzustand, er wird abgelöst durch einen Rechtszustand: Der Sieger schenkt dem Besiegten das Leben und nimmt ihm die Freiheit. So entstand nach Aristoteles und dem Corpus Iuris die Sklaverei. Sie verwandelt freie Krieger in unfreie Arbeiter und brachte der Wirtschaft einen mächtigen Impuls. Der *boom* im Römerreich beruhte auf den Freigelassenen *à la* Trimalchio.

22.

Der Kampf begründet die Unterscheidung von Herrschaft und Knechtschaft. Der Kämpfer herrscht, der Knecht arbeitet. Ziel der Herrschaft ist Ansehen, Zweck der Arbeit ist Reichtum. Mit der Arbeit verwandelt der Knecht die Welt, gewinnt er selbst Machtmittel, die er gegen den Herrn einsetzt, bis er frei ist. Nach diesem Muster verliefen jene Völkergeschichten, die mit einer Überlagerung arbeitsamer Vorbewohner durch kriegerische Einwanderer begannen und über den sozialen Abstieg des Kriegerstandes und den politischen Aufstieg wohlhabender Händler und Handwerker zu deren Mitsprache geführt haben. Der den Arbeitern zu dankende Wohlstand lockte dann die benachbarten Barbaren, und der Niedergang des Kriegerstandes verhinderte die Abwehr.

23.

In der Französischen Revolution hat der Sieg der Arbeitenden über die Enkel eines Kriegeradels einen exemplarischen Rang erhalten. Kant sah 1797 nicht in dem Geschehen selbst, sondern in dem Enthusiasmus, den es im europäischen Bürgertum allenthalben auslöste, das Prognostikon für den Fortschritt zum Besseren, zum Ewigen Frieden. Verzögert hat er sich dadurch, daß die Deutschen als letztes Kriegervolk Westeuropas (so Graf Keyserling 1918) ihren Militarismus dem angelsächsischen Utilitarismus entgegenstellten. Gegen Händler stritten Helden (so Werner Sombart 1915).

Die Weltkriege wurden in Deutschland überwiegend als Duelle rivalisierender Nationen um den Vorrang aufgefaßt, bei den Angloamerikanern hingegen als Erziehungsmaßnahme *making the world safe for democracy*. Sie stritten im Sinne des universalen Prinzips von Recht, Arbeit und Fortschritt gegen eine partikulare Staatsräson mit hegemonialem Anspruch. Es verblüfft, wie beispielsweise Friedrich Meinecke in seinem Werk ›Weltbürgertum und Nationalstaat‹ von 1907 den Kosmopolitismus und die Humanitätsidee von Goethe und Schiller, Herder und Kant, Humboldt und Fichte als weltfremde Schwärmerei und bloße Vorstufe zum Nationalstaat erniedrigt, dessen Politik keiner Unsittlichkeit fähig sei und darum keiner höheren Instanz Rechenschaft schulde.

24.

Der Gegensatz von Kampf und Arbeit hat unterdessen eine wechselseitige Unterhöhlung bewirkt. Einerseits wurde der ›Kampf‹ zur Umgangsform in der Arbeitswelt, zwischen konkurrierenden Unternehmen und zwischen Arbeitgebern und Arbeitnehmern. Andererseits wurde die Arbeit zur Ausdrucksform des Kampfes unter konkurrierenden Völkern, deren militärische Stärke auf ihrer Produktion beruhte. Die letzten Kriege wurden bereits in den vorausgegangenen Friedenszeiten entschieden. Auch den Dritten Weltkrieg – den die Wende im Osten ersetzt hat – gewann der Westen durch seine Fähigkeit, den Frieden fruchtbar zu machen. Hatte schon Hesiod, zwischen zwei Formen des Streits unterscheidend, die böse Eris beklagt, die zum Kriege führe, und die gute Eris gelobt, die den Ehrgeiz des Arbeiters, Künstlers und Sportlers wecke, so scheint sich letztere gegen erstere durchzusetzen. Die

Konvertierbarkeit militärischer Leistung in industrielle haben Deutschland und Japan vorgeführt. Jacob Burckhardt am 26. IV. 1872 an Preen: »Der Militärstaat muß Großfabrikant werden.«

25.

Das Zeitalter der Weltkriege brachte für die Historie eine Akzentverlagerung: von der Politik zur Ökonomie, von Problemen der Herrschaft zu Problemen der Wirtschaft. Das entsprach dem Postulat sowohl der liberalistischen als auch der marxistischen Ideologie, die beide der sozialökonomischen Entwicklung die Priorität vor der staatspolitischen zuwiesen. Wirtschaft und Politik sind wurzelgleich und finden wieder zusammen. *Oikonomia* war die Lehre der Hausverwaltung, *politiké techné* die Kunst der Stadtverwaltung. In unserem deutschen Wort ›Wirt‹ steckt der Hauswirt, der Hausherr. Die Welt ist eine einzige Polis, *one village*, ja ein Haus geworden. Unter den Themen der Politik gewinnt die Wirtschaft an Raum und Rang.

Die Verschiebung von der mehr oder weniger militaristischen Politik zur überwiegend friedlichen Ökonomie prophezeite 1795 schon Kant: »Es ist der Handelsgeist, der mit dem Kriege nicht zusammen bestehen kann und der früher oder später sich jedes Volks bemächtigt.« Hundert Jahre später bestätigte und bedauerte dies Max Weber: »Auf allen Gebieten finden wir die ökonomische Betrachtungsweise im Vordringen ... Die ökonomische Entwicklung der Übergangsperioden bedroht die natürlichen politischen Instinkte« und fördert die »unsäglich spießbürgerliche Erweichung des Gemüts«. Der Staat sei zum ›Betrieb‹ verkommen. Diese Metamorphose verwandelt Machtfragen in Geldfragen und erhebt den Markt zum Modell des Zusammenlebens schlechthin. Die Idee ist alt. Heraklit formulierte eine Philosophie des Geldes, in das (beinahe) alles zu verwandeln ist und aus dem (fast) alles zurückverwandelt werden kann. Das Geld in der Gesellschaft spielt bei ihm die Rolle des Feuers in der Natur.

26.

Die Realisierung der Idee kommt erst jetzt, mit der ökonomisierten Politik. Die ideologischen Unterschiede der Parteiprogramme und Staatsverfassungen schwinden, das Gewicht der Experten und Technokraten steigt. Ihr Schlüsselwort ist der ›Sachzwang‹. Die Macht ballt sich bei den internationalen Großkonzernen, ihr Einfluß stellt den von Parteien und Staaten in den Schatten. Die Außenpolitik verheddert sich im Netz der finanziellen Verpflichtungen und Verbindungen, die Innenpolitik gerät ins Schlepptau von Produktion und Konsum. Wenn ein Gesetz wie die Quellensteuer oder der Wucherparagraph nicht mehr in die monetäre Landschaft paßt, wird es eben – Recht hin, Recht her – ausrangiert.

Die Ökonomie hat ihre dienende Rolle hinter sich; während sie ein bestehendes Bedürfnis erfüllt, erweckt sie drei neue. Die Werbung hämmert es uns optisch wie akustisch ein. Die Verkehrsmittel, die Sportveranstaltungen und das Kulturleben werden zur Folie für die Reklame. Die letzte Kasseler *documenta* stand im Dienste einer Zigarettenfabrik, zum Karneval von Venedig 1992 mußte man die Schuhe der fördernden Firma tragen. Die Hersteller-Marke auf dem Tieschört ist der Stolz des Trägers. Der Himmel über Deutschland wird von einem britischen Marketing-Konzern strichweise als Werbefläche aufgekauft, beginnend im Rhein-Main-Gebiet. Kultur ist Ware geworden: Berlins zweitgrößte Buchhandlung, Herder auf dem Tauentzien, verkauft verlagsfrische Bücher nach Gewicht, das Kilo fünf Mark. Die Zigarette Pall Mall wirbt auf ihren Packungen mit Zitaten aus dem Matthäus-Evangelium und aus dem Kirchenvater Euseb. Die Hersteller wissen das ebensowenig wie die Raucher. Tizianggemälde zieren Pralinenschachteln, eine Apothekenzeitung empfiehlt Bachkantaten zur Verstärkung eines Schlafmittels.

27.

Die Vermarktung der Kultur veredelt die Wirtschaft nicht, aber die Ökonomisierung der Politik politisiert die Ökonomie. Der Kampf um den Beutel der Konsumenten findet in und zwischen den Firmen statt, und zwar ohne Bandagen, *sine sine*. Die Öffentlichkeit stört das nicht, denn die Industrie will ja nur unser Bestes. Und das bekommt sie auch. Selbst wenn es uns nicht bekommt.

28.

Vollständig läßt sich die Politik unter präposthistorischen Bedingungen nicht in Ökonomie umwandeln. Politik als die Kunst der Notlösung bleibt unabdingbar. Der Markt vermarktet zuviel: Zwiebeln und Opium, Kochlöffel und Kalaschnikows, frische Brötchen und falsche Pässe. Er dient braven Bürgersleuten ebenso wie Gaunern und Gangstern. Der Handel ist oft genug eine einträgliche Spielart des Betrugs, das wußte schon der ältere Kyros. Auf die Warnung der Spartaner hin erklärte er: »Ich fürchte kein Volk, das inmitten seiner Städte Plätze hat, wo die Menschen zusammenkommen, um sich gegenseitig zu übervorteilen.« Er hat sich verrechnet.

29.

Der Markt kann den Streit um Güter nur vermeiden, sofern das Wechselspiel von Angebot und Nachfrage unter dem Schutz einer Marktpolizei abläuft, die ihrerseits an Marktgesetze gebunden ist. Deren Festlegung aber ist eine politische Entscheidung: Mängelhaftung und Schadensersatz, Arbeitsverteilung und Arbeitsschutz, Eigentumsanspruch und Zahlungsbedingungen, Rückgaberecht und Lieferpflicht – all das läßt sich sehr unterschiedlich regeln. Das Geschäft hat kein Gewissen, fragt nicht, woher was stammt, nicht, wohin was führt.

Der Markt schreit nach Ware. Seine Losung heißt Umsatz, nicht Umwelt, es ist ihm einerlei, wo die Rohstoffe herkommen, einerlei, wo die Abfälle, Abwässer und Abgase hingehen. Er reguliert nicht alles, nicht einmal sich selbst. Nicht nur wenn die Lebensmittel knapp werden und die Lebensbedingungen gefährdet sind, bedarf es einer sozial verantwortlich entscheidenden politischen Macht, die den Schaden mindert, sondern auch dann, wenn die Gewinne allzu ungleichmäßig wachsen und der Ruf nach sozialer Gerechtigkeit ertönt. Not und Neid erfordern den Staat, er bleibt für Friede und Fürsorge zuständig, solange wir auf die Schlaraffenzeit warten müssen.

30.

Mandevilles Bienenfabel, die behauptet, daß der Egoismus das Gemeinwohl fördere (*private vices are public benefits*), setzt eine Gesellschaft von fleißigen, klugen und gesetzestreuen Wesen voraus. Nur sekundäre Laster sind zivilisationsfördernd und kulturträchtig. Raffgier und Ehrgeiz stimulieren die Wirtschaft, Eitelkeit und Prunksucht die Kunst. Wo sich dagegen Ndrangheta und Camorra auf der einen Seite, Offiziersjunten und Hooligans auf der anderen am freien Spiel der Kräfte beteiligen, kommt der Liberalismus zu früh. *Private benefits* harmonieren mit *public vices*.

31.

Wegweiser zur Weltgesellschaft waren auch die Religionen. Am Anfang stand die Verehrung von Bergen, Quellen und Bäumen – der Kult war ortsfest. Die Götter des Himmels und der Erde, des Krieges und der Fruchtbarkeit waren von Volk zu Volk einander ähnlich, so daß die Griechen und Römer glaubten, dieselben Götter würden unter verschiedenen Namen verehrt – Zeus, Juppiter, Donar und Jahwe seien eigentlich identisch. Im Hellenismus kamen dann ortsungebundene Erlösungsreligionen auf, die missionierten und Katholizität, das heißt Universalität behaupteten. Am erfolgreichsten war das aus jüdischen, persischen, babylonischen und griechischen Wurzeln erwachsene Christentum. Es predigte weltweite Brüderlichkeit und beanspruchte Alleingeltung.

32.

Der Calvinismus hat, wie Max Weber gezeigt hat, dem Kapitalismus Pate gestanden; die christliche Jenseitserwartung wurde säkularisiert in irdische Fortschrittshoffnung. Der Frühsozialist Wilhelm Weitling verhieß 1842 einen neuen Messias und ein irdisches Paradies aus den Worten der Evangelisten.

Religiöse Glaubens- und Verhaltensformen begegnen seitdem verwandelt in Wirtschaft und Technik. Sie vollenden die Einheit der Menschheit. Was Jahwe, Zebaoth und Allah mißlang, hat Mammon geschafft mit dem Fetisch Ware und dem Katholisator Geld. Das Schaufenster weckt mehr Andacht als jede Monstranz, das Heilsverlangen richtet sich auf den Besitz, der Versandkatalog ist eine Heilige Schrift, der Supermarkt wird zum Modell des Paradieses.

33.

Der Fortschritt des Wissens, des Könnens und des Habens, die Zivilisierung, Modernisierung und Universalisierung des Zusammenlebens – all das sind Tiefenströmungen der Menschheitsgeschichte. Sie erlebten zwischenzeitliche Stockungen und Rückfälle, behaupteten sich gleichwohl in der Tendenz. Dies ist der Trost der Optimisten. An der Oberfläche des Geschehens aber gab es ein stetes *ondeggiamento*. Reiche entstanden und versanken; Völker und Kulturen entfalteten sich und verschwanden wieder, so daß die zyklische Folge als das Gesetz der Geschichte überhaupt gelten konnte. Zumal in Zeiten momentaner Stagnation oder Depression gewannen Pessimisten einen solchen Eindruck. Indes: Die Schlaglöcher auf dem Wege des Fortschritts sind gut dafür, daß der Mensch unterwegs nicht einschläft.

34.

Der Fortschritt wird durch Kreisläufe überlagert. Als Erklärung dafür diente die allgewaltige Vergänglichkeit, etwa bei Platon: Alles Entstandene verfällt, *genomenó panti phthora estin* oder bei Sallust: *omnia orta occidunt et aucta senescunt* oder bei Mephisto: »Denn alles, was entsteht, ist wert, daß es zu Grunde geht.« Eine zweite Erklärung bedient sich der Pflanzenmetapher: Die Geschlechter der Menschen kommen und gehen wie die Blätter des Waldes im Wechsel der Jahreszeiten, so Homer. Dies war wieder das Denkbild Spenglers. Die dritte Erklärung benutzt das schon von Solon, Pindar und Aischylos vertretene moralische Modell der Dekadenz: Zeiten äußerer Not zwingen zur Anspannung der Kräfte und schaffen Gesundheit. Diese bringt Erfolge: ökonomisch, politisch, militärisch. Im Genuß der Macht und des Luxus aber geht der Sinn für das rechte Maß verloren. Es kommt zur Dekadenz der Moral, zum Verfall der Wohlfahrt, und am Ende steht wieder das äußere Elend. Manntje, Manntje Timpe Te ...

35.

Diese Sequenz des klassischen Dekadenzmodells – es ist ein Gemeinplatz der antiken Rhetorik – durchkreuzt politische Entwicklungen. Indem sie diese kurzfristig stört, fördert sie langfristig stärkere und größere Gemeinwesen, die an die Stelle der schwächeren und kleineren treten. So führt die Geschichte des Zusammenlebens in wiederholten Anläufen von der Horde zum Stamm zum Personenverbandstaat, von der Stadt zum Städtebund zum Territorialstaat, von der Monarchie zur Aristokratie zur Demokratie, von dynastischen zu nationalen zu universalen Einheiten. Die Hauswirtschaft weitet sich über die Volkswirtschaft zur Weltwirtschaft.

36.

Wenn einst auch die letzte Gemeinschaftsform, der Weltbund, dem Dekadenzgesetz erlegen ist, dann können, wenn es sie noch geben sollte, Fortschritts- und Kreislaufgläubige sich gleichermaßen bestätigt fühlen. Erstere weil die Welt zur Einheit gefunden hat; letztere, weil auch diese wieder zerfallen ist. Am Ende steht die cusanische *coincidentia oppositorum*: der Schmelzpunkt ist zugleich der Gefrierpunkt.

VII.
Drei unlösbare Aufgaben

Die wahnhafte Suche nach Heilmitteln aller Art kennzeichnet das Ende einer Kultur.

Cioran 1949

1.

Eine Geschichte kommt nicht dadurch zustande, daß eine »kleine süße Dirne« von ihrer Mutter einen Korb mit Wein und Kuchen erhält und ihn brav zur Großmutter in den Wald bringt. Erst indem sie dem bösen Wolf begegnet, beginnt das Neue, Unerhörte, kurz: die Geschichte. Mit der großen Welthistorie steht es nicht anders. Nicht der alltägliche Verlauf der Dinge, sondern die Ausnahme-Erscheinungen, die Querschläger, machen das Geschichtliche aus. So ist das, was uns die Zukunft noch an Geschichte bescheren wird, weniger in der bloßen Fortführung langfristiger Entwicklungslinien zu denken als in Reibungen und Brechungen, deren Maß kaum vorherzusehen ist, deren Art und Ursprung sich dennoch vermuten läßt – so wie man den Wolf im Walde wohl ahnen konnte.

Welchen Herausforderungen unsere Industrie- und Konsumgesellschaft im einzelnen noch ausgesetzt ist, läßt sich nicht vorhersagen. Die Bereiche, aus denen die Leiden erwachsen, zeichnen sich indessen ab, und ihre bereits erkennbaren Ausmaße gestatten die Behauptung, daß mit einer glatten Lösung nicht zu rechnen ist. Je mehr Medizin, desto näher das Ende. Wie ein alternder Mensch muß auch die späte Menschheit lernen, trotz wachsendem Wissen mit schwindender Gesundheit fertigzuwerden, mit Defekten zu leben und die Palliative zu perfektionieren.

2.

Unsere Zivilisation wird in Frage gestellt durch den Fundamentalismus in seinen verschiedenen Spielformen, durch die Bevölkerungsexplosion in den Südländern und durch die Folgen der Technik. Jedes dieser Probleme hat seine lange Vorgeschichte, aber erst in der Hochzivilisation sind sie geschichtsmächtig geworden und drohen in den Augen unserer Humanisten die Ernte von Jahrtausenden zu vernichten, während sie unseren Zynikern versprechen, die ohne ernste Herausforderungen vielleicht auf dem Lotterbett des Wohlstands erschlaffende Menschheit beweglich zu erhalten.

3.

›Fundamentalismus‹ nennen wir eine Bewegung, die sich der allgemeinen Rationalisierung und Mobilisierung entgegenstemmt. Aufklärung und Fortschritt stellen religiöse Auffassungen und politische Einrichtungen in Frage. Vernunft fordert Gründe für alles, selbst Gründe für Gründe und droht uns den Boden unter den Füßen wegzuziehen. Dagegen besteht der Fundamentalist auf Prinzipien, an denen er nicht rütteln läßt.

Ein Fundamentalist läßt sich nicht durch Komfort verführen. Er hat dem Hedonismus abgeschworen und fühlt sich tiefer gegründeten Werten verpflichtet. Dazu zählt einerseits die Rückbesinnung auf Religion und Herkunft und andererseits die Hinwendung zur Natur und zur Landschaft. Fundamentalisten sind Leute, die ihr Bekenntnis nicht bloß als intellektuelle Tapete traditionaler oder modischer Tönung betrachten, sondern zur Grundlage einer Lebensgestaltung nehmen. Einem Fundamentalisten ist seine Glaubensgemeinschaft mehr wert als die Kirchensteuer, das Brot für die Enkel wichtiger als der Kuchen heute.

4.

Der Begriff Fundamentalismus wurde 1920 in Amerika geprägt. Dort war der Fels, auf dem Christus seine Kirche bauen wollte, besonderen Verwitterungseinflüssen ausgesetzt. Demgemäß äußerte sich der zeitgenössische Fundamentalismus zunächst als Antiamerikanismus. Amerikanisierung wurde als Überfremdung, als Verführung zur Oberflächlichkeit empfunden, in Deutschland schon nach der enttäuschten Heimkehr des Amerikamüden Lenau. Wie aus dem Rindvieh Talg, so macht man dort aus dem Menschen Geld, schrieb Ferdinand Kürnberger 1855 im Hinblick auf Benjamin Franklins Vater, den Kerzenmacher. *The American way of life* erschien als charakterloser Kosmopolitismus, der die Bindungen an verwurzelte Gemeinschaften, an Heimat und Familie auflöst. Die bloße Omnipräsenz von *Coca Cola* und *Mickey Mouse* stiftet Mißmut.

Hindus und Moslems verteidigen ihre tradierte Gesellschafts- und Familienordnung gegen deren Auflösung im Namen der von der Großindustrie vertretenen Menschenrechte. Ayatollah Khomeini – Fundamentalisten sind für Charisma empfänglich – sah darüber hinaus in Amerikanern und Europäern Trabanten des Iblis, der diese mit dem Fortschrittswahn verführe, ein irdisches Paradies zu planen und dabei die Menschheit zu vernichten. »Siehst Du nicht, wie Dein Herr mit Ad verfuhr, mit Iram der Säulenreichen, der nichts gleich erschaffen ward im Land?« Die Sure 89 wird erläutert durch die Erzählung von Scheheresade in der 277. Nacht.

5.

Spengler sprach von der ›zweiten Religiosität‹ in der Spätphase von Kulturen. Sie muß nicht aus einer kulturmorphologischen Gesetzmäßigkeit, sondern kann auch sozialpsychologisch erklärt werden. Die Universal-Zivilisation vermittelt kein Gefühl von Geborgenheit. Nirgends bin ich so allein wie in einem überfüllten Kaufhaus. Die unpersönliche Atmosphäre der Konsumgesellschaft weckt den Wunsch nach Selbstausgrenzung und Selbstfindung, für die nicht nur Religion den Kristallisationspunkt liefert. Auch Traditionalismus, Regionalismus und Feminismus sind Suchformen der Zusammengehörigkeit, Identitätsstiftung in einer anonymen, nicht mehr als die eigene empfundenen Welt der Selbstentfremdung.

6.

Selbst der Rassismus hat Zukunft, wenn auch vorwiegend unter umgekehrten Vorzeichen: indem farbige Minderheiten bleiben wollen, was sie waren, sich gegen Integration und Assimilation sperren und im Stolz auf ihre Hautfarbe ein Recht auf Rassismus beanspruchen. Sie bescheinigen den Weißen Farbenblindheit. Die Rede von *coloured people* tut ja so, als wäre Weiß keine Farbe, sondern bloß der Hintergrund, von dem sich Farben abheben. Alle Menschen sind Farbige.

Wenn die kulturelle Homogenisierung vollendet ist, bevor die Rassenmischung die Rassenunterschiede aufgehoben hat, wird die Hautfarbe zur Uniform. Sie wäre das letzte verbleibende Gruppenmerkmal. Die Geschichte würde wieder biologisch wie in der Vorzeit.

7.

Fundamentalistische Programme erwachsen aus Anpassungsschwierigkeiten an die Modernisierung oder sind Ausdrucksformen dieser Einordnung. Der ökologische Fundamentalismus verteidigt nicht den Glauben gegen die Rationalität, sondern die Natur gegen die Industrie, den eisernen Arm der Rationalisierung. Fundamental wird Umweltschutz, wo demokratische Grundrechte zugunsten von ökologischen Grundgütern außer Kraft gesetzt werden, zumal wo Bereitschaft zum Martyrium für die Idee der Natur erkennbar wird.

Anthropologisch gesehen, ist der Protest gegen die

Reduktion der Menschentypen auf den *homo oeconomicus* die zeitgenössische Variante jener Verweigerung, die in der Kulturgeschichte periodisch auftritt. In der Zivilisationsfeindschaft artikuliert sich ein begreiflicher Selbsthaß. Er motiviert sich bald religiös aus einer offenbarten Heilslehre, bald philosophisch aus einem Ideal vom einfachen Leben, bald naturwissenschaftlich aus dem Erlebnis der verhunzten Umwelt.

8.

Die ersten Kulturverneiner waren die griechischen Kyniker um Diogenes in seiner Tonne, gefolgt von den hellenistischen Tempelhäftlingen und Bettelphilosophen. Asketische Bewegungen kannte das Judentum in den Essenern und Therapeuten; das einfache Leben war unter den spätantiken Philosophen das Ideal einer angesehenen Minderheit und ergriff im frühchristlichen Orient die Massen. Die Weltflucht erfaßte zunächst überwiegend Menschen der unteren Schichten, die nicht viel aufgeben mußten, und seit dem 4. Jahrhundert zunehmend Angehörige der übersättigten Senatorenkreise. Gegen die homogenisierende Tendenz der spätrömischen Wohlstandsgesellschaft entstanden in den Rückzugsgebieten der Wüsten und Berge ganze Klosterlandschaften, die Keimzellen der neuen Geistigkeit.

9.

Der Antimodernismus seit Rousseau wurde von der Romantik getragen, ihr folgten die verschiedensten Nostalgien eines »Heimwehs nach der Vergangenheit« – bald entschiedener, bald gemäßigter Art. Der Aufstand des *thymos* dionysischer Sturm- und Schwarmgeister gegen die *phronesis* apollinischer Lichtbringer richtet sich gegen die Symbole der Rationalität, gegen Kernkraftwerke und Warenhäuser, gegen Banken und Konzerne. Die Graffiti auf den wenigen noch unplakatierten Mauern unserer Großstädte verhöhnen die allgegenwärtige Werbung. Der Slogan »Advent, Advent, ein Kaufhaus brennt«, zeigt, daß man nicht etwa teilhaben möchte an den Gewinnen, sondern bloß will, daß es sie nicht geben soll.

10.

Fundamentalistische Bewegungen können mit Zulauf rechnen. Sie nutzen die politische Schwäche der Liberaldemokratie, die in deren Empfindlichkeit für Lautstärke liegt. Die Proteste der Wir-selbst-Gruppen von Frauen, Farbigen und Fremden, von regionalen, nationalen und religiösen »Ungleichen« werden so unangenehm, daß man ihnen selbst Forderungen erfüllt, die das Gleichheitsgebot verletzen. Man nimmt Einbußen des Leistungsprinzips hin (etwa zugunsten der quotierten Personalpolitik), macht Abstriche von der Wachstumsideologie (etwa durch unökonomische Subventionen) und wird erst Halt gebieten, wo das Gesundheitstabu verletzt wird. Eine chassidische Ambulanz, die den Glaubensgenossen zuständigkeitshalber rettet, aber den Negerjungen blutend auf der Straße in Crown Heights liegen läßt (August 1991), überschreitet die Grenze des Erträglichen ebenso wie die Polizei von Los Angeles, die wehrlose Schwarze prügelt (Juni 1992). Darf ein Zeuge Jehovas sein Kind sterben lassen, das durch eine Bluttransfusion zu retten wäre?

11.

Unverträglich mit dem Lebenstabu werden fundamentalistische Bewegungen, wo Menschen leiden oder sterben, wo Gewalt ins Spiel kommt, sei es gegen andere (zum Beispiel Neger), sei es gegen Angehörige (zum Beispiel Kinder). Wo Fundamentalisten zum Selbstopfer bereit sind, wackelt der Götze Liberalismus. Er muß die archaische Mentalität, aus der Märtyrer und Attentäter stammen, so weit bewahren, daß er daraus genügend Polizisten rekrutieren kann. Im gleichen Maße, in dem ihr Einsatz öffentlich verunglimpft wird, fühlen sich die Radikalen bestätigt. Dennoch ist eine Refeudalisierung durch die Etablierung von mafiosen Zwischengewalten und autonomen Subkulturen langfristig unwahrscheinlich. Das Phänomen Hamburger Hafenstraße zeigt eine nachgiebige Schmerzgrenze der Gesellschaft; die Geduld endet, wo Leben und Gesundheit in Frage stehen.

12.

Ob die Bedürfnisse, die der Fundamentalismus im metaphysischen Vakuum der Maschinenkultur artikuliert, mit dieser vereinbar sind, hängt einerseits vom Ausmaß seines Sinnhungers ab, andererseits von den Leistungen der Phantomtechnik. Radikalfundamentalisten, die sich zum Analphabetentum bekennen, Naturalwirtschaft betreiben, Uhren ablehnen und, wie der heilige Franziskus, auf Geld verzichten, sind nur in kleiner Zahl zu erwarten und darum mit der zivilisierten Welt vereinbar. Sie bereichern das Spektrum. Alles Pittoreske ist willkommen.

Das Steinzeitideal der tiernahen Natürlichkeit spricht zwar nur wenige an, hat aber die Menschheit die bei weitem längste Zeit ihres Daseins über befriedigt, so daß es leichtfertig wäre, ihm jedes *come back* abzusprechen. Seine optimale Anpassung an die Umwelt bescherte diesem Stadium eine maximale Dauer, so daß es eine gewisse Werbewirkung bei jenen behalten wird, die das Ende unserer Gattung lieber verlängern als verschönern wollen.

13.

Als Odysseus von der schönen Zauberin Kirke Abschied nahm, bat er sich eine letzte Gunst aus. Kirke pflegte die an ihrer Insel Gestrandeten in Tiere zu verwandeln. Von ihnen wollte Odysseus wenigstens die ehemaligen Griechen aus Tieren in Menschen zurückverwandelt wissen. Kirke stimmte zu, falls es Odysseus gelänge, das Einverständnis der Betroffenen zu erwirken. In dem folgenden

Disput mit dem ›grunzenden‹ Gryllos unterlag der Listenreiche. Als Schweine lebten die Exgriechen auf Aia glücklicher denn als Bürger einer Polis.

14.

Eine grundsätzliche Lösung des Menschen aus seinen emotionalen Wurzelschichten ist weder erreichbar noch wünschbar. Eine gemäßigte Funda-Mentalität könnte sich mit der Hochzivilisation arrangieren. Hier bedarf es der Geduld. Die Wünsche der Menschen sind nicht von jetzt auf gleich nach der Maßgabe ihrer Erfüllbarkeit umzuformen. Mittelfristig aber wird dies gelingen. Nestwärme und Stallgeruch lassen sich simulieren; Attrappen und Surrogate für religiöse, nationale und militärische Bedürfnisse werden raffinierter. Fundamentalistische Bewegungen, die dem kynischen Ideal des natürlichen Lebens huldigen oder mit den Mennoniten auf die Segnungen der Zivilisation verzichten, bleiben unbedeutend. Wollen sie massenwirksam werden, sind sie doch auf die Mittel der Technik angewiesen. Dann können sie nur um den Preis der Heuchelei ein Interesse daran haben, deren Entstehungsbedingungen zu kappen.

15.

Kompromiß aber kompromittiert. Goebbels brauchte den Volksempfänger wie Khomeini den Kassettenrecorder. Die Technik ist charakterlos, sie dient auch ihren Verächtern, die sich selber damit als charakterschwach erweisen. Der Antimodernismus wird halb- und viertelherzig und flaut ab, irgendwann macht selbst der Frömmste seinen Frieden mit dem Fortschritt. Alle Götter lernen, sich mit Plutos zu vertragen. Die Motivation der Fundamentalisten ist nostalgisch und läßt sich durch symbolische Konzessionen befriedigen. Scheckbuch und Gebetbuch vertragen sich. Kopftücher sind mit Intelligenz vereinbar.

16.

Die zweite Herausforderung ist entschieden gewichtiger. Sie geht aus von der Bevölkerungszunahme auf der Erde, insbesondere durch den Geburtenüberschuß der ›Entwicklungsländer‹. Das Gleichgewicht von Fertilität und Mortalität wurde durch Kolonialisierung und Modernisierung gestört, so daß immer weniger Menschen starben, aber gleichbleibend viele geboren wurden. Dies wird nur von den Immernoch-Urchristen begrüßt, die das Weltgericht erwarten, sobald die Zahl der Heiligen erfüllt ist. *Implenda est hominibus terra*, schrieb der heilige Augustin, wiewohl die Mehrzahl, die *massa damnata*, im Inferno endet.

Es scheint so, wie wenn, aufs Ganze gesehen, der zivilisatorische Fortschritt in Bevölkerungswachstum umschlüge. Die technisch gesteigerte Qualität des Lebens wird durch die biologisch erhöhte Quantität des Lebens wieder aufgefressen. Der Bevölkerungsdruck auf die Grenzen der Industrieländer wächst. Diese selbst haben die Kontrolle über die eigene demographische Entwicklung gewonnen, zumal der zivilisatorische Lebensstil im fortgeschrittenen Stadium kinderfeindlich wird.

17.

Ein dem unseren entsprechender Lebensstandard ist weltweit kaum ohne jene Konvulsionen zu erreichen, zu denen unsere Versuche, sie zu meiden, beitragen. Erst Brot, dann Kuchen für die Welt, Medikamente und Industrieprodukte für die Entwicklungsländer fördern deren Kinderreichtum schneller, als dieser durch importierten industriellen Ersatzgenuß gehemmt wird. Auch Aids und Waffenexport versagen bisher als Entvölkerungshilfe. Die Politik der milden Gaben steigert die Gegensätze und damit das Bedürfnis nach Nächstenliebe, bis die Nächsten uns allzunahe kommen und die Bergpredigt der Historisierung anheimfällt. Damals gab es noch genug Land.

18.

Die Entwicklungshilfe lebt ökonomisch von der Überproduktion (wir wissen weder mit den produzierten Gütern noch mit der Zeit etwas anzufangen, die wir gewönnen, wenn wir weniger produzierten), ideologisch vom Christentum (wir tun Buße für unseren Wohlstand und liefern aus Nächstenliebe die zur Selbsterhaltung der Völker nötigen Traktoren und die zu ihrer Selbstbestimmung erforderlichen Kanonen), politisch von der Demokratie (unsere Funktionäre dürfen sich keine fürstbischöflichen Schlösser mehr bauen, wollen aber das Steuergeld wenigstens scheckausschreibend als reiche Onkel durch ihre Finger rinnen fühlen). Dazu kommt ein humanitär kaschiertes *financial recycling*. Unsere eigene Industrie erhält Aufträge und gewinnt beim Geschäft mit der Humanität, wenn auch nur durch Umlagen.

19.

Das den Entwicklungshelfern zustehende moralische Wohlbefinden erschöpft sich mehr und mehr im Selbstwert des Opfers. Es befriedigt als Zeichen guten Willens. Wo es darüber hinaus auf den Dank der Beschenkten reflektiert, ist es unberechtigt, unbegründet und verlogen. Unberechtigt darum, weil hinter ihm die Absicht lauert, den demographischen Druck auf unsere Grenzen abzufangen und durch den Verzicht auf die Krümel den Kuchen zu behalten: nicht Ethik, sondern Politik. Unbegründet ist diese, ob nun ethisch oder politisch motivierte Hoffnung, weil die Kluft zwischen Arm und Reich nicht überbrückt, sondern vertieft wird, solange die Hungerhilfe die Münder vermehrt.

Verlogen ist diese Politik, sofern sie die Umsetzung von Gütern in Kinder den Beschenkten als Schuld anrechnet. Wir versuchen ja nicht nur, den Asiaten und Afrikanern den europäischen Standard zu vermitteln, sondern auch ihnen die europäische Mentalität einzuimpfen, die ein großes Vermögen für besser befindet als eine große Familie. Indem wir es für ein Glück erachten, selbst reich zu werden, es aber als eine Last ansehen, anderen etwas von unserem Reichtum abzugeben, erwarten wir als Gegenleistung für unsere Solidarität mit den Armen, daß diese sich zur Solidarität mit den Lebenden bekennen und nicht weitere Wesen in die Welt setzen, die auch reich werden wollen.

20.

Die oktroyierte Nachwuchsplanung läuft auf eine moralische Bevormundung derer hinaus, die beschenkt werden sollen, das machen sich die Schenkenden selten klar. Sie vertreten zwar längst nicht mehr den politischen Imperialismus der Kolonialmächte, längst nicht mehr das Sendungsbewußtsein der christlichen Missionare, aber an der Schulmeisterpose hat sich nichts geändert. Karl Popper über die armen Eltern: »Es ist ein Verbrechen, solchen Kindern nicht dadurch zu helfen, daß man verhindert, daß sie geboren werden.«

Solange es noch keine gesetzlich vorgeschriebene Familienplanung gibt, überlasse man die Entscheidung darüber, unter welchen Umständen ein Leben menschenwürdig ist, in den Entwicklungsländern den Eltern, die in der Regel nicht besser leben als ihre Kinder, und in den Industrieländern den Politikern, die abschätzen können, wieviel Hungerhilfe ausgeführt wird, wieviele Hungerleider hereingelassen werden, ohne daß der innere Frieden gefährdet ist. Wie man Grenzen menschendicht macht, haben wir nach dem 13. August 1961 gelernt. Die nachwuchsdrosselnden Appelle unserer Moralphilosophen werden in Kenia nicht gelesen.

21.

Entschuldigt wird die frohe Botschaft der kalkulierten Sterilität einerseits durch örtliche Regierungen, die den großen Bruder im Fortschrittsglauben noch übertreffen, andererseits durch die bisherigen Umerziehungserfolge, die man als Emanzipation von traditioneller Naturbindung oder als Korruption durch progressive Zivilisatur deuten kann. Man predigt die Ideologie des Wohlstandes und praktiziert Kinderfeindschaft. Die Moral der reichen Schenkenden verlangt von den beschenkten Armen, vermeidbares Leben nicht in die Welt zu setzen. Die Millionen heute abgetriebener Kinder verdienen das Geläute zum 28. Dezember, dem Tag des Kindermords von Bethlehem.

Der Egoismus des Einzelnen und der Familie hat sich zunächst unter dem Namen Patriotismus auf die Staaten, dann unter dem Namen Philanthropie auf die Lebenden ausgeweitet – nicht jedoch auf die Ungeborenen. Die Mehrung der Köpfe auf Kosten des Pro-Kopf-Einkommens gilt auch dem überzeugtesten Philanthropen für ein schlechtes Geschäft. Die Entwicklungshilfe wird zum Erziehungsmittel, um Anti-Baby-Willen zu erzeugen und die von der Technik noch Ungesegneten in den Schraubstock von Industrie und Konsum zu spannen. Das Gerede von bilateraler Partnerschaft suggeriert ihnen, sie seien bereits das, was wir aus ihnen machen wollen: Komplizen. Egalität erfordert Egalisierung.

22.

Das schlechte Gewissen, das wir behalten, weil wir ja auch bei großzügigsten Geschenken immer noch viel reicher bleiben als die Beschenkten, vermehrt die Mißerfolge der Beglückungspolitik. Sie schafft über die Frustration ihre eigenen Voraussetzungen; denn jeder Schritt, der uns aus diesem Labyrinth herausführen soll, bringt uns tiefer hinein. Die Folge ist, daß es im moralischen Sinne gleichgültig ist, was wir tun. Gesinnungsethik fordert, was Verantwortungsethik verbietet und umgekehrt. Mein Rat: Tu nicht, was andere als deine Schuldigkeit ausgeben! Mit ihnen bist du quitt. Tu, was du dir selber schuldig bist! Vor dir bist du immer in der Pflicht. Also tu, was du willst, aber hüte dich vor einem guten Gewissen!

23.

Moralisches Handeln beruht nach Kant auf der Verallgemeinerungsfähigkeit der Maximen, und diese setzen einen Konsens hinsichtlich der Grenzen des Zumutbaren voraus. Sie wiederum lassen sich nur in der Auseinandersetzung ermitteln. Und an solchen wird es nicht fehlen. Daß sich der kommende Konflikt zwischen Wohlstand im Norden und Kinderreichtum im Süden von selber einpendelt, ist unwahrscheinlich; wo er sich stabilisiert, wenn er das tut, ist ungewiß. Das könnte beträchtlich unter dem Niveau unserer gegenwärtigen Zivilisationsstufe liegen. Würde das Einkommen heute weltweit gleichgerichtet, müßten wir auf sechs Siebtel verzichten. Das stieße auf ebensowenig Gegenliebe wie die Einführung des Achtstundentages nach der Stechuhr im sonnigen Süden. Was ist zumutbar? Hier läßt uns das Gewissen im Ungewissen.

24.

»Schon der dunkle Ernst des Bevölkerungsproblems hindert uns, Eudämonisten zu sein, Frieden und Menschenglück im Schoße der Zukunft verborgen zu wähnen«, so Max Weber 1895. Die Richtung hat sich umgekehrt. Bis ins späte 19. Jahrhundert sind die Europäer nach Übersee gegangen, haben Urwald gerodet, Savannen bewässert, Ackerland geschaffen. In unseren Tagen wurden die ersten Vorstöße in den Weltraum unternommen. Sie haben keine neuen Lebensinseln geschaffen. Hätte man nicht lieber die Sahara bewässern, den Südpol erschließen sollen?

25.

Unterdes pilgern die Völker aus der Dritten Welt in die Großküchen der Weißen. Wer Billionen für beliebige Spielarten der Rekordsucht ausgibt, hat auch für einen armen Tamilen was übrig: zum mindesten Verständnis, daß er sich holt, was wir ihm nicht bringen. Der ehedem offensive Kampf um den Lebensraum wird zum defensiven Kampf um die Heimat. Welche Gastrechte sind den Bedürftigen zuzugestehen? Der Einmarsch ist im Gang. Als fünfte Kolonne fungieren die Anwälte des Fortschritts: christlich-philanthropische Intellektuelle (wir müssen helfen!), geschäftstüchtige Unternehmer (wir brauchen Humankapital!). Gegen die Koalition von Kreuz und Kapital ist kein Kraut gewachsen. Soziale Politiker sekundieren (wer soll morgen die Renten bezahlen?). Regionalfundamentalisten unter dem Schlachtruf »Europa den Europäern!« entlarven sich als Reaktionäre.

Der Drang der armen Völker in die reichen Länder ist lange schon befürchtet worden. »Wie, wenn sich eines Tages Klassenkampf und Rassenkampf zusammenschließen, um der weißen Welt ein Ende zu machen?« fragte Spengler. Er erwartete die Mobilisierung der Farbigen durch weiße Condottieri. So martialisch aber wird es nicht zugehen, zunächst wenigstens. Wenn die Hungernden klug sind, kommen sie mit leeren Händen, dann wird man nicht auf sie schießen. Wenn die Satten klug sind, liefern sie ihnen Waffen. Dann läßt sich eine als Defensive inszenierte Abwehr publizistisch rechtfertigen und militärisch erfolgreich durchführen, vorausgesetzt, man hat nicht zu viele, zu gute Waffen geliefert. Aber die Satten sind dumm und gutmütig.

26.

Die Rüstungsindustrie würdigt, wie es die Menschenrechte erheischen, ihre Abnehmer als mündige Menschen, die selbst entscheiden können und dürfen, wann sie den Ernstfall als gegeben ansehen. Entwicklungsdidaktische Schulmeisterei käme überdies dem Geschäft mit dem Waffenexport in die Quere. Weltverbesserer hingegen, die ihres Bruders Hüter sein wollen, behandeln die Völker der Dritten Welt als große Kinder, denen man gefährliches Spielzeug vorenthalten sollte, und mußten sich während der Einmauerung Berlins selbst von diesen sagen lassen, sie seien inzwischen zu schlapp und zu feige geworden, ihr Recht mit der Waffe zu vertreten. »Und muß ich heute sterben, dann bin ich morgen tot...« So sangen unsere Großväter in Flandern.

27.

Unsere Situation erinnert wieder an das spätantike Rom, als die *fertilitas barbara*, die für die Barbaren überhaupt kennzeichnende, durch römische Stillhaltegelder unfreiwillig geförderte Fruchtbarkeit der Germanen von ehrgeizigen Römern genutzt wurde, um ländliche Arbeitskräfte und militärische Gefolgschaften zu gewinnen, als für innenpolitische Zwecke immer mehr Ausländer hereingelassen wurden, bis diese dann nach langen Bürgerkriegen 476 in Rom die Macht übernahmen und einen Schlußstrich unter die marode antike Kultur zogen. Die letzte Losung Roms hieß *Pax*. Die Friedensparole im Munde der *beati possidentes* war schon damals eine Beschwichtigungsgeste der Satten gegen die Hungrigen, ein hilfloser Versuch, den Appetit zu kriminalisieren.

Das Exempel zeigt nicht, was zu verhindern, sondern was zu erwarten ist. Wir haben Verständnis für die Völkerwanderung der Spätantike, die den Grund für die Zivilisation bei uns, den Nachfahren der Germanen und der Römer, gelegt hat. Wir erkennen das Recht der Wandervölker im Spätkapitalismus, die den Weg in die Weltgesellschaft suchen. Die Verschmelzung der Kulturen tritt in ein neues Stadium. Der Süden bietet schließlich auch den Nordvölkern nicht nur Giftmülldeponien zu billigen Gebühren, sondern auch Zeitmülldeponien in Gestalt von

Ferienkolonien, elf Monate im Jahr leerstehende Küstenvillen.

Die Klaffe zwischen Wohlstand und Menschreichtum ist das größte Hindernis auf dem Weg zum Weltstaat. Staatsgrenzen bewahren die Vielfalt in den Formen des Zusammenlebens und den Wettbewerb zwischen den Staaten.

Die nähere Zukunft gehört jenen Völkern, die am meisten leisten, die fernere jenen, die am wenigsten benötigen.

28.

Die dritte Herausforderung neben der religiösen und der demographischen liegt in der doppelten Tücke der Technik. Es ist zum ersten die Tücke gegen die belebte und lebensfördernde Natur und zum zweiten die Tücke gegen den Menschen selber.

Jahrtausende war der Mensch durch die Natur bedroht, nun nimmt er Rache, ramponiert er seinerseits die Natur. Rührend noch Freud 1927: »Hauptaufgabe der Kultur, ihr eigentlicher Daseinsgrund: uns gegen die Natur zu verteidigen.« Kultur ist Veredelung der Natur, die immer künstlicher, immer menschengemäßer werden soll. Wir holen die Pflanzen dahin, wo wir sie brauchen; wir vertreiben die Tiere von da, wo sie uns stören.

Die Bibel stellt uns die Natur zur Verfügung: »Gott segnete Noah und seine Söhne und sprach: Seid fruchtbar und mehret euch und erfüllet die Erde. Furcht und Schrecken vor euch überkomme die Tiere ... in eure Hände seien sie gegeben.« Durch Züchtung verändern, vermehren oder vermindern wir die Arten und Rassen nach unserem Bedarf. Die darwinistisch erfolgreichsten Spezies sind jene, die sich unseren Wünschen am weitesten anbequemen, die sich am hemmungslosesten vermehren, die auch die brutalsten Formen der Tierhaltung hinnehmen. Erfolgsmuster liefern der Weizen in den *Great Plains* und das Rindvieh in den *Pampas*. Die Zahl der Hunde übersteigt inzwischen die der Wölfe um ein Vieltausendfaches. Wedeln lohnt sich.

29.

Der Mensch lebt sich aus seiner Geschichte heraus: Immer schneller läßt er das Geschaffene hinter sich; immer früher werden Traditionen obsolet – der Zeitabstand zwischen Entstehung und Verschrottung der Geräte wird kürzer. Hirschlederne Reithosen sind *out*. Wir begegnen unserem eigenen Spielzeug im Museum. Der Mensch lebt sich ebenso aus der Natur heraus: Unsere Umgebung wird künstlicher. So schon die Stoffe unserer Geräte. Nach der Steinzeit kam die Eisenzeit, nach dieser die Plastic-Zeit. ›Echtes Holz‹ und ›lebende Blumen‹, ›Schafwolle‹ und ›Naturstein‹ sind Luxusartikel. Das Landschaftsbild beherrschen zunehmend gerade Linien und rechte Winkel. Das architektonische Ideal moderner Baukünstler ist der Klotz.

30.

Siedelte der Mensch früher gleichsam auf Kulturinseln innerhalb der Wildnis, so wird nun diese ihrerseits in Naturschutzgebiete verinselt. Inselwende allerorten, schon akustisch: einst Inseln des Lärms, nun Inseln der Stille. Der Lärmpegel steigt, das besorgt vor allem der Autoverkehr: dröhnende Motoren auf Straßen, die von fern wie Saiten schwingen. Heute berührt uns ein spätes Propellerflugzeug im Sommerabend so behaglich wie einst den Käthner Storms ein Schlag der Dorfuhr, der entfernten.

Da es an uns liegt, wie wir die Heide begrenzen und gestalten, eignet auch der Restnatur eine gleichsam negative Künstlichkeit. Der Zoo ist die Zukunft der Fauna: der Polarfuchs neben dem Gorilla, der Esel neben dem Okapi: wohl versorgt und stets verfügbar. Auch in der einstweilen noch tolerierten ›Wildnis‹ fristen Dickhäuter und Großkatzen ihr Dasein dank naturfreundlichen Parlamentsbeschlüssen. Nur die Kleininsekten und Mikroben verzichten noch auf menschliche Fürsorge.

In der Botanik *la même chose*. Die Entwicklung geht vom

Urwald zum Forst zum Park zum Garten, weiter zum Vorgarten, zum Balkonblumentopf, der seinerseits zum Modell für die auf dem dritten Planeten wuchernde Pflanze Mensch wird. Der Wandelstern des Kleinen Prinzen mit den Affenbrotbäumen empfiehlt sich als Wappen für den Weltstaat.

31.

Der Mensch ist anpassungsfähiger als irgendein Tier. Erst hat er sich selbst den verschiedensten Biotopen anbequemt, dann hat er diese sich selbst anverwandelt, und schließlich beschloß er, seine Umwelt zu konsumieren. Nichts deutet darauf hin, daß irgendwann ein Gleichgewicht zwischen menschlichen Bedürfnissen und natürlichen Vorräten einträte. Schon 1939 beklagte Friedrich Georg Jünger, 1943 Jan Huizinga den von der Technik planetarisch organisierten Raubbau. Er aber dient dem Fortschritt und dem Frieden, erspart uns den Arbeitskampf, kittet den Sozialpakt. Die Ausbeutung des Arbeiters wurde abgelöst durch die Ausbeutung des Kulis, und beides wird durch die Ausschlachtung der Natur gelindert. Die wird effektiver. Der Urwald hält der Schrotsäge stand, nicht aber der Kettensäge. Die letzten Makrelenschwärme werden von japanischen Satelliten geortet.

32.

Das Mitleid mit der bedrohten Kreatur, Albert Schweitzers Ruf nach Ehrfurcht vor dem Leben verspräche nur dann Erfolg, wenn den Tieren und Pflanzen, den Bergen und Gewässern ihre Sklavenfesseln genommen und sie zu Mitgeschöpfen erhoben würden. Noch scheinen wir vor ihrer Rache sicher, da die Natur ihre Überlegenheit noch nicht wiedergewonnen hat, da der Mensch sie nach der Maxime *divide et impera* mit Hilfe der Naturgesetze, lies: mit ihren eigenen Waffen erfolgreich bekämpft. Solange die Natur in der Defensive verharrt, von Menschens Gnaden vegetiert, kann sie von seiten des *homo faber* keine Devotion erwarten. Im Zeitalter der Technik verhindert der Fetisch-Charakter der Maschine die Verehrung der *natura denaturata*. Über ihr Schicksal befindet, solange sie das Feuer des Prometheus besitzt, die souveräne *canaille*.

33.

Die Selbstrationalisierung der Industrietechnik fordert, der Ware auf dem Wege von der Fabrik auf die Deponie den Umweg über den Konsumenten zu ersparen. Der Abfall spiegelt die Höhe der Zivilisation. 1714 lobte Bernard de Mandeville die Müllhaufen auf den stinkenden Straßen Londons als Zeichen des Wohlstandes und Gewerbefleißes. Was würde er heute sagen?

Die Verschmutzung der Landschaft, die Verseuchung der Gewässer und die Verpestung der Luft durch die wuchernde Schwärindustrie lehrt, daß dem abnehmenden Grenznutzen des technischen Fortschritts ein zunehmender Binnenschaden entgegenwächst. Als Gegenmittel aber ist weniger von Konsumverzicht auf automatische Zahnbürsten, elektronische Türschlösser und Fernsehen für Hauskatzen (*made in USA*) die Rede, als von grün geschminkter Technikfolgen-Entsorgungstechnik, die den Teufel höchst erfolgreich mit dem Beelzebub (›Scheißgott‹) austreibt. Tschernobyl ist verschmerzt, nun sind wir klüger. Stürze lehren laufen, aber laufend stürzen wir tiefer. Wer die galoppierende Dummheit zügelt, beschleunigt die schleichende.

34.

Je weiter man in eine Richtung fortgeschritten ist, desto leichter geht es voran. Der Grad an Technomanie spiegelt sich in der selbst bei Intelligenteren verbreiteten Zwangsvorstellung von der angeblichen Unmöglichkeit, das Technisierungstempo zu drosseln und statt der Rolltreppe die Beine zu benutzen. Selbst das Aufziehen einer Taschenuhr ist nicht mehr zumutbar. Können heißt müssen, lautet das Gesetz des Fortschritts (wie des Abtritts).

Das »stetige und angemessene Wirtschaftswachstum« ist nicht nur der kategorische Optativ, sondern längst bindendes Recht, wie ein Blick in die Bundesgesetzblätter zum 8. Juni 1967 und 18. März 1975 lehrt. Als Zweck wird die ›Stabilität‹ angegeben. Die Industrie lamentiert bereits, wenn die Gewinne jährlich gleichbleiben, das heißt stagnieren, ja sogar wenn die Beschleunigung des Zuwachses sich dem Gleichmaß nähert. Man fürchtet ›Nullwachstum‹. Wachstum, Wachstum über alles!

35.

Umweltschützer verteidigen ihr Grüntum an zwei Fronten: gegen den wachsenden Konsum der Überentwickelten und gegen die steigende Zahl der Konsumenten bei den Unterentwickelten. Beide wünschen der Menschheit eher ein kurzes sybaritisches Alter in Saus und Braus als ein langes Leben mit rationiertem Benzin und reduziertem Strom.

Gewerkschaften und Unternehmer der Industrieländer, unberührt von Ökopanik und Ökomanie, pochen auf wohlverdienten Gewinn. Die Menschen der Dritten Welt erinnern an ihre Entbehrungen und haben sich mit jenen auf den alsbaldigen Verbrauch der Güter geeinigt. Sie fürchten um den ungehinderten Zugriff auf die erschöpfbaren Schätze, warnen vor dem Grünen Drachen, der diese schützt, und beschwören im Namen der Freiheit das Gespenst einer ökologischen Diktatur, die den Lebensrechten der Ungeborenen zuliebe die Luxuswünsche der Lebenden einschränken könnte.

Mackie Messer war zu hoffnungsfroh, als er meinte: »Erst kommt das Fressen, dann kommt die Moral.« In der Regel folgt nur das Dessert.

36.

Das ökopolitische Dilemma für den Unentschiedenen, dem beide Argumente einleuchten, liegt darin, daß Jeremias Benthams Maxime *the greatest happiness of the greatest number*, auf die man sich wohl einigen könnte, offen läßt, wie das größere Glück weniger Menschen oder kürzerer Zeit zu verrechnen sei gegen das kleinere Glück vieler Menschen oder längerer Zeit.

> Schnallen wir den Gürtel enger,
> reichen die Ressourcen länger.
> Öffnen wir die Gürtelschnalle,
> sind sie übermorgen alle,
> doch verwandeln wir den Rest
> unsres Lebens in ein Fest.

Was ist zumutbar? Den Naturverschleiß können die *greenhorns* allenfalls bremsen. Auch sie wollen ihrerseits auf die Droge Technik nicht verzichten, auch sie verbrauchen mehr als nachwächst. Wir können nur den Winkel der Talfahrt bestimmen. Daher lautet die Gretchen-Frage der Ökosophie: In welchem Tempo schöpfen wir die Vorräte aus? Irgendwann sind sie ohnedies aufgebraucht, auch wenn wir ungern daran denken. Solange die Maus am Köderspeck nagt, erzähle ihr keiner, sie säße in der Falle!

37.

Die Natur ist eine gute Mutter, aber eine schlechte Lehrerin. Sie lehrt zuviel: Darwin sah in ihr einen grausamen Kampf ums Dasein, Krapotkin eine vorbildliche Symbiose. Beide Interpretationen sind vertretbar. Der Hund überzeugte Diogenes davon, daß es naturgemäß sei, jedes Bedürfnis in der Öffentlichkeit zu befriedigen; die Katze bewies Hitler, daß es naturgemäß sei, die Maus zu fressen, um die eigene Art zu erhalten.

Wir unterscheiden im Menschen eine niedere und eine

höhere Natur. Erstere erkennen wir beim Vergleich von Menschen mit Hunden und Katzen, letztere zeigt sich uns in der Besinnung auf unser besseres Selbst. Die Natur liefert uns keine Maximen, nur Material – Natur als Norm ist keine Norm der Natur. Sie verdient eher in unserem als in ihrem eigenen Interesse Schonung.

Ehrfurcht vor der Natur ist eine notwendige, aber keine hinreichende Bedingung für ein menschenwürdiges Dasein, denn die Natur erlaubt dem Menschen alles und jedes, sofern er sich nur, sein eigenes Grab schaufelnd, als Arm ihrer Allmacht begreift. Die Natur ist gnadenlos. Das gilt organisch: Tod schafft Nährstoff und Lebensraum. Jede Leiche ist ein Biotop. Und anorganisch: Das Leben beruht auf dem Sonnenlicht. Nur ein Milliardstel davon trifft die Erde. Das Abermilliardfache der Energie unserer und anderer Sonnen wird sinnlos in den Kosmos verstrahlt. Und da sollen wir Strom sparen?

38.

Die Tücke der Technik gegen den Menschen offenbart sich in ihren vier Antinomien: 1. Technik als Lebenshilfe gegen Technik als Spieltrieb, 2. Technik als Abnehmerin von Arbeit gegen Technik als Lieferantin von Arbeit, 3. Technik als Lustgewinn gegen Technik als Ersatzbefriedigung, 4. Technik als Herrschaft über Natur gegen Technik als Herrschaft über Menschen.

39.

Schillers Gedanke in den ›Ästhetischen Briefen‹ von 1795, daß der Mensch nur als *homo ludens* ganzer Mensch sei und spielend seine Kultur schaffe, gilt auch für die Technik. Im halbbewußten Herumhantieren und Herumprobieren machen wir Entdeckungen, nicht nur an den Sachen, sondern auch an uns: Es macht Spaß, zu sehen, wie die Geräte parieren und funktionieren. Das Erfolgserlebnis bestätigt den Könner, indem er die Räder zum Rollen, die

Puppen zum Tanzen zwingt und selbstgeschaffene Schwierigkeiten meisterhaft überwindet.

40.

Der damit verbundene Selbstgenuß weckt bisweilen den Eindruck einer Entmündigung des Menschen durch seinen Apparat – wie wenn dieser in Bewegung gesetzt werden wollte, bloß damit er rotiert, rumort oder flimmert. Der Spielautomat verkörpert im Hauptberuf, was jede andere Maschine im Nebenberuf ist. Wenn Friedrich Georg Jünger 1939 schreibt: »Der Anblick von Frauen, die mit technischen Verrichtungen beschäftigt sind, hat immer etwas Befremdendes« und dies mit dem Todestrieb hinter aller Technik verknüpft, so könnte auch eine harmlose Erklärung greifen: die Verbindung mit dem urmännlichen Spieltrieb. Maschinen verführen zum Spielen, das Spiel wird zur Leidenschaft, bis das Verhältnis, wer mit wem spielt, sich umgekehrt hat. Wenn wir diesen Verlust an Freiheit nicht empfinden, zeigt dies, wie weit wir uns mit unseren Instrumenten identifizieren.

41.

Die Antinomie der Technik als Arbeitshilfe beginnt mit der Optimierung unserer Organe. Hammer und Zange verbessern die Hände, Rad und Schlitten die Beine; das Messer verbessert die Zähne, die Lupe das Auge. Unsere Reichweite vergrößert sich, die modernen Verkehrsmittel befördern immer mehr Menschen und Güter vom Orte der Entstehung zum Orte des Gebrauchs. Die Schätze der Natur und der Kultur werden erschlossen; mit der Verfügbarkeit aber wächst der Verschleiß, die Ausbeutung der Umwelt verkleinert die Vorräte und läßt ihr Ende ahnen.

Die medizinische Technik kompensiert unsere Organdefekte. Die Leute werden immer älter und immer kränker. Der Arzenei-Konsum verdoppelt sich in kürzer werdenden Intervallen. Je weiter die Medizin fortschreitet, desto mehr

Menschen leben mit falschen Zähnen, verglasten Augen, künstlichen Nieren und automatischen Herzen. Die Prothesen werden probater, die mit ihnen ausgestatteten Menschen verwandeln sich in Brillenseher, in Stuhlroller, in Herzschrittgemachte. Während unsere Maschinen menschenähnlich werden, werden die Menschen maschinenmäßig. Wir nähern uns einer Gesellschaft von fröhlichen Robotern. Sogar unsere Entscheidungen werden von Elektronengehirnen programmiert.

In Weimar sah man solches voraus. Wagner, entzückt die Phiole betrachtend:»Und so ein Hirn, das trefflich denken soll, wird künftig auch ein Denker machen.« Mit der fortschreitenden Technik macht der Mensch sich selbst gliedweise überflüssig – eine Leistung nach der anderen überläßt er den stummen Dienern, die auf Knopfdruck parieren.»Der Mensch ist sozusagen eine Art Prothesengott geworden« – so Freud 1930. Die Technik beherrscht, ja ersetzt das Leben des Menschen, wie sie das Leben der Natur vernichtet.

42.

Indem die Maschinen uns Arbeit abnehmen, schenken sie uns Zeit. Sie fordern diese indessen zurück, soweit wir ihnen auch die gewonnenen Stunden schenken, um ihren Nutzen zu erhöhen und ihre Leistung zu verbessern. Die Technik will gehätschelt werden, das bringt sie weiter. Da sich einzelne Sparten unterschiedlich rasch modernisieren, andere unvorhersehbar schnell veralten, kommt es immer wieder zu Arbeitslosigkeit, die durch mühsame Umverteilung und Umschulung gemildert werden muß. Die für gleichbleibende Wünsche notwendige Arbeitszeit verkürzt sich, ohne die wirkliche Arbeitszeit zu mindern, weil die Wünsche eben nicht gleichbleiben. Sie werden durch ihre Erfüllung vermehrt. Ein Heimwerker bringt heute mit den modernen Instrumenten und Materialien mehr zustande als ein Facharbeiter zur Zeit seines Großvaters.

43.

Zur Lebenshilfe, die uns die Technik dadurch gewährt, daß sie uns Arbeit abnimmt, gehört auch der Genuß, den sie uns bietet. Sie leistet dies durch optische und akustische Konserven letzter Brillanz, bedient Auge und Ohr mit höchster Präzision. Niemand muß heute mehr in die Philharmonie gehen, um ein Konzert zu hören, niemand muß mehr den Weg zur Kirche auf sich nehmen, um einen Gottesdienst zu besuchen. Ein kastenförmiger, frontbeglaster Universalsimulator versetzt uns in den Kongo und auf den Piccadilly, ins Boudoir der Pompadour oder ins Trommelfeuer vor Ypern. Die Faksimiles katapultieren uns ins Disneyland der Ersatzlustquellen. Illusionen und Reproduktionen übertreffen die Originale. Weihnachtsbäume aus Plastic nadeln nicht, Elektrokerzen verhüten Zimmerbrände. *Volenti non fit iniuria*: Niemand wird mit seinem Einverständnis betrogen. Allerdings setzt dieses Einsicht voraus.

44.

Technik bezwingt die Natur. Die Herrschaft über die Natur erleichtert die Herrschaft über Menschen, jedoch nur mittelbar. Wäre Wissen Macht, gehorchte die Welt den Gelehrten. Dann hätten wir Platons Idealstaat der Experten. Tatsächlich gehorcht die Welt nicht den Wissenden, sondern jenen, denen die Wissenden gehorchen – in der Demokratie sind das die Geldgeber. Sie nutzen die durch Wissen und Wirken geschaffene Technik.

45.

Die Ironie der Technik ist die Umkehr der Abhängigkeit, die Vertauschung von Mittel und Zweck, von Nutzen und Schaden: Die eigenen Pfeile töten uns – *propriis sagittis configimur*. Der Mensch fesselt sich an seine Werkzeuge bis zur Selbstversklavung. Die Armbanduhr ist die soziale

Handschelle. Die Techniker verwandeln sich in Gliederpuppen der Technokratie und ihrer Drahtzieher. Die Maschine wird gepflegt, gefüttert und bedient wie ein Fürst. Der Computer hat eine Religion gestiftet, zumindest den Maschinengott (*deus ex machina!*) für eine Jugendsekte. Der gummiberäderte Blechkasten, in den sich Millionen freiwillig stunden- und tagelang einsperren, verschlingt seine Opfer wie der Moloch von Ben Hinnom. Freie Fahrt dem freien Bürger! Der westdeutsche Autowahn forderte 1970 insgesamt 19 193 Tote. 1990 gab es in Europa 90 000 Autotote, ein Vielfaches an Autokrüppeln.

Die nachgeschaltete Entsorgung übernimmt der Straßenbau. Seine Kosten werden in Deutschland für das letzte Jahrzehnt unseres Jahrhunderts auf 485 Milliarden geschätzt. Irgendwann ist der letzte Feldweg eine Schnellstraße.

46.

Das Grundproblem der Technik ist uralt. Phalaris, der Tyrann von Akragas, wollte seine Gegner in einer Kuh aus Bronze zu Tode rösten. Um ihre Tauglichkeit zu testen, ließ er als ersten den Konstrukteur in ihr verschmoren. Geht es uns anders? Das Verhältnis des Menschen zu seinen Instrumenten gemahnt an den Teufelspakt. Der Böse wird überlistet, denn er muß für den gleichbleibenden Preis immer mehr leisten. Wer hätte gedacht, daß die Seele so viel wert ist?

Die Christen haben den Heiden vorgehalten, selbstgeschaffene Götzen anzubeten; das Wort *Fetisch*, abgeleitet von *factum*, besagt dies. Der Fetisch-Charakter des ›Gemachten‹ offenbart sich in der Dämonie der Technik, die Hersteller, Nutznießer und Zuschauer fasziniert. Wenn Max Weber 1919 von der ›Entzauberung der Welt‹ durch die Wissenschaft sprach, vergaß er die Verhexung des Menschen durch die Technik. Es wäre an der Zeit, den entfesselten Prometheus abermals an den Kaukasus (oder an den Fujiyama) zu schmieden. Wo bleibt das Widerstandsrecht gegen industrielle Gewalt?

47.

Die versteckte Antinomie der Technik als Machtmittel, die Verkehrung von Befehl und Gehorsam haben Lukian, Goethe und Marx mit dem Zauberlehrling ausgedrückt. Doch waren sie zu optimistisch. Der Besen wird in immer dünnere Späne gespalten, nie hatten wir genug des Wassers, und wir erhoffen nicht, wir fürchten die Rückkehr des Pankrates, der all dem Einhalt gebieten könnte. Um die Rache der Geräte abzuwenden, ersinnen wir dauernd neue, in denen wir kurzfristig Beistand gegen die alten finden, bis sie sich mit diesen gegen uns verschwören.

48.

Technik-Kritik im Namen der Freiheit hat bereits der jüngere Seneca in seinem 90. Lehrbrief an Lucilius gegen Poseidonios ausgeführt. Seneca verteidigte die reflexive Vernunft gegen die instrumentale, indem er in der Steigerung der Technik eine Steigerung der Bedürfnisse und darin eine Steigerung der Abhängigkeit sah. Seneca wußte wohl, daß hinter dieser Entwicklung die Suche nach dem Glück liegt, zweifelte aber, daß dies dabei gefunden würde. Dennoch hat die Menschheit zweitausend Jahre weiter auf diesem Wege gesucht, und sie nähert sich wieder der Goldenen Zeit Saturns. Er frißt seine eigenen Kinder.

49.

Halten die drei Tendenzen zur fundamentalistischen Rückbesinnung, zur Übervölkerung und zur *High Tech* an, so hat das Konsequenzen für das, was uns an Geschichtsthemen bevorsteht. Der zivilisatorische Fortschritt innerhalb der Industrienationen belastet uns mit Nebenfolgen und Begleiterscheinungen. Der Vorsprung der reichen Länder beschert uns das Problem der ›gerechten‹ Verteilung von Nutzen und Lasten des Wohlstands. Zum Leitmotiv wird die Auseinandersetzung zwischen Nord und Süd oder zwischen Satten und Hungernden, zwischen Qualität und Quantität des Lebens, zwischen Technik und Biologie. Die Vermehrung des Machbaren kollidiert mit der Vermehrung der Machenden, der Fortschritt der Rationalisierung mit dem *ricorso* in den Massenrausch. Die dabei auftretenden Reibungen bleiben ein würdiger Gegenstand der Historiographie. Neben Ökonomie, Technologie und Demographie verlieren andere Themen an *dignitas historica*.

Die Wahrscheinlichkeit, daß die Geschichte weitergeht, wird dadurch erhöht, daß die drei beschriebenen Potenzen sich gegenseitig aufschaukeln. Die Mehrung der Menschheit fordert und fördert die Industrialisierung. Die Zivilisation wiederum schafft Lebensraum und Lebensmittel für weitere Milliarden. Die Lebensbedingungen der rationalisierten Sozietät und der Größenwahn der Industrie hingegen begünstigen fundamentalistische Nostalgie. Jeder Fortschritt ist ein Abschied; je größer der eine, desto schmerzhafter der andere.

50.

Wenn die Geschichte der Kultur *grosso modo* eine Überwindung der Natur darstellt, eine Gestaltung des jeweils Gegebenen, so bleibt doch auf einzelnen Sektoren ein je verschiedenes Quantum Natürlichkeit erhalten, das sich der Planung widersetzt. Es dominiert in den Extremen: einerseits in den irrationalen Seelenregungen und im urtümlichen Vermehrungstrieb, zwei archaischen Elementen; und andererseits in der hemmungslosen Aktivität und Produktivität, der von Marx angeprangerten ›naturwüchsigen‹ Modernisierung. Anders geteilt: Dort das unbelehrbar Verharrende, hier das unkontrolliert Wachsende des Mehr-Sein-Wollens, Mehr-Haben-Wollens. Die aristotelische Mitte gerät in die Klemme. Der Göttin der Geschichte fehlt es auch in der Zukunft nicht an Stoff, und alles spricht dafür, daß sie ihn nutzen wird.

51.

Falls die anstehenden Probleme sich vertiefen und um weitere bereichert würden, wäre ein hartes Ende der Menschheit wahrscheinlich. Die apokalyptischen Reiter könnten die schwärzeste Phantasie beschämen. Ihr möchten wir die brasilianischen Müllzwerge zurechnen, jene neue, von Meraldo Zisman entdeckte Rasse von Rattenmenschen, die in den wachsenden Schutthalden von Olinda und anderen Großstädten vegetieren, sich mit einer Stümmelsprache verständigen, in Wohnlöchern hausen und mit ihrem hochentwickelten Geruchsempfinden alles noch irgend Verwertbare in Menschenfleisch verwandeln. Sie konkurrieren mit den Mastschweinen der Viehzüchter, denen die Abfälle zustehen, und werden von deren Pistoleros bejagt. Zeigt Nord- oder Südamerika der Menschheit ihre *facies Hippocratica*?

Es ist ein Zustand denkbar, in dem die Endmenschen die verpaßte atomare Katastrophe bedauern und die letzte Gelegenheit zu einem würdigen Abgang von der Weltbühne in der Cuba-Krise 1962 erblicken, wo Sacharow-Bomben mit über 100 000facher Hiroshima-Wirkung bereitstanden, *Uncle Sam* und der Menschheit den Gnadenstoß zu geben. Vielleicht hätte das den Nachkommen einer Restpopulation auf Feuerland sogar eine zweite Chance der Entwicklung gewährt, nachdem das Experiment *homo sapiens* mißglückt ist.

Das Buch der Geschichte ist die Stilübung eines Dämons mit vielen roten Korrekturen.

52.

Der Wunsch nach einem raschen Ende muß nicht aus der Furcht vor kommenden Leiden erwachsen, er kann auch der Einsicht in bestehende Schuld entspringen. Das entsetzliche Zahlenregister unserer Umweltsünden bestätigt die Unvereinbarkeit der auf Fortschritt fixierten Menschheit mit der Vielfalt an Tieren und Pflanzen. Da die unaufhaltsame Zerstörung der Biosphäre ohnedies das Ende der Menschheit bewirkt, fordert der entschlossenste Anwalt unseres sterbenden Sterns die Menschheit auf, dem gemeinsamen Untergang von Mensch und Natur durch ein Selbstopfer zuvorzukommen, die Lebenswelt von ihrem ärgsten Schädling zu befreien. Nur so lasse sich ein Mord an Mutter Natur verhindern.

Vor der Alternative »töten oder sterben« wählt der Autor letzteres. Er weiß, daß sein Vorschlag nicht mehrheitsfähig ist und wendet sich daher an eine künftige Weltregierung. Sie solle den kollektiven Holocaust der *species homo* – nach einem Vorschlag Erich Kästners von 1930 – am 12. Juli 2003 durch Giftgasbomber durchführen. Bis dahin sei praktizierte Inhumanität, namentlich durch Industriesabotage zugunsten der leidenden Natur geboten.

Der Autor ist zu klug, um irgendeine Hoffnung zu hegen, auch für sein eigenes Plädoyer. Die ideologische Sterbehilfe reicht für ein Gattungs-Harakiri nicht hin. Niemand hat das Recht, über die Art, der er angehört, als ganze zu richten. Fische, die dem Wasser fluchen, gehören gebraten. – Befinden wir uns wirklich im Kriegszustand mit der Natur, so wäre Rigo Baladur ein Verräter. Dies ahnend, hat er zur Maske des Pseudonyms gegriffen. Eine anthropophile Interessenjustiz muß er wohl nicht fürchten, das Mißverhältnis zwischen dem Heroismus des Verfassers und dem Hedonismus der Gesellschaft entschärft die Bedrohlichkeit seines Aufrufs.

Das Verhältnis zwischen Schuld und Sühne gleicht sich nicht dadurch aus, daß wir der Rache der Natur oder der Strafe Gottes vorgreifen. Es genügt, zu wissen, was wir verdienen; es genügt, zu ahnen, was uns erwartet. Christe, du Lamm Gottes, der du trägst die Sünd der Welt, wußtest du, was du auf dich nahmst?

53.

Das harte Ende der Geschichte ist wahrscheinlich, aber auch ein weiches Ende ist vorstellbar, wenn es sich bei den gegenwärtigen Unzuträglichkeiten um Restbestände an

Konfliktpotential, um Nachwehen des historischen Zeitalters handelt, so daß Zivilisierung und Rationalisierung unter abflauenden Reibungen nicht in den Katarakt der Extermination, sondern in den stillen Ozean einer universalen Phäakensozietät einmünden. Auch dann wird es beim Versickern der Ressourcen noch einen sanften Wellenschlag geben, aber vielleicht keine Strömung, keine Strudel mehr. Gewiß benötigt der Weltstaat eine Ordnung, doch wäre es denkbar, daß deren Aufrechterhaltung zunehmend schmerzarm verläuft. *Flagellum flagellando conteritur* – die Geißeln der Menschheit nutzen sich beim Gebrauch ab.

54.

Die Quellen künftiger Geschichtlichkeit können versiegen. Fundamentalistische Bewegungen werden erträglich, sobald sie privatisiert sind und sich gegenseitig anerkennen. Auf der Grundlage des Lebens-Tabus verzichtet man auf Glaubenskrieg und Blutzeugnis und akzeptiert den (gewachsenen) liberalen Naturboden unter dem (gesetzten) religiösen Fundament. In Berlin gibt es vier Millionen Einwohner und fünfundzwanzig als Körperschaften des öffentlichen Rechts gemeldete sowie *circa* 150 nicht registrierte Religionen friedlich nebeneinander.

55.

Die Probleme der Bevölkerungszunahme verschwinden, wofern die Menschheit sich allenfalls im gleichen Maße vermehrt, wie sie ihre Subsistenzmittel steigert. Das ist schon schwerer, zu erreichen, da vorab der Nord-Süd-Ausgleich erfolgt sein müßte, falls wir keine Stacheldrahtgrenzen wünschen. Sobald Rohstoffe und Nahrungsmittel zurückgehen, müßte auf reproduzierbare Substanzen zurückgegriffen werden. Eine allmähliche Senkung des Lebensstandards und der Bevölkerungszahl hätte zu folgen. Das zu bewirken aber ist schwerer, als einem fliegenden Geier die Krallen zu schneiden.

Gegen die befürchtete Übervölkerung empfahl das klassische Altertum die Kontrolle über Geburt und Tod, Eugenik und Euthanasie. In Sparta befand eine Behörde über die Aufzucht von Neugeborenen. Im Weltstaat wäre ein Familienministerium einzusetzen – in Platons Gesetzesstaat leitet es eine Frau –, ausgestattet mit dem Recht und der Macht, illegal geborene Säuglinge zu beseitigen. In Sparta wurden sie ausgesetzt, das heißt den Göttern (beziehungsweise Sklavenhändlern) anheimgegeben. Die zuständige Zweigstelle des Weltfamilienministeriums entscheidet darüber, wer wie viele Kinder haben darf, und behandelt die Zeugungsgesuche mit der gebotenen Zurückhaltung. Rückwanderer aus Siebenbürgen berichten von einer Nachwuchssteuer unter Ceaucescu. Unerwünschte Kinder wurden einem Intelligenztest unterworfen, falls sie ihn nicht bestanden, endeten sie in ›Krepierheimen‹.

Vielleicht setzt sich auch die Idee einer Lebenszeitbegrenzung durch und eröffnet einer gesunden Jugend den von gebrechlichen Alten durch Gesetz oder freiwillig geräumten Platz an der Sonne. Die Verhältnisse haben sich im Laufe der Zeiten verkehrt: Je länger das Leben der Einzelnen, desto kürzer wurde das Leben der Gattung. Das Recht auf einen schönen Tod, auf Euthanasie, gehört nicht nur zum Programm der antiken Utopie, sondern ist auf der Insel Keos und in der Stadt Massilia amtlich erlaubt gewesen. Die Behörde lieferte – nach Prüfung des Falles – dem Sterbewilligen den Schierling frei Haus.

Vermehrt sich die Menschheit wie bisher, so erwartet sie die Zukunft der Lemminge.

56.

Die technische Entwicklung kommt zur Ruhe aus äußeren Gründen, wenn eine asketische Generation zum Maschinensturm ansetzt; aus inneren Gründen, sobald ihre Verbesserungsmöglichkeiten sich auf Firlefanz beschränken, wie inzwischen beim Fahrrad, beim Mikroskop und beim

Klavier. Die Geschichte der Technik besteht ja nicht aus einem gleichmäßigen Fortschritt, sondern aus epochalen Niveausprüngen: Von der Altsteinzeit zum Neolithikum mit Ackerbau und Viehzucht, von dort zu den metallverarbeitenden Hochkulturen mit Städtewesen und Schriftlichkeit und von diesen zur energiebetriebenen, computergesteuerten Industrietechnik. In der Vollendung der Geräte wird nahe der Vollkommenheit der Aufwand immer größer, der Ertrag immer geringer. Irgendeine Stufe wird *eo ipso* die letzte sein, möglicherweise wieder eine Stein- und Holzzeit. Freilich vermindern auch die Faustkeilschläger die Silexbestände unwiderruflich. Der Mensch ist das einzige Lebewesen, das auf abnehmende Rohstoffe angewiesen ist – auf jeder Kulturstufe.

57.

Die Dauer dieses denkbaren Endstadiums hängt ab unter anderem von dem Tempo, in dem die Naturgüter aufgezehrt werden. In den letzten 30 Jahren hat sich der Energieverbrauch in Mitteleuropa vervierfacht. Läßt er sich drosseln? Im gegenwärtigen Stadium müßte der Subsistenzschwund vergleichsweise leicht zu bremsen sein, der Verzicht auf die Motoryacht, das Zweitauto und die private Ferienwohnung ist zumutbar. Wer nicht betroffen ist, wird zustimmen. Zu erzwingen und damit zu erreichen ist ein solcher Verzicht deswegen schwerlich, weil die Reichsten noch die Stärksten sind.

58.

Am Anfang war die Tat. Einen Demiurgen hat sich der *homo faber* zum Gott erkoren und sich von ihm den Auftrag zum Schaffen erteilen lassen. Der Name Arbeit adelt jede Beschäftigung und enthebt sie der Sinnfrage. Die Not wendet sich, dauernd.

 Bisher wurden alle Überlebensprobleme durch Expansion gelöst, nach der Devise Kaiser Karls V: PLVS VLTRA.

Der Erde wurden immer neue Lebensräume, der Natur immer neue Schätze abgelistet. *Les ressources de l'humanité sont infinies*, meinte Ernest Renan vor hundert Jahren. Wir wissen es besser, die Vorräte nehmen ab. Darum fordert der ökologische Katechismus: umdenken und umlenken! Dieser Vorgang wäre eine welthistorische Kehrtwende, sie setzt die alttestamentarischen Gebote »Seid fruchtbar und mehret euch« und »Machet euch die Erde untertan« außer Kraft. Die damit erhobene Forderung nach Umkehr ist ebenso alt-ehrwürdig wie die Denkfigur der Endzeit: jeweils anders gemeint, meistens triftig begründet, selten gehört und vorbildlich von Platons Held im Höhlengleichnis befolgt.

Gelänge eine *metanoia*, schwer genug, würden die weiteren Schritte kaum leichter sein. Denn je größer die erforderlichen Verzichte werden, desto härter dürfte der Widerstand dagegen ausfallen. Das Leck im Schiff der Menschheit wird größer und müßte während der Fahrt geschlossen werden. Spätestens beim Kampf um die letzten Planken ist ein *come back* der Geschichte gewiß:

> Wir heißen euch hoffen!
> Die Zukunft ist offen
> so weit wie der Rachen
> des pythischen Drachen.

VIII.
Ungeschichtliches Geschehen?

Sollte es nicht sehr viel besser um das menschliche Geschlecht stehen, wenn wir gar keine Geschichte mehr hätten?

Lichtenberg

1.

Friedrich Dürrenmatt schrieb 1962, eine Geschichte sei dann zu Ende gedacht, wenn sie ihre schlimmstmögliche Wendung genommen habe. Diese aber sei nicht vorauszusehen. Demnach könnte keine Geschichte zu Ende gedacht werden, weil die Phantasie die schlimmstmögliche Wirklichkeit nicht erreicht. Gilt für die Geschichte der Menschheit ein gleiches?

2.

Die Weltgeschichte ist nicht der Boden des Glücks, wie wir von Hegel gelernt haben, die Perioden des Glücks sind leere Blätter in ihr. Das Ende der Geschichte könnte demnach der Anfang des Glücks sein. Mithin dürften wir mit einer glücklicheren Nachgeschichte dann rechnen, wenn wir das größte denkbare Unglück hinter uns hätten. Bis zur Selbstpreisgabe der Sowjetmacht erschien der Dritte Weltkrieg als die schlimmstmögliche Wendung, sie liegt hinter uns. Der Blick in die Zukunft ist durch sie nicht mehr blockiert. Was eintritt, ist sicher nicht voraussehbar, aber vielleicht vorstellbar.

3.

Das Nachdenken über den Endzustand ist bisher geprägt durch Hoffnung oder Sorge. Nicht der Wille, zu wissen, welches Finale zu erwarten sei, sondern der Wunsch, das jeweils vor- und dargestellte Ende zu erreichen oder zu vermeiden, beflügelte den Gedanken. Die Pole liegen weit auseinander. Auf der einen Seite lockt das Glück außerhalb der Geschichte, ein universaler goldener Oktober von einigen Jahrtausenden halkyonischer Humanität – auf der anderen Seite dräut der Schrecken innerhalb der Geschichte auf dem lecken, überfüllten Raumschiff ›Erde‹, das nur noch Stehplätze vergibt, im tellurischen Inferno eines erdweiten Rattenkäfigs.

4.

Die mal positive, mal negative Vision vom *finis temporum* beschränkt ihre Überzeugungskraft auf die Gleichgestimmten, auf die jeweils bereitstehenden Gemeinden der Opti- und Pessi-Mysten. Wer auf ihren Beifall verzichten kann, darf einen Seiltanz über den Leidenschaften wagen, die uns den Blick verbauen, einen Balance-Akt zwischen *ira et studium*, der progressiven wie retardierenden Kräften gleichermaßen gerecht wird. Treffend Arpe 1716: *Amor et odium pestis historiae.*

5.

Suchen wir die Zukunft im Spiegel der Vergangenheit, so stehen wir uns selbst im Wege, sofern wir uns nicht selbst durchschauen. Das erfordert Kaltblütigkeit bis zum Gefrierpunkt, eine gesteigerte Nüchternheit, die sich zu deren Normalform verhält wie diese zum Rausch. Die Neutralität, die Ranke den Agenten der Vergangenheit gegenüber bewies, müssen wir den Momenten der Zukunft gegenüber anstreben. Das entstehende Bild soll weder schwarz-weiß noch gefärbt sein, eine Grisaille aus dem

Gemisch aller Farben. Denn: Immer bunter, das gibt grau.
Ob die Figur dann hell oder dunkel erscheint, hängt ab
vom Hintergrund der jeweils verworfenen Alternative.

6.

Das Janusbild der Endzeit muß ebenso jenen einleuchten,
die es vor der Folie vergangener Leiden ersehnen, wie
jenen, die es vor der Folie gehabter Freuden befürchten.
Die Erleichterung darüber, das Schlimmste durchstanden
zu haben, muß die Trauer, das Schönste hinter sich zu wissen, aufwiegen. Hier bleibt nur der trügerische Trost, die
heile Welt noch erlebt zu haben, so wie es die Generationen von sich gesagt haben, die noch Alteuropa vor dem
Ersten Weltkrieg oder das *Ancien Régime* kennenlernen
durften. Nur ein genauso wünschbares wie furchtbares
Bild befreit uns von dem Aberglauben, durch die Darstellung das Dargestellte verändern zu können, bevor dies
überhaupt in Erscheinung getreten ist. Wer das erkennt,
steht zwischen dem Alten und dem Neuen wie Buridans
Esel. Wer es verkündet, wird geprügelt wie der Esel
Bileams. Der Engel des Herrn fordert Umkehr.

7.

Finis temporum bedeutet nicht *finis temporis*. Die Zeiten
sind das, was die Zeit füllt, das Bild im Rahmen, die
Geschichte im Geschehen. Nicht jedes Geschehen unter
Menschen, nicht alle Handlungen und Wandlungen sind
Geschichte, sondern nur jene, die im Zusammenhang miteinander stehen, die Bedeutung füreinander besitzen und
das durch Spannung und Entwicklung gekennzeichnete
Geschichtsgeschehen beflügeln. Dieses verlangt ein Ziel,
eines mindestens, wie immer das aussieht, wo immer das
liegt. Ein Film ungerichteten Geschehens böte, vorwärts
oder rückwärts abgespult, dasselbe Bild.

8.

Die für Historizität zu fordernde Bedeutung kann größer oder geringer sein. Geschichtlichkeit ist quantifizierbar. Millionen haben den Rubicon überschritten. Bedeutsam war nur die Überquerung vom 11. Januar 49 vor Christus.

Relevante Ereignisse sind solche, die Folgen haben. Diese Konsequenzen liegen in einer kausalen Wirkung auf die weitere Entwicklung, in einer moralischen Verbindlichkeit für späteres Handeln oder in einer typologischen Paradigmatik für nachträgliches Erkennen, das heißt: in einer heuristischen Modellfunktion, wie sie Jacob Burckhardt und Max Weber der Geschichte zuwiesen. Weder auf der Ebene des Geschehens (wo das Ziel ein Ereignis ist) noch auf der des Erkennens (wo das Ziel eine Einsicht ist) muß die Wirkung sofort offenbar werden. Auch Spätfolgen begründen die Bedeutsamkeit eines Faktums. Ossian hat bis zu Macpherson wie der Geist in der Flasche geschlummert und dann, nach über tausend Jahren in den poetischen Gemütern Europas Sturm und Drang erzeugt.

Eine endgültige Gegenanzeige, das Urteil historischer Irrelevanz von Geschehnissen könnte nur der letzte Mensch auf dem Totenbett fällen, vorausgesetzt, er hätte sie im Kopf. Angesichts der nullnahen Realisierungs-Chance dieser Bedingung hat der Entwurf ungeschichtlichen Geschehens reinen Modellcharakter, denn die Endzeit ist ja nur eine schöne Denkfigur.

9.

Ereignissen, die objektiv oder subjektiv bedeutsam sind, sprechen wir historischen Rang zu. *Nec historiam producere per minutias ignobiles decet*, die Geschichtsschreibung soll sich nicht mit Bagatellen abgeben, heißt es bei Ammian. Die als ›Geschichte‹ memorierten Taten besitzen Dignität. Das können immer nur wenige sein – die allermeisten Handlungen und Tatbestände sind weder unentbehrliche Entwicklungsschritte auf dem Weg der Menschheit noch einzigartige Erscheinungen auf der Bühne der Geschichte, sondern nur auswechselbare Fälle ihrer Gattung und Stoff der Statistik: faule Existenz nach Hegel.

Wären alle Vorgänge historisch gleichermaßen wichtig, so wären sie auch gleichermaßen unwichtig. Die Fülle der Fakten würde jede Wirkung ersticken. Jeden Tag müßten wir eine Tausendjahresfeier begehen. Davor behütet uns nur ein wohltätiges, ja lebensnotwendiges Vergessen, das leeren Umraum und Hintergrund für das Erinnerte liefert. Das geschichtliche Bewußtsein setzt das schlechte Gedächtnis der Menschheit voraus. Es gleicht einem Garten, dessen Pflege darin liegt, daß nicht alles überall wachsen darf, daß gepflanzt, gehegt und gejätet wird. Die Selektion gehorcht einer Konzeption: In der Behandlung der Vergangenheit spiegelt sich unsere Vorstellung von Zukunft.

10.

Die Menschheitsgeschichte zeigt ereignisreiche und ereignisarme Phasen und Völker. Die Gezeiten wechseln. Eine Ebbe an historischen Ereignissen ist in einer Flut von Betriebsamkeit vorstellbar. Wo das Leben bloß noch aus Routine besteht, drängt sich der Eindruck von Geschichtslosigkeit auf.

Geschichtslosigkeit ist relativ, perspektivisch. Durch eine Verkürzung der Distanz gewinnt auch das Kleinste an Größe. Der Brand einer Scheune kann für das Leben eines Dorfes denkwürdig bleiben und eine Verstärkung der Feuerwehr bewirken. Ein verlorener Schlüsselbund kann das Leben eines Menschen verändern, wenn er das zum Anlaß nimmt, auf sein Auto zu verzichten. Ein Sonderangebot von Kirschen kann den Speisezettel für drei Tage umstoßen.

Durch Vergößerung der Distanz hingegen verlieren auch die bedeutendsten Ereignisse an Eindruckskraft. Lukian von Samosata versetzte sich in Gedanken auf den Mond, und damit verwandelte sich das Treiben der Menschen in einen Ameisenhaufen. Salomon und Marc Aurel erkannten allein dem Seelenfrieden Bedeutung zu und sahen in der Geschichte nur absurdes Theater; die Geschichte selbst erschien ihnen bedeutungs- und damit geschichtslos.

Die für Geschichtlichkeit zu fordernde Blickdistanz darf weder bis ins Private verkürzt noch bis ins Kosmische gedehnt werden, sondern bleibt gebunden an die mittlere Reichweite. Es geht der Geschichtswissenschaft ähnlich wie der klassischen Physik und der euklidischen Geometrie, deren Prinzipien in ganz großen und ganz kleinen Dimensionen versagen. Der Bezugsrahmen für die historische Bedeutung eines Vorfalles ist der Überlieferungszusammenhang von Jahrhunderten.

11.

Ein Beispiel für Geschichtsverlust bietet der Übergang von der Römischen Republik zur Kaiserzeit. Nachdem Theodor Mommsen die republikanische Geschichte dargestellt hatte, erwartete das Publikum die Fortsetzung in die Kaiserzeit. Mommsen aber hatte keine Lust. Er fand dort, so schrieb er am 4. II. 1883 an seinen Schwiegersohn Wilamowitz, »keine Geschichte« mehr, sondern bloß »einen Sumpf, keinen Fluß«.

Schon Tacitus hatte geklagt, nur noch Lappalien und Bagatellen melden zu können im Vergleich zu den großen Ereignissen der Republik: *parva et levia memoratu*. Deren Geschichte war außenpolitisch eine Entwicklung vom Stadtstaat über ein vereintes Italien zum Weltreich, innenpolitisch eine Entwicklung von der oligarchischen Patrizierherrschaft über eine demokratische Republik zu einem monarchischen Principat. An der inneren Front kämpfte man für eine gerechte Verfassung, an der äußeren für ein mächtiges Reich. Das war Geschichte im eminenten Sinne.

12.

Die Kaiserzeit aber brachte den Frieden, die *Pax Romana*. Es wurden Straßen und Bäder, Tempel und Theater gebaut, Satiren und Romane geschrieben, Barbaren und Usurpatoren bekämpft. Die größten Ereignisse fanden allerdings in der Arena und im Hippodrom statt. Selbst die einst kulturtragende Oberschicht ergötzte sich an Gladiatoren und Wagenlenkern, die bisweilen unglaublich populär waren und sündhafte Gelder verdienten. Es ereignete sich manches – aber es entwickelte sich, wie Mommsen meinte, nichts mehr. Noch deutlicher wurde Gregorovius: »Nach den Bürgerkriegen und nach Augustus, der noch in den Formen der alten Republik regiert hatte, trat eine fürchterliche Stille ein in der Weltgeschichte, die wüsteste Pause im Leben der Menschheit, da die Welt unaufhaltsam verrottete... Der Genuß wird unerträglich, wenn ihn nicht Mühe würzt und Entbehrung unterbricht... In jener Periode allgemeiner Welterschlaffung finden wir... Dämonen oder Verrückte, weil das Räderwerk der Geschichte stille stand.«

13.

Die Programmierung auf die Politik macht geschichtsblind. Mommsens zyklopische Einäugigkeit in seiner Vorstellung von einer geschichtslosen Kaiserzeit offenbart sich uns an ihrem Ende. In aller Stille hatte sich eine Bewegung ausgebreitet, die in den Genüssen der Welt die Verführung durch den Bösen erblickte und betend und wachend die Wiederkehr des Herrn erwartete. Die unversehens erneuerte Religiosität entwickelte sich seit Constantin zur gewaltigsten geistigen und sozialen Kraft Europas. Kirchen und Klöster füllten sich, während aus dem Barbaricum der Druck auf die Grenzen wuchs. Germanische Bärenhäuter und arabische Kameltreiber, bisher als Gladiatoren, Mühlendreher und Sänftenträger geschätzt, trieben die letzten Legionen zu Paaren und besiegelten die Geschichte Roms.

Wer nach Parallelen zu unserer Gegenwart sucht, fände solche in den Bereichen von Fundamentalismus und Bevölkerungswachstum, nicht jedoch in dem der Technikfolgen. Man wende gegen eine Parallele nicht ein, sie läge weit ab.

14.

Die Ereignisdichte verteilt sich ungleich auf die Jahrtausende. Geschichtsarme Zeiten herrschten im ›prähistorischen‹ Frühstadium. In historischer Zeit folgten ereignisreichere und ereignisärmere Zeiten aufeinander, geschichtsreiche und geschichtsarme Gegenden liegen nebeneinander. Auch die Geschichte hat ihre Dürrezeiten, ihre Trockenzonen. In der Attitüde des Weltgeistes unterschied Danilewsky 1871 geschichtsfähige Kulturvölker und »ethnographisches Material«, anthropologischen Rohstoff künftiger oder Altstoff vergangener Geschichte. Athen während der Perserkriege, Rom in den Jahren um Caesars Tod, Paris während der Französischen Revolution – so kulminiert Geschichte. Ihr Versmaß ist die Kata-Strophe. Ihre Maßeinheit heißt Thermidor.

15.

Aufs Ganze gesehen hat, so erscheint es uns, die Ereignisfrequenz zugenommen. Das herrschende Denkbild unserer eigenen Zeit ist das einer Beschleunigung des Geschehens. Dies mag zu erheblichen Teilen auf einem perspektivischen Irrtum beruhen, doch können wir uns von ihm nicht völlig lösen, weil uns die Anhaltspunkte dafür fehlen, welche Ereignisse, sagen wir am 2. Februar 1992 vor Christus hier, unter den Pinien des Pincio, wo ich dies niederschreibe, stattgefunden haben. *Cum grano salis* sehen wir darum den Zuwachs an Geschehnissen in der Sache, nicht in der Sicht begründet.

16.

Das Accelerando geschichtswürdiger Ereignisse seit der Aufklärung schien bis zum Ende der Menschheit weitergehen zu wollen, solange dieses noch als nahe atomare Katastrophe gedacht werden konnte. Nun werden die Raketen verschrottet, wir können Alternativen zum Atomtod entwickeln. Die Lebensbedingungen mögen eines Tages rasch oder allmählich erlöschen, in jedem Falle ist es denkbar, daß dem Ende der Menschheit ein kürzerer oder längerer Altweibersommer vorausgeht. Dies wäre das biblische Modell des Tausendjährigen Reiches vor der Posaune des Gerichts. Schon Kant hat an eine solche Zukunft gedacht, als er 1784 meinte, nicht nur die Theologie, sondern auch die Philosophie »könne ihren Chiliasmus haben«. Jaspers beschrieb die Geschichte als Intermezzo, »zwischen zwei unermeßlichen Schlafzuständen, von denen der erste als Naturdasein war, der zweite als technisches Dasein wird«.

17.

Demnach muß das momentane Ereignistempo nicht bis zum Aussterben der Menschheit so weitergehen. Ebensowohl ist ein allmähliches Abklingen der geschichtshaltigen Ereignisse vorstellbar. Die Zahl der Vorgänge, die einen Platz im Gedächtnis der Menschheit verdienen, könnte wieder zurückgehen. Auf die Zeitachse vom Sündenfall bis zum Weltgericht aufgetragen, bilden die denkwürdigen Geschehnisse vielleicht eine Gauß'sche Glockenkurve, die gleich der Bahn eines fliegenden Fisches aus einem beinahe geschichtslosen Zustand auftaucht, in unserer Zeit kulminiert und wieder in einen beinahe geschichtslosen Zustand zurücksinkt. Ein Rest von Entwicklung wird wohl immer bleiben, aber sie kann sich beliebig verlangsamen. Auf dem Scheitel der Kurve blicken wir nach beiden Richtungen.

18.

Die anthropologischen Grundkategorien wie Sprache, Recht, Wirtschaft usw., die im oberen Teil der Glockenkurve, oder sagen wir von 3000 vor bis 3000 nach Christus, Gegenstand von Geschichte waren, lassen sich auf jeder beliebigen Entwicklungsstufe stillstellen, will sagen: geschichtslos denken, so daß wir von einer posthistorischen Gesellschaft reden dürfen. Die Kurve der Geschichtlichkeit besagt, daß in der ersten Halbzeit der Geschichte die progressiven Länder reicher an geschichtswürdigen Ereignissen waren als die zurückgebliebenen, barbarischen Völker, während in der zweiten Halbzeit sich das Verhältnis umkehrt: Dann kämpft man im Kaukasus noch immer um Grenzgebiete, ringt man am Kongo noch immer um Grundrechte, während man an der Spree und am Potomac alle wesentlichen Probleme gelöst und damit die Geschichte im Ursinn hinter sich hat. Geschichtsschwund wird in diesem Modell zum Zeichen von Fortschrittlichkeit.

19.

Denken wir uns vom Ereignisreichtum der Gegenwart über die Ereignisarmut in die Ereignislosigkeit zurück oder voraus, so läßt sich eine ahistorisch lebende Gesellschaft durchaus konstruieren, gleichgültig, ob es eine solche gegeben hat, gibt oder geben wird.

Geschichtslos auf der Ebene der Tatsachen wäre ein Leben, in dem die Handlungen der Früheren keine praktische Bedeutung für die der Späteren besitzen. Die Erinnerung reicht über die eigene Generation nicht hinaus. Das Dasein ruht ohne Entwicklung in vollendetem Gleichmaß in sich selbst. Das tägliche Einerlei wird vielleicht durch Feste aufgelockert, doch gehorchen sie einem vorgegebenen Rhythmus in steter Wiederholung. Das Unberechenbare, die Ausnahme fehlt, somit auch historische Größe, im Guten wie im Bösen.

Alle Spannungen haben sich gelöst, alle Sonderungen sind überwunden. Vorbei ist die Abkapselung sozialer Eliten, religiöser Bewegungen, nationaler Gruppen, die jeweils ihre kollektive Individualität im Gegensatz zu anderen ausgebildet haben und aus diesem Kontrast jene Entwicklung bewirkten, die wir Geschichte nennen. Sie ist vollendet, der Mensch kehrt auf höherer Stufe wieder zur ausgewogenen Natürlichkeit zurück. Die letzte Triebkraft am Ende der Zeiten sind die Tagesbedürfnisse, die letzte Formkraft ist die Trägheit – es geht immer so weiter. So verläuft das Leben der Tiere, so stellen wir uns den Alltag der Engel vor in ewigem Hallelujah.

20.

Die Aufklärung hat den Geschichtsbegriff an den Entwicklungsgedanken gekoppelt. Daher erwarten wir Geschichte, solange die Veränderungen der Menschendinge Prozeßcharakter aufweisen. Dies ist für die Zukunft deswegen wahrscheinlich, weil die unersetzbaren Rohstoffe abnehmen.

Die Begriffsverbindung von Geschichte und Entwicklung ist jedoch weder zwingend noch umkehrbar. Sowohl die antike als auch die biblische Geschichtsauffassung sind weniger durch die Vorstellung eines universalen Prozesses als durch die einer individuellen Bewährung geprägt, durch den Wechsel von Aufstieg und Niedergang, von Sünde und Strafe. Die Bedeutung früherer Taten liegt hier vornehmlich in ihrer Vorbildhaftigkeit, Schöpfung und Gericht sind keine historischen Ereignisse, sondern die Grenzpunkte der Geschichte.

So wie Geschichte keine Entwicklung fordert, so garantiert Entwicklung keine Geschichte. Geschichtslosigkeit verträgt sich, wie mit chaotischer Turbulenz oder regelhaftem Rhythmus so auch mit schnurgeraden Abläufen. Denken wir uns einen chemisch reinen Prozeß, der ungestört und regulär verläuft, von allen äußeren Umständen unabhängig, allein seinem inneren Gesetz gehorchend, so könnten wir seine Geschichte nicht erzählen. Nicht der Stoffwechsel, das Wachstum und die übrigen organischen Prozesse machen die Geschichte eines Menschen aus, sondern die Abenteuer, die er besteht und die ihn prägen. »Die Geschichte des Menschen ist sein Charakter«, heißt es im ›Wilhelm Meister‹.

Geschichte erwächst aus dem Zusammentreffen innerer Momente und äußerer Gegebenheiten, die jene bald fördern, bald hemmen und somit den Vorgang in jedem Stadium als individuelle Ausformung eines Typus erscheinen lassen. Der Sand, der durch die Kehle eines Stundenglases rinnt, hat keine Geschichte, wohl aber die alte Eiche vor meinem Fenster, die nicht nur vor dem Blitz erzählen könnte, der sie gespalten hat.

Die Gesellschaft der Endzeit hätte die Geschichte dann überwunden, wenn die Menschheit sich gleichmäßig vermehrte oder verminderte, wenn ihr Lebensstandard linear stiege oder fiele, wenn sie auf einer Zielgerade liefe ohne Kurven, ohne Stufen, die erklärt werden müßten, die Stoff zum Erzählen böten, Geschichte wären.

21.

Geschichtslosigkeit auf der Ebene des Bewußtseins ergibt sich aus der Herrschaft der Vernunft. Alle Verständigungsbarrikaden, die den Umgang geschichtlicher Wesen kennzeichneten, sind ausgeräumt, alle Leidenschaften, die der *clairvoyance* entgegenstanden, überwunden. Ein Leben gemäß der Vernunft schafft gleichbleibende Selbstgenügsamkeit. »Sehet die Vögel unter dem Himmel an: Sie säen nicht, sie ernten nicht, sie sammeln nicht in Scheunen, und euer himmlischer Vater nähret sie doch.« Eine Animalität ohne Sorgen, ohne Gegensätze. Das war die Weisheit von Kynikern wie Stoikern, von christlichen wie islamischen Philosophen: »In der göttlichen Tugend gibt es kein Verlangen nach der Zukunft, keine Sehnsucht nach der Vergangenheit« – so schrieb ums Jahr 1000 Miskawaih.

Das geschichtslose Denken befreit sich vom Zeitgefühl

und von der Zeitrechnung. Es kommt zur Gleichzeitigkeit alles irgendwann Möglichen. Der Bischof Synesios berichtet von seinen Hintersassen in der Kyrenaika: Sie glaubten, daß immer noch Agamemnon an der Herrschaft sei.

22.

Das geschichtslose Handeln löst sich von Vorbildern und Fernzielen. Die Lebenden haben von den Verstorbenen nichts zu lernen, den Ungeborenen nichts mitzuteilen. So dachte man sich die Zeitlosigkeit der Naturvölker. *Si barbarorum est in diem vivere, nostra consilia sempiternum tempus spectare debent,* heißt es bei Cicero: wenn Barbaren in den Tag hinein leben, sollten wir die fernste Zukunft bedenken. Das Tun der Endzeit wird Spiel, wird Ritual, dessen Bedeutung nicht durch Früheres bestimmt ist, Späteres bestimmend, also nicht mehr auf der Zeitebene liegt, sondern sich selbst erfüllt, sich konzentriert auf unmittelbare lebenspraktische Funktionen oder auf religiöse Symbolik. Alles Geschehen ist nun gleich wichtig, gleich gültig.

23.

Der Ereignistyp der Endzeit ist das Happening, die Sensation, die mit beliebigem Getöse verpufft und morgen nicht mehr ›aktuell‹ ist. Eine Vorahnung vermitteln uns Schaugeschäft und Leistungssport. Die Idole der Leinwand und des Bildschirms gestatten, jede Leidenschaft auszutoben, da sie *in effigie* harmlos ist. Die Emotionen, die einst Geschichte bewirkten, sind jetzt ins Symbolische sublimiert.

War die Geschichte pathologisch, wird die Geschichtslosigkeit apathisch. Der *bacillus historicus* ist ausgemerzt. Das Leben verläuft wie in den drei Dörfern aus Oblomows Traum. Das Leiden endet in einem lauwarmen Dämmerzustand, begrüßt von denen, die Schlimmeres erduldeten, beklagt von denen, die Größeres erhofften.

24.

Ahistorisches Geschehen läßt sich am einfachsten metaphorisch kennzeichnen. Erkennen wir in der historischen Bedeutung die Form jenes Ereigniszusammenhangs, der Geschichte ausmacht, so denken wir ihn in dem Muster einer physikalischen Kausalkette, einer biologischen Entwicklung oder einer mechanischen Bewegung auf zielgerichteter Bahn. Die Ereignisfolge unterliegt einer Ordnung, in der jeder Schritt seinen durch den Weg ihm zugewiesenen, unverwechselbaren Ort hat.

25.

Das Gegenteil eines solchermaßen historisch-chronologischen Fortgangs wäre der Stillstand. Das Ungeschehen strenger Observanz verkörpert der erstarrte Kosmos oder das wabernde Chaos, in dem sich vieles tut, wo aber unerheblich ist, was wann wo passiert. Ahistorisches wird verbildlicht durch den Gegensatz zum Ereignisstrom in der Stagnation eines Sees, der Geplätscher, aber keine Strömung besitzt. Die Geschichtslandschaft verliert mit ihren Höhen und Tiefen die Kontur. Man könnte auch an ein Mosaik denken, das zerstört wird, ohne daß ein Steinchen abhanden kommt, oder an den Unterschied von Melodie und Geräusch, oder an Sardellen im Meer und in der Tube.

26.

Noch prägnanter ist die Unterscheidung durch den Gegensatz zwischen linearer und zyklischer Bewegung, zwischen Fortschritt oder Entwicklung auf der einen, und Auf-der-Stelle-Treten oder Kreislauf auf der anderen Seite. Gemäß der Grundbedeutung des Wortes ›Sinn‹, das mit ›senden‹ zusammenhängt und den Gedanken an ein Ziel enthält, scheint die kreisläufige Bewegung ›sinnlos‹. So spottete Augustin über den *circuitus temporum* der heidnischen Zeitvorstellung und setzte ihr die christliche Auffassung von Schöpfung, Kreuz und Gericht entgegen. Trotzdem denke ein Christ – so der Kirchenvater – nicht an die Geschichte, sondern an die Ewigkeit. Erst sie stiftet den Sinn.

27.

Die Kreislaufmetapher eignet sich zur Bezeichnung der Sinnlosigkeit indessen nur, wo sie bloß den zweiphasigen Prozeß eines ewigen Auf und Ab, eines endlosen Hin und Her ausdrückt. Sobald zwischen Anfang und Ende weitere Schritte liegen, sind diese untereinander und im Verhältnis zum Gesamtvorgang bedeutsam. Insofern ist das alte, von Spengler aufgegriffene Bild vom zyklischen Keimen und Wachsen, Blühen, Fruchten und Welken von Kulturen eine Metapher für sinnhafte Geschichte, gleichen Rechtes mit dem einmaligen Entwicklungsprozeß der Menschheit. Denn wenn wir jeden Vorgang, der in irgendeiner Weise wieder zum Ursprung zurückführt, als kreisförmig bezeichnen dürften, wäre auch der Weg vom prähumanen zum posthumanen Stadium der Erdgeschichte zirkulär.

28.

Vergänglichkeit als solche ist kein Ausweis von Sinnlosigkeit, es sei denn, wir fordern eine Bezugsgröße, für die ein Ereignis, um geschichtlich zu sein, bedeutsam sein muß, außerhalb des Zusammenhangs, den es mit anderen seinesgleichen stiftet. Wer den Sinn der Historie darin sucht, uns von der Sinnlosigkeit der Geschichte zu überzeugen, treibt eine Vogel-Strauß-Historie. Er will den Grund nicht sehen, auf dem er steht. Die Ewigkeit ist unser Teil nicht. *Sub specie aeternitatis* ist die Geschichte der Menschheit ebenso sinnlos wie der Orion am nächtlichen Winterhimmel, aber das nötigt uns mitnichten, *sub specie historiae*, also im Binnenverhältnis, die Unterscheidung zwischen folgen- und bedeutungsreichen Zeiten und folgen- und bedeutungsarmen, vielleicht sogar folgen- und bedeutungslosen Zeiten aufzugeben. Die Devise des Historikers laute:

Distinguo.

IX.
Ein Zustand ohne Geschichte

> *Wir stehen in der Mitternacht*
> *der Geschichte, es hat Zwölf*
> *geschlagen, und wir blicken*
> *voraus in ein Dunkel...*
>   Ernst Jünger 1959

1.

Wie der Stoff im Raum, so ist das Geschehen in der Zeit ungleichmäßig dicht verteilt. Das lehren die Bedeutungsunterschiede innerhalb des vergangenen Geschehens. Sie gestatten uns das Gedankenspiel, den Bedeutungsgehalt künftigen Geschehens so weit herabzusetzen, daß es als geschichtslos gelten kann – so wie wir eine Flasche als leer bezeichnen, wenn der Muskateller getrunken ist, obschon sie nun Luft enthält. Um den *catalogus hallucinationum historicorum* um eine Facette zu bereichern, sei nun versucht, den diachronen Längsschnitt um einen synchronen Querschnitt zu ergänzen und einen Zustand der Menschheit ohne Geschichte zu entwerfen. Zunächst ist der zu erwartende Grad an Zivilisation, sodann das Niveau an Kultur und schließlich das Maß an Politik zu bestimmen, das mit einer geschichtslosen Gesellschaft vereinbar wäre.

2.

Geschichte ist nicht ohne Kultur zu denken, Geschichtslosigkeit aber verträgt sich mit jedem einmal erreichten Grad an Gesittung. Geschichtslosigkeit ist ein formal-historisches Kriterium und darum nicht in polemischem Sinne mit Barbarei gleichzuachten: weder im zivilisatorischen noch im kulturellen oder gar im moralischen Verstande. Eine posthistorische Gesellschaft muß nicht das Leben von prähistorischen Troglodyten und Pygmäen führen, nicht das von Indern, geschichtslos nach Hegel, nicht das von Fellachen, geschichtslos nach Spengler. Auch auf hohem technischen Standard könnte die bisherige Entwicklung zum Stillstand kommen. Vermutlich sind die technischen Möglichkeiten tatsächlich erschöpfbar. Zurück zur Natur wird es kaum gehen, aber Autos müssen und können nicht immer schneller, Wolkenkratzer nicht immer höher werden. Nach einer letzten Steigerung unserer technischen Fähigkeiten könnten wir irgendwann saturiert sein, ja eine Minderung unserer Bedürfnisse hinnehmen oder gar anstreben und erreichen.

3.

So wie das zivilisatorische Niveau ist auch der kulturelle Stand einer posthistorischen Gesellschaft geschichtsneutral, mithin beliebig. Geschichtslosigkeit bedeutet nicht notwendig Kulturlosigkeit. Nietzsches Kultur im Sinne von »Einheit des künstlerischen Stiles in allen Lebensäußerungen« findet sich ja nirgends klarer als in den angeblich geschichtslosen Völkern Ägyptens, Indiens und Chinas. Ebenso zeigen die sogenannten Naturvölker trotz ihres Beharrungsvermögens stileinheitliche Charakteristika in ihrem Formengut, also Kultur ohne Geschichte. Dennoch müssen wir diesen Kulturbegriff keinesfalls übernehmen, da Kulturleistungen auch isoliert von ihresgleichen, auch in einem beliebig vermehrten Nebeneinander von Stilen denkbar sind. Wir erleben es, wie die Formgebung sich allmählich von Vorbildern und Zeitzwängen befreit, selbst von denen der Mode, zumal die technischen Möglichkeiten im Plastic-Zeitalter jeden Formwunsch erfüllen, kaum noch materialbedingte Einschränkungen übriglassen.

4.

Daß mit dem Stil die Kultur nicht verschwindet, lehren die Kunst, die Literatur, die Musik und andere Gaben der Musen. Die Kinder der Endzeit könnten in der Wiedergabe oder Erhaltung alter Werke ebenso Erstaunliches leisten wie in der Schaffung neuer, ohne jene Traditionen weiterzuführen, die wir als Kulturgeschichte zusammenfassen, ja ohne sich in irgendwelchen Bahnen zu bewegen. Diese Leistungen beanspruchten dann allerdings nicht mehr gesamtgesellschaftliche Anerkennung, sondern fänden ihre Resonanz in Fan-Clubs, die ihre eigenen Kriterien entwickeln, aber untereinander nicht mehr harmonieren.

5.

In der Annahme des Quantums an Politik in der Endzeit sind wir weniger frei als gegenüber Zivilisation und Kultur. Seit Thukydides, ja seit Homer sind es die herausragenden Taten in der Gemeinschaft und für die Gemeinschaft, die im weiteren Sinne politischen Ereignisse, die wir der ›Geschichte‹ zurechnen. Gegenstand der Historie sind die *pragmata*, die *res gestae*. ›Politik‹, so lehren die letzten Professoren, bezeichnete im Zeitalter der Geschichte die Kunst, das Zusammenleben in und zwischen den Staaten so zu regeln, daß es dem Willen derer entsprach, die etwas zu sagen hatten. Der Wille zu Stil und Gestalt wechselte von Gruppe zu Gruppe, von Ort zu Ort, von Zeit zu Zeit und mußte gegen Anderswollende durchgesetzt oder verteidigt werden. Man erfand verschiedene Mittel, den Willen und das Handeln anderer Menschen zu bestimmen, sanfte und harte, Zuckerbrote und Peitschen.

6.

Die Politik schuf eine Vielfalt an Herrschaftsformen und Lebensweisen, die der Vielzahl an Staaten und Gemeinschaften während der historischen Phase der Menschheit entsprach. Insofern diese in Kontakt miteinander und in Konkurrenz untereinander traten, war Politik immer zugleich Machtpolitik und damit prinzipiell geschichtsverdächtig. Nietzsches Apotheose des Willens zur Macht war ein Seufzer des Heimwehs, sein Ruf nach dem Übermenschen ein letzter Appell, in einer Zeit der Kollektivierung und Egalisierung die Individualitäten zu retten und damit den von den Hegelianern betriebenen Übergang in die Geschichtslosigkeit hinauszuzögern. Der ›Zarathustra‹ im Tornister hat dem kurzfristig gedient, langfristig geschadet. Jetzt haben wir sie satt, diese Gewehr-bei-Fuß-Geschichte.

7.

Der Siegeszug der liberalen Demokratie, der kapitalistischen Wirtschaft und der internationalen Vernetzung entwickelt aus der polypolitischen Struktur der Menschheit eine globale Friedensunion, in der die konfliktstiftenden Kräfte sich auf private Pleonexie konzentrieren. Die Politik endet, sobald ein soziodynamisches Gleichgewicht hergestellt ist. Im Rahmen der bestehenden ›Staaten‹ heißt das: Alle Menschen sind gleichberechtigt: Männer und Frauen, Einheimische und Ausländer, Religiöse und Gottlose. Die Mündigkeit wird von einem Mindestalter abgekoppelt und gebunden an die Intelligenz, die erforderlich ist, den Wunsch nach Mündigkeit verständlich zu machen. Ist es nicht ungereimt, einem alternden Trottel die Mündigkeit aufzuzwingen und sie einem Wunderkinde vorzuenthalten?

8.

In der *societas ultima* herrschen nicht überall dieselben Verhältnisse, aber man ist sich darin einig, Unterschiede zu dulden und jedem zu erlauben, Moslem, Marxist oder Millionär zu werden. Man übt religiöse Toleranz, denn man hat erkannt, daß der Weg zum Himmel von jedem Ort der Erde gleich weit ist. Man übt kulturelle Toleranz, weil die

Vielfalt der Lebensformen und Denkweisen delektiert. Sie gewährt dem Einzelnen die Freiheit, den ihm gemäßen Stil zu finden, die eine Monokultur ihm verwehren muß, sei sie bajuwarisch, europäisch oder atlantisch. Man übt soziale Toleranz, denn Arbeit und Lohn sind so geregelt, daß der Neid entfällt. Der Kumpel verdient so viel Geld und schafft so kurze Zeit, daß er gar keinen Ehrgeiz verspürt, Bergwerksdirektor zu werden. Dieser Streß! An die Stelle der Arbeit tritt die Mitarbeit, die Beschäftigung; aus dem Beruf wird der Job. Der Klassenkampf verwandelt sich in eine Sozialpartnerschaft zwischen Unternehmern und Unternommenen, sobald die Lebensbedingungen ausgewogen und die Mitsprachemöglichkeiten ausgeglichen sind. Das ökonomische Ideal der Wohlstandsgesellschaft heißt: »Alles für alle, allzeit und überall. Wenigstens von allem ein bißchen.«

9.

Wer nichts verneint, will keine Zukunft. So bestimmt die Ja-und-Amen-Haltung in der Nachgeschichte auch das Verhältnis zwischen den Geschlechtern. Lassen wir die Geschichte mit dem trojanischen Krieg beginnen, so steht an ihrem Anfang ein Frauenraub. Das war ein Kriegsgrund, den schon Herodot nicht mehr fassen konnte. Für eine geschichtslose Gesellschaft ist darum das Verhältnis zwischen den Geschlechtern grundlegend zu ändern. Der Wunsch danach ist alt. Seit Platon gehört die Gleichberechtigung der Frau und die Aufhebung der Ehe zum Repertoire der Utopie. Marx forderte die Beseitigung der Arbeitsteilung zwischen Mann und Frau, und Friedrich Engels erwartete das allmähliche »Aufkommen eines ungenierten Geschlechtsverkehrs und damit auch einer laxeren öffentlichen Meinung von wegen jungfräulicher Ehre und weiblicher Schande«.

10.

In der Endgesellschaft entfallen die wirtschaftlichen und rechtlichen Gründe für die Ehe. Die Ökonomie verlangt, daß die Leistung nicht durch familiäre Rücksicht beeinträchtigt werde, und honoriert den Verzicht auf menschliche Bindung in bar. Die Frau verdient selbst und bedarf des männlichen Schutzes nicht mehr; der Mann kann auf weibliche Hilfe verzichten, er läßt sich im Haushalt durch Waschmaschine, Eisschrank und Staubsauger bedienen. Jedes Rendezvous beruht auf freier Vereinbarung, Zeugung läßt sich unschwer verhüten, Kinder werden von Mutter oder Vater allein erzogen, im übrigen gibt es die Krippe. Die Familie, nach Engels ein Produkt aus Sentimentalität und häuslichem Zwist, gehört der Vergangenheit an.

11.

Das biblische Verbot: »Ein Weib soll nicht Mannsgeräte tragen, und ein Mann soll nicht Weiberkleider antun; denn wer solches tut, ist dem HErrn, deinem Gott ein Greuel« bezeugt in den Bestrebungen, die hier unterbunden werden sollen, wie alt der Wunsch ist, die Differenz zu überwinden, die Spannung zwischen den Geschlechtern aufzuheben. Platon drückt das aus in seinem Kugelgleichnis für das androgyne Mondgeschlecht – eine Aitiologie des Liebeskummers. Die paradiesisch-natürliche Schamlosigkeit kehrt in der Endzeit wieder. Minnesang und Schäferpoesie, das Duell aus Eifersucht und die romantische Sehnsucht bestätigen, was uns die Psychoanalyse lehrt: daß die Kultur im Zeitalter der Geschichte nur die erzwungene Sublimierung unerfüllter sexueller Wünsche war, Ersatzlust. Die Aufhebung der erotischen Tabus (einschließlich Inzest und Sodomie) und der entkrampfte Umgang zwischen Frauen und Männern mindert die Amplitude der Gefühle und ihre konvulsive, geschichtsstiftende Kraft. Wohldosierte Libido statt Liebesschmerz.

12.

Mit der Spannung entfällt freilich auch das Abenteuer der individuellen Erfüllung. Man erlebt wenig, wenn man etwas erlebt, und vermißt nicht viel, wenn man etwas entbehrt. Kann man nicht jeden Partner haben, so kann man doch so viele bekommen, wie man will. Über ein Computernetz sind alle Kontaktwünsche videophonisch optimal erfüllbar: Man findet einander. Wer sich dennoch scheut, den versorgt die Industrie preisgünstig und allgegenwärtig mit lebensnahen Surrogaten. Mit der nudistischen Selbstpreisgabe der Frauen an Europas Stränden scheint das Herzklopfen Aktaions, als er Artemis und ihre Nymphen im Bade belauschte, unverständlich und die Strafe, die er dafür erlitt, barbarisch.

13.

Die Homogenisierung greift über das Persönliche ins Politische hinein, überschreitet die Grenzen der alten Staaten und mindert auch hier noch bestehende Spannungen. In einem geschichtsfreien Zustand sind die ethnischen, nationalen und rassischen Gegensätze überwunden. Grenzen und Differenzen werden vergessen. Immer mehr Fremde kommen nach Europa zur Arbeit und zum Studium, immer mehr Europäer gehen nach Asien, Afrika und Amerika zur Erholung und zur Altersruhe. So wie vorgestern aus Friesen, Sachsen und Schwaben Deutsche geworden sind, wie heute aus Deutschen, Franzosen und Italienern Europäer werden, so haben sich übermorgen Europäer, Asiaten und Afrikaner in Weltbürger verwandelt. Die Amerikaner müssen es nicht, sie sind es schon. Trotz ihrer Rassenkrawalle.

Amerika, du hast es gut – du bist schon da!

14.

In der Vorgeschichte hatten wir nur einen Menschentyp, den Cromagnon-Menschen. In der Geschichtszeit gab es Chinesen, Mongolen, Kaukasier und viele andere. In der Nachgeschichte fließen die Typen im Kosmopoliten wieder zusammen. Er verzichtet auf Selbstverwirklichung gruppenspezifischer Identität, weil dies Reibung erzeugt, mit anderen Worten: Politik, noch schlimmer: Geschichte wäre. Die ›Politik‹ der kooperativen Endgesellschaft beschränkt sich darauf, vermeidbare Übel zu mindern und unvermeidliche angemessen zu verteilen. An die Stelle der Politik tritt die Ver- beziehungsweise Entsorgung. Diese Problematik ist mathematischer Natur und muß durch Rechenanlagen gelöst werden. Das politische Ideal heißt Unpolitik, »keine Macht für niemand« und erfüllt sich durch computergestützte Kollektiventscheidungen. Herrscher und Regenten weichen Moderatoren und Koordinatoren. Je mehr Menschen mitentscheiden, desto weniger Menschen fühlen sich übergangen. Läßt sich der Entscheidungsträger nicht ausmachen, so verliert die Handlung ihre moralische Qualität. Mit dem Gebot der ›Verantwortung‹ entfällt die Verführung zur Kaltschnäuzigkeit. Am Erfolg oder Mißerfolg sind zu viele beteiligt, als daß Verdienst oder Verschulden Einzelnen zugewiesen werden könnte. Damit verwandelt sich das Unbehagen über das Ergebnis nicht mehr in persönliche Feindschaft, die revolutionäre Stimmung erzeugt und einen Rückfall in die Geschichte befürchten ließe.

15.

Wenn durch die Aufsplitterung der Verantwortung immer weniger bewußt entschieden wird, immer mehr sich zwangsläufig aus der Lage ergibt, empfinden die meisten das kaum als Manko. Für individuelle Dezisionen bleibt in der Kommune Globus wenig Raum. Carl Schmitt, der das Ende der Politik befürchtet hatte, suchte ihm durch die

Apologie der Dezision zu begegnen. Dezisionismus ist die Aufforderung, auch bei Willkürentscheidungen ein gutes Gewissen zu haben, wenn sie nur (positivrechtlich) legal sind, weil die (naturrechtliche) Legitimität eine illegitime Ideologie wäre. Wenn derselbe, hier von rechts erhobene Vorwurf ebenso von links gegen den Sachzwang der Technokratie geschleudert wird, wie Jürgen Habermas das getan hat, so begegnen sich die intellektuellen Flügelmächte im Interesse am Politisieren, dessen Ära abläuft.

16.

Gewiß ist ›Sachzwang‹ eine Ideologie, aber es ist jene mit der größten Massenbasis: Sie summiert und bilanziert die Wünsche hinsichtlich ihrer Verbreitung und ihrer Dringlichkeit, gehorcht dem allgemeinen Bedürfnis nach Sorgenfreiheit und ließe sich nur über breitenwirksame Bewußtseinsänderung steuern. Dies aber verletzte das demokratologische Dogma vom mündigen Bürger und scheitert zudem an den, rechten wie linken Altideologen fehlenden Machtmitteln. Wer sich hingegen auf ›Sachzwang‹ beruft, bekundet Gehorsam gegenüber höherer Gewalt. Die Psyche des Demotechnokraten wird mißverstanden, wo man ihm objektivistisch verbrämten Subjektivismus unterstellt, entlarvungsbedürftige Intentionen wittert. Das Ideal der Technik ist nicht die kaschierte Herrschaft über anders- und eigenwillige Menschen, sondern die Bewältigung der widerstrebenden Natur. Technologie ist eher platonisch als politisch. Daher die Lust am puren Können, am Leerlauf, das autistische Interesse am Rotieren und Funktionieren. Politik war Wille zum Sosein, nun herrscht der Wille zum Wohlsein.

17.

Die endzeitlichen Medien haben dafür zu sorgen, daß gewollt wird, was gemäß dem Rat der Sachverständigen ohne Schaden für die Demokratität erreichbar ist. An die

Stelle der Herrschaft, der sich der Beherrschte fügt, tritt die Manipulation, die den Moneypolierten sanft umformt. Der Erfolg ist durch Meinungsforscher festzustellen, die dem *Computator Generis Humani*, dem Weltzentralhirn, die Daten eingeben. Politik ist damit abgelöst durch Optimierung, durch die Realisierung des Mittelwertes zwischen Nutzen und Kosten, wobei sich der Nutzen aus der Zahl der Zustimmenden und dem Grad ihrer Zustimmung ergibt, während die Kosten sich nach der Zahl der Geschädigten und dem Grade der Schädigung bemessen. Den ›Grad‹ bestimmt das Echo in den Massenmedien. Wer sich der in diesem Prozeß ausgemittelten Sachlogik widersetzt, handelt ›unverantwortlich‹. In der posthistorischen Gesellschaft regiert der demoskopische Opportunismus, den stoische Staatsmänner wie Antigonos Gonatas, Friedrich der Große und andere ›Diener des Staates‹ vorausgeahnt haben.

18.

Tocqueville fürchtete 1835 in der demokratischen Zukunft eine administrative Despotie. Das Wort ist zu hart, denn die Verwaltung ist neutral und anonym und hält sich an die Regeln. Treffender sprach Max Weber 1918 vom »unaufhaltsamen Vormarsch der Bürokratisierung«. Die Politik überläßt schwierige Entscheidungen der Justitia. Ihr sind die Augen verbunden, damit sie nicht sieht, was sie anrichtet.

19.

Der politische Wille kristallisiert sich heraus in Gremien und Ausschüssen, verarbeitet Expertengutachten und Pressestimmen, er formiert sich nach Maßgabe der Rükken-, Seiten- und Gegenwinde mit der Transparenz einer Wolkenbildung. Das Verfahren ist diffus und stochastisch, doch Legalität entschuldigt jedes Ergebnis. Politiker fragen danach, was gedurft wird, bevor sie etwas zu wollen wagen, sie verschanzen sich hinter Gesetzen von gestern, um heute keine Entscheidungen für morgen treffen und dadurch Veränderung verantworten zu müssen. Dabei sind sie doch ziemlich sakrosankt. *Sanctus Democraticus, ora pro nobis!*

20.

Am Ziel der Geschichte weicht der Wille zu weiteren Verbesserungen dem Verlangen nach Bewahrung des Verbesserten; *in fine saeculi* ist auch der Progressivste bestrebt, die Errungenschaften des Fortschritts zu erhalten. Die Konservativen werden ihn umarmen und gewähren ihm die Bitte: »Nehmt mich auf in eure Mitte!« Das Ideal ist die gepflegte Ruinenlandschaft – auch in der Geisteswelt. Sobald der letzte Wunsch nach Wandel verklungen ist, der Mensch sich mit Genuß begnügt und betrügt, hat die erste Stunde der Endzeit geschlagen. Dann ertönt der Schlußchoral: »Verweile doch, du bist so schön!«

X.
Alternde Ideale

Jede Idee verliert, wenn sie real wird, ihre Würde.

Goethe 1824

1.

Die Geschichte der Staatskunst wurde getragen von Interessen in der Gestalt von Idealen. Zumal in Zeiten politischer Unruhe tauchten Leitgedanken auf, bestimmten und begleiteten die Bewegung und verschwanden wieder aus dem Bewußtsein, wenn sich die Verhältnisse geändert hatten. In der Antike waren das *isonomia* und *pax*, im Mittelalter *reformatio* und *treuga Dei*. Unsere politische Kultur wurde beflügelt durch die Ideale der Französischen Revolution. Was würde in der Endgesellschaft, wenn sie denn käme, aus *liberté, égalité* und *fraternité*? Marx wußte es: Phrasen.

2.

Zunächst zur Freiheit! Der Freiheitsgedanke entstand bei den Griechen im Kampf gegen Tyrannen und Perser, wurde im Hellenismus von ›Befreiern‹ instrumentalisiert und inflationär entwertet. Während die Römer der Republik innenpolitisch Freiheit als Gesetzesherrschaft interpretierten, außenpolitisch aber Freiheit als Fähigkeit zum Krieg verstanden und sich schließlich nach Jahrhunderten kriegerischer Freiheit in einen unfreien Frieden unter den Kaisern schickten, verbinden wir Frieden und Freiheit. Wir können die Regierung in kurzen Abständen (ab-)wählen, doch besteht die Wahlfreiheit zunehmend in bloß personalen, nicht mehr in programmatischen Alternativen. Die

Entscheidungsfreiheit der Wähler wie der Regierung wird durch Einsicht ins Erforderliche geschmälert.

3.

Versetzen wir uns in die liberalisierte Endgesellschaft, so gehört die Freiheit schon deswegen zu den Idolen einer vergangenen Zeit, weil Sklaven und Neger, Frauen und Kinder längst befreit sind, ebenso wie Wirtschaft, Kunst und Sexualität. Selbst der Zwang zum angeborenen Geschlecht wird durch Technik und Toleranz überwunden. Da die Leute niemals Unfreiheit und Fremdbestimmung erfahren haben, fehlt ihnen das Verständnis für die alten Tugenden. Heben diese nicht den Zeigefinger wie die Mutter gegenüber dem Halbwüchsigen? Über dieses Stadium des ›du sollst‹ ist man hinaus. Die Unfreiheit gegenüber der Industrie, die uns Speisekammer und Garage füllt, die Unfreiheit gegenüber den Medien, die uns unterweisen, unterrichten und unterhalten, die Unfreiheit gegenüber den Vorschriften und Gesetzen, die unser Verhalten regulieren, den Mitmenschen berechenbar machen und die Eintracht sichern, diese Abhängigkeiten spüren wir nicht, weil unsere eigene Person selbst ein *mixtum compositum* aus all diesen Elementen geworden ist. Die wachsende Zahl an Wahlmöglichkeiten auf dem Markt empfinden wir als Gewinn an Freiheit, weil wir uns bedienen können. Sokrates ging über die Agora, um sich daran zu freuen, was er alles *nicht* benötigte.

4.

»Freiheit«, schreibt Platon, »ist Herrschaft über sich selbst.« Die Protestparole ›Freiheit‹ fordert Lösung aus Banden und war sinnvoll, solange es noch entwicklungshemmende Fremdbestimmung gab. Sie zu überwinden kostete Kraft. Die Fähigkeit zur Freiheit in der Geschichtsgesellschaft bemaß sich an der Bereitschaft zum Verzicht, zum Wagnis, zum Leiden. Wer will, wer kann das noch, wer weiß noch, was das war? Das Bedürfnis nach Freiheit in der Endgesellschaft von ihren heiligsten Errungenschaften wäre Verrat am System, das unserer Wunschfreiheit zuvorkommt und unseren Freiheitswunsch erübrigt; es wäre Verrat an der Solidargemeinschaft, die uns zu dem gemacht hat, was wir sind. Chaoten und Waldgänger haben sich auf kommunale Abenteuerspielplätze mit versicherungsrechtlich kalkuliertem Sekuritätsrisiko zu beschränken.

5.

Gemäß der Bestimmung Kants von 1793 endet die Freiheit des einen dort, wo die des anderen beginnt. Am freiesten wäre danach, wer dem Nachbarn nicht ins Gehege kommt, wer in seiner Kloster- oder Gefängniszelle oder auf seiner Privatinsel lebt, wie Robinson Kreuznaer, alias Crusoe. Alle anderen müssen sich mit ihren Nachbarn auseinandersetzen. Grenzfragen sind Machtfragen. Wo endet die Zone des Autofahrers, wo beginnt die des Fußgängers? Wo liegt die Freiheitsgrenze zwischen dem Eigentümer und dem Inhaber, die zwischen dem Lehrer und dem Schüler, die zwischen dem Arbeitgeber und dem Arbeitnehmer? Ein konservativer Richter entscheidet anders als ein progressiver. Solche Differenzen schwinden. In der Endzeit sind sich die Gegner über das Verfahren des polizierten Interessenausgleichs einig, darum erledigt sich das Freiheitsproblem.

6.

Freiheit erfordert Freizeit. Sie wächst, sofern wir die Leistungen der Technik dazu nutzen, unsere Arbeit zu begrenzen. Kultur bedeutet Herrschaft über die Zeit, Zivilisation steht unter Termindruck. Muße sank aus der Oberschicht ab in die Unterschicht. Der Fabrikdirektor müßte den Landstreicher um dessen Freiheit beneiden, der niemandem etwas schuldet, dem keiner etwas verdankt. Doch bietet das Geld einen Ausgleich: Wer viel Zeit für andere opfert, die ihn bezahlen, der kann in der freien Zeit, die ihm bleibt, viele andere für sich arbeiten lassen, indem er sie bezahlt. Je mehr Zeit wir darauf verwenden, Geld zu verdienen, desto weniger Zeit bleibt uns, es zu genießen. Es ist eine Frage der Mentalität, ob man mit Alexander oder Diogenes tauschen würde. Wer war freier?

7.

Freiheit benötigt auch Freiraum. Er ist am größten in der Sahara und auf dem Pazifik. Da kommt uns so leicht keiner in die Quere. Das Freiheitsgefühl in der Wüste und auf dem Wasser legt sich indes, sobald der Proviant schwindet. Innerhalb der Ökumene ist der Spielraum größer dort, wo zwei Lebensbereiche durch Niemandsland geschieden werden, als dort, wo sie nur ein Treppenflur trennt.

Wachsende Bevölkerungsdichte und steigende Ansprüche mindern die Freiräume des Einzelnen. Die für ihn abnehmende Ausdehnungsmöglichkeit wird ausgeglichen einerseits durch den Personenverkehr *en gros*, andererseits durch Kollektivierung der Individualität. Das Bedürfnis, persönlich *en détail* zu planen, allein zu agieren, schrumpft zugunsten der Teilnahme an langfristig propagierten und umsichtig organisierten Gesellschaftsreisen, Sternfahrten und Volksläufen. Woran wir denken sollten, sagt uns der Vogel des Jahres, die Woche der Brüderlichkeit, der Tag des Kindes, des Baumes, des Fahrrads. Aktionen und Attraktionen, zwischen denen wir wählen dürfen. Je nach Sichtart bedeutet die kanalisierte Gesellschaft Vermassung, Integration oder Sozialisierung.

8.

Freiheit erübrigt sich, wo jeder tut, was alle tun; wo jeder denkt, was alle meinen. Abweichende Ansichten Einzelner werden toleriert, weil sie ohnedies keine Folgen für das Ganze haben. Ist eine derartige Toleranz repressiv? Ein solcher Verdacht verrät eine intolerante Absicht. Wir werden in Organisationen eingebettet, die alles für uns regeln, uns jedes Nachdenken ersparen, und empfinden den Verlust an Entscheidungsmöglichkeiten nur noch bei Planpannen, da wir die Wahl ja selbst getroffen, auf unsere Freiheit zugunsten der Rundum-Versorgung verzichtet haben. Das Individuum ist ebensowenig unteilbar wie das Atom. Es setzt sich zusammen aus hundert Funktionen in Beruf und Familie, in Staat und Gemeinde, in Verbänden und Unternehmungen. Eingebunden in Organisationen mit garantiertem Erkenntnis-, Zins- oder Lustgewinn, lernen wir uns der Ordnung fügen. Damit degeneriert ›Freiheit‹ zum Schlachtruf für Ausbruchsversuche aus dem goldenen Käfig, zur nostalgischen Parole anarchistischer Spontis und archaischer Asketen.

9.

Freiheit war die Losung des Liberalismus, der in der Endgesellschaft herrschen soll. Entstanden aus dem Widerstand gegen Thron und Altar, kämpfte er anschließend gegen totalitäre Herrschaftsansprüche und brachte auch diese zu Fall. Der Liberale verteidigt die individuelle Selbstbestimmung gegen alle Versuche, mit Verordnungen und Verboten ein besonderes Menschenbild oder eine eigentümliche Gesellschaftsordnung sei es aufrechtzuerhalten, sei es durchzusetzen. Unerbittlich gegen allgemeingültige oder gar alleingültige Lehren, vertrat der Liberalismus eher ein negatives als ein positives Programm: Solange es Autoritäten gab, deren Sturz einen Gewinn an Bewegungsmöglichkeit versprach, ersetzte der Kampf *gegen* sie das Nachdenken darüber, *wofür* man eigentlich stritt. Was soll danach kommen?

10.

Die Entdeckung dieses Mankos ließ sich hinauszögern, indem man nach den großen gegen die kleinen Bildungsmächte anging. Das waren die Lehrer, Polizisten und Eltern, alles was Respekt heischte, die Tradition, die Klassiker und die Religion. Mit dem Recht auf Blasphemie vollendete sich die Freiheit, und seitdem wird niemandem die Selbstbesinnung, niemandem Selbstbestimmung erspart. Die Liberalisierung geht bis in die Garderobe. Auch Männer sehen sich vor die Frage gestellt: »Was soll ich anziehen?«, wenn sie in die Oper gehen. Von nun an heißt der Leitspruch der Mahagonny-Leute: »Du darfst«, die Devise von Las Vegas, dem Mekka der Liberalität.

11.

Dostojewskis Großinquisitor hat dem Menschen die Fähigkeit und den Willen zur geistigen Emanzipation abgesprochen und den Liberalismus als Wahn abgetakelt. Gleichwohl bietet Iwan Karamasow nicht das Psychogramm des letzten Menschen, denn die Endzeitgesellschaft zeichnet sich dadurch aus, daß sie Charaktere wie Thomas von Torquemada gerade nicht mehr aufweist. Der Abbau der Autoritäten geschah durch den Entzug der Mittel zu ihrer Durchsetzung. Zuerst verlor die Kirche mit dem weltlichen Arm das Autodafé und die eiserne Jungfrau, sodann mit der Askese den Schlüssel zum Himmel, ja die moralische Überlegenheit und die Potenz der Suggestion.

Zweifel stecken an. Die Skepsis gegen die Dogmatik überträgt sich auf die Wissenschaft: Jeder halte für wahr, was ihm einleuchtet. Das war schon Nietzsches Credo: »Nichts ist wahr, alles ist erlaubt.«

12.

Der Liberalismus gewann seine Kraft aus der Aufgabe. Sie ist in der Endzeit gelöst: Die stilbildenden Traditionen sind überwunden, der Wille zur Gestaltung der Gemeinschaft nach einem höheren Ideal hat sein Ziel erreicht. Alle Welt ist großzügig geworden, namentlich gegen sich selbst. Religion wäre Prothese, Moral wäre Dressur, Kultur wäre Korsett. Religion, Moral und Kultur sind grundsätzlich illiberal. Stil bestand aus Geboten und Verboten, sie tun jetzt keinem mehr weh. Seit das liberale Konzept flächendeckend verwurzelt ist, erlahmt und erstarrt es. Liberalismus ist bequem, er wird zur Ermüdungserscheinung – *chacun à son goût!* –, und dieses begründet seinen Erfolg.

13.

Der ökonomische Liberalismus protestierte gegen die Wirtschaftspolitik der Fürsten. Als diese die Produktivität des freien Unternehmertums erkannten, ließen sie die Zügel locker. Der Wettbewerb förderte den Wohlstand, führte aber zugleich zur Ausbeutung der Abhängigen und zur Ausschaltung der Schwachen. Der Konkurrenzkapitalismus war drauf und dran, sich sein eigenes Grab zu schaufeln. Gerettet hat ihn Karl Marx. Das von ihm beschworene Gespenst des Kommunismus bewog die Unternehmer, sich einer staatlichen Sozialpolitik zu fügen, die ihnen um den Preis eingeschränkter Freiheit und beschränkter Gewinne die Zukunft sicherte.

14.

Die sanften Imperien der Medien- und Konsumorganisationen spielen das Ping-Pong von Wunscherzeugung und Wunscherfüllung virtuos und bestehen mit dem Freiheitsbegehren aufs beste zusammen, liefern sie doch das Glück frei Haus. Technologie und Bürokratie sind dabei, so Max Weber 1918, »das Gehäuse jener Hörigkeit der Zukunft herzustellen, in welche vielleicht dereinst die Menschen sich, wie die Fellachen im altägyptischen Staat, ohnmächtig zu fügen gezwungen sein werden«. Weber vermutet, daß die Fellachen sich unglücklich und unfrei gefühlt hätten. Wieso?

15.

Ebenso wie die Freiheit hat die Gleichheit unter den letzten Menschen ihren Klang verloren. Die Forderung nach Isonomia, nach gegenseitiger Anerkennung, gleicher Zuteilung, gleichem Recht für alle, steht am Beginn der Demokratisierung in der frühgriechischen Polis, ›Isonomia‹ ist bei Herodot der ältere Schwesterbegriff für ›Demokratia‹. Das Postulat richtete sich gegen die Vorrechte des Adels in Staat und Rechtswesen und formulierte den Anspruch einer entstehenden Bürgerschaft auf Gleichstellung. Der Adel verlor mit seiner militärischen Funktion seine Privilegien, der Bürger gewann sein Selbstvertrauen aus seinen wirtschaftlichen Erfolgen. Das Prinzip ›Kampf‹ trat zurück hinter das Prinzip ›Arbeit‹. Dieser Vorgang wiederholte sich *mutatis mutandis* im europäischen Spätmittelalter, als die Ritter ihre Bedeutung für das Kriegswesen einbüßten und die Händler und Handwerker der Städte sich zu Wort meldeten. In der Französischen Revolution fand die *égalité* Anerkennung und setzte sich im Zuge der Demokratisierung durch.

16.

Als Egalisator und Demokrator wirkte in der Antike wie in der Moderne das Geld. Darum konnte man die Gleichheitsparole nicht grundsätzlich gegen den Reichtum geltend machen. Zwar hat es immer wieder Spenden und Schuldenerlasse zugunsten der Armen, Enteignungen und Landaufteilungen zulasten der Reichen gegeben, doch sind damit nur Auswüchse beschnitten, keine Wurzeln ausgerodet worden. Mit Recht! Adel ist ein Ärgernis, sofern er das knappe Gut ›Ansehen‹ Leuten verleiht, deren Urväter sich vielleicht einmal gegen die Sarazenen im Heiligen Lande hervorgetan haben. Besitz hingegen ist fast unbegrenzt vermehrbar und beinahe jedem Tüchtigen erreichbar. Ohne diesen Anreiz bliebe die Tüchtigkeit unsichtbar. Darum verquickte das Freiheitsbegehren des Liberalismus politische und wirtschaftliche Aufstiegswünsche. Eine obrigkeitliche Begrenzung des Besitzes an geschaffenen und vermehrbaren Gütern wäre dem Arbeitsethos und damit dem Gemeinwohl einer florierenden Gesellschaft abträglich.

17.

Als der Kommunismus das Gleichheitspostulat auf den ökonomischen Sektor ausdehnte und die Betätigungs- und Bereicherungsmöglichkeiten einschränkte, bezahlte er das mit stockender Prosperität und grassierender Bürokratie, die als Regulator zunehmend Polizei benötigte. Um Gleichheit zu erzwingen, wurde Ungleichheit geschaffen. Die Nomenklatura war exklusiver als der alteuropäische Adel.

Der reine Sozialismus scheitert daran, daß es den reinen Sozialisten nicht gibt, daß der Mensch seinen Individualismus nicht überwinden, sondern ausleben will – bis er mit dem Nachbarn zusammenstößt. Und funktioniert der Sozialismus nicht, ist an Kommunismus erst recht nicht zu denken. Dem Wunsch nach Freiheit und Wohlstand, das heißt unserem angeborenen Egoismus, ist das marxistische Weltexperiment zum Opfer gefallen.

18.

»Wir nähern uns jetzt mit raschen Schritten einer Entwicklungsstufe der Produktion, auf der das Dasein dieser Klassen nicht nur aufgehört hat, eine Notwendigkeit zu sein, sondern ein positives Hindernis der Produktion wird. Sie werden fallen, ebenso unvermeidlich, wie sie früher entstanden sind.« So Friedrich Engels 1884 – wer wollte ihm widersprechen? Kapitalisten und Manager kommen inzwischen aus allen sozialen Schichten, die längst ihren Klassencharakter verloren haben, und sind für den Wohlstand aller unentbehrlich.

Auch die Folgerung von Engels, mit den Klassen falle der Staat, können wir stehen lassen, wenn wir den Staat mit Engels als Unterdrückungsmaschine verstehen. Wie weit er das je war, bleibe dahingestellt. Jetzt wackeln die Zähne des Staates, dafür wachsen seine Zitzen. Der Leviathan ward zur Milchkuh.

19.

Die Forderung nach Gleichheit beschränkt sich in der liberalen Demokratie auf den grundsätzlich jedem Bürger möglichen Zugang zu den Geldquellen und den Staatsämtern. Hinzu kommt eine dosierte Sozialpolitik, die Unzuträglichkeiten der Ellenbogengesellschaft lindern soll. Für die angestammte Sucht, sich in der Homogenität zu profilieren, sich vor anderen auszuzeichnen, gibt es die Mode, das Auto, die Olympiaden – neben solchen für den Sport sind Mustermessen als Olympiaden für die Wirtschaft, Partei- und Kirchentage als Olympiaden für den Glauben und Festspiele als Olympiaden für die Kultur unerläßlich, *last not least* das Guinness-Buch der Rekorde.

Anerkennung *sine nobilitate* findet der Snob für seinen Spleen in privaten Zirkeln, die durch ein Geflecht von Aufstiegsangeboten dem Wunsch nach Prestige in harmloser Weise entgegenkommen. So lassen sich das elitäre und das egalitäre Prinzip vereinen. Die Entwicklungsmöglichkeiten für den Snobismus sind noch lange nicht erschöpft. Da gibt es noch *terra incognita*, nicht nur bei den Modell-Eisenbahnern. Im übrigen ist der politische und juristische Gleichheitsgedanke historisiert – in der Endgesellschaft wird er ebenso selbstverständlich wie gegenstandslos.

20.

Ein ähnliches Schicksal wie den Idealen der Freiheit und der Gleichheit blüht dem Gedanken der Brüderlichkeit. Auch sie wird museal. Freiheit war die Parole des Liberalismus, Gleichheit die der Demokratie, Brüderlichkeit die des Sozialismus. Steht dieser auch in Bezug auf sein politisches Ansehen zur Zeit auf dem Nadir, so leuchtet doch die soziale Idee einer allgemeinen Solidarität und Humanität vom Zenit wie eh und je. Marx war zu bescheiden, er hätte seine Forderung »Vereinigt euch« auf die Nichtproletarier aller Länder ausdehnen und mit Schiller rufen sollen »Seid umschlungen, Millionen!«

21.

Die Idee der Brüderlichkeit ist einerseits in der antiken Philanthropie – das Wort wird auf Pythagoras zurückgeführt –, andererseits in der christlichen Nächstenliebe verankert und galt immer vorrangig den Mühseligen und Beladenen. Daß für sie gesorgt werden müsse, ist *common sense*; was notwendig, wieviel sinnvoll ist, bleibt strittig. Die Maßstäbe werden durch den Fortschritt verrückt.

Den Stand einer Zivilisation spiegelt die Zahl ihrer Schmarotzer. Schmarotzt sie nicht selber an der Natur?

Die Aufforderung Jesu an den reichen Jüngling: »Verkaufe, was du hast, und gib es den Armen!« mag im Hinblick auf himmlischen Lohn sinnvoll sein, nicht jedoch in Bezug auf irdische Wohlfahrt. Hier muß der Reichtum erhalten, die Abschöpfung dosiert werden, sonst gibt es bald nichts mehr zu verteilen. Nicht jenen, die am meisten fordern, sondern jenen, die den meisten helfen, gebührt die Krone der Brüderlichkeit.

22.

Vermeiden wir die Extreme, so sind wir frei in der Annahme, welchen Grad an Glück, Humanität oder Barbarei wir für die Nachgeschichte erwarten. Der Begriff des Barbaren ist ambivalent, da er sich einerseits mit anthropogener Bestialität verbindet, wie sie als *basso ostinato* die zivilisatorische Phase begleitet, andererseits unverdorbene Natürlichkeit ausstrahlt, die vor und nach der Kulturzeit dominiert. Es genügt, daß sich die Menschheit mit dem bestehenden, egal wie hohen Maß an Unmenschlichkeit abfindet, um dieser die geschichtsbildende Dynamik zu entreißen. Das als normal empfundene Quantum an Kriminalität ist eine Sache der Gewöhnung.

23.

Dasselbe Nebeneinander anziehender und abstoßender Züge wiederholt sich sogar, wenn wir eine perfekte Humanisierung des Menschen unterstellen. Denn dann wäre die Selbstdomestikation des Menschen gelungen; zu keiner Bosheit mehr fähig, wäre der Mensch sein eigenes Haus- und Schoßtier geworden – das Ideal aller Pazifisten. Solange freilich noch ein Rest vom Raubtier in ihm steckt, ist der *homo sapiens* ein *homo rapiens*, hat er noch Geschichte im Leibe. Darum empfiehlt es sich, den posthistorischen Menschen möglichst nett zu denken. Goethe verglich die von Herder erhoffte humanisierte Endgesellschaft mit einem großen Hospital, wo einer des anderen humaner Krankenwärter ist. Zeigt der Zoo das Bild der Zukunft für die Tiere, ist das der Menschen das *hôpital des incurables*.

24.

Die mit einer stationären Sozietät vereinbare Bandbreite schrumpft vom Maß an Zivilisation und Kultur über das Maß an Politik und Humanität hin zu dem Maß an Krieg und Gewalt. Grundsätzlich muß ein geschichtsloser Zustand nicht ohne Waffengänge auskommen. Gibt es noch Kriege, so bleibt indes gleichgültig, wer gewinnt. Spengler kennzeichnete die römische Kaiserzeit durch die angeblich immer ›negerhafteren‹ Kämpfe der Imperatoren und Usurpatoren um die Macht. Das war nicht nur unfreundlich gegenüber den Negern, sondern auch unrichtig gegenüber den Kaisern. Denn es war höchst folgenreich, daß Caesar über Pompeius gesiegt hat, Augustus über Antonius und Constantin über Maxentius. Dennoch ist klar, was Spengler meint. Wer im Kongo oder im Hercynischen Wald oder im Gran Chaco wann, warum, wie wen besiegt hat, das blieb welthistorisch zumeist unerheblich – wohl nicht nur aus Quellenmangel.

25.

Tacitus berichtet von einer Schlacht zwischen Germanenstämmen mit über 60 000 Toten, deren Bedeutung allein darin lag, die Römer ohne Schwertstreich von so vielen Feinden zu befreien. Auch sie wäre in Spenglers Terminologie »negerhaft«. Es könnte allerdings ein für Tacitus unerkennbarer Sozialdarwinismus am Werke gewesen sein, der den Kriegsgeist der Barbaren geschult, ihre vorübergehende Schwächung in eine dauerhafte Stärkung verwandelt und das Gleichgewicht am Ende doch auf Kosten Roms verschoben hätte.

Dementsprechend ist die Geschichtslosigkeit von Kriegen in einer posthistorischen Endzeit zwar denkbar, aber unwahrscheinlich: nicht nur, weil eine Rückkehr in die Geschichte zu befürchten wäre, sondern auch, weil Kriege längst unrentabel geworden sind. Die friedliche Bereicherung hält mehr, als die kriegerische verspricht. Bleibt das gegenwärtige technische Niveau bestehen, so wird der Krieg selbst für den Sieger zu teuer – sofern es nicht um Rohstoffe in schwachen Ländern geht.

26.

»Allmählich wird der Gewalttätigkeit von seiten der Mächtigen weniger«, schrieb Kant 1797, wird »der Folgsamkeit in Ansehung der Gesetze mehr werden.« Das gilt zuvörderst für die Gesetze der Wirtschaft, die weltweit nur im Frieden gedeiht. Er wäre zugunsten unserer Hypothese zu fordern. Selbst wenn alle Dissonanzen der Welt einem Streit unter Liebenden entsprängen, ergäben sie doch Geschichte. Darum sollten wir, um kriegsbedingte Rückfälle in die Geschichte zu vermeiden, die nachgeschichtliche Gesellschaft weitgehend gewaltfrei denken. Ein Ende des Krieges als Umgangsform ist allerdings daran gebunden, daß auch die fernste Fidschi-Insel auf einen Angriff verzichtet oder zu einem solchen Verzicht genötigt wird, weil selbst ein Krieg im Friedlichen Ozean alle möglichen Bundesgenossen in die Auseinandersetzung hineinzöge, ja eine Unterjochung der entmilitarisierten Welt durch wenige Draufgänger bewirken könnte. Vermehren sich die Schafe, so freuen sich die Wölfe.

27.

Ist die Menschheit ein einziger sozialer Organismus geworden, so leidet das Ganze unter einem Schmerz am kleinen Zeh. Die alten Weltreiche mußten sich gegen äußere Barbaren abgrenzen, der neue Weltstaat hat mit inneren Barbaren zu ringen – oder wer dafür erklärt wird. Waffengänge im Weltstaat sind Kämpfe unter oder gegen Banden, regionale oder soziale Befriedungsmaßnahmen. Eine Vereinigung der Proletarier aller Länder wäre nun möglich, da es keine Staatsgrenzen mehr gibt, ist aber nicht mehr nötig, da sich auch die Klassen aufgelöst haben.

28.

Der Übergang von kriminellen zu sozialen Gruppierungen ist fließend. Alfred Graf von Waldersee, Weltmarschall im Krieg Europas gegen die Söhne der Großen Faust in China, findet Nachfolger. Wir kennen aus dem Imperium Romanum Räuberhauptleute, die nur durch den Einsatz von Legionen ausgehoben werden konnten: Bulla Felix, Aelianus und Amandus. So wie die größten Räuber ausgediente Krieger waren, die weniger Gefallen am Gewinn als an der Lebensweise fanden, so werden die künftigen Gewalttäter verhinderte Kriegertypen sein, denen die Friedensideologie die Selbstverwirklichung versagt. Aus Samurai wurden Yakuza. Den Feind von übermorgen repräsentiert nicht ein aggressiver Fundamentalismus, nicht ein wiedererwachter Regionalismus, Faschismus oder Marxismus – diese Bewegungen klingen ab –, sondern die Cosa Nostra.

29.

Gegen das aus dem Wohlstand erwachsende Großverbrechen gibt es auch im Weltstaat Strafmaßnahmen, entsprechend den Reichsexekutionen im *Sacrum Imperium*. Unfrieden stört das Geschäft. Die Polizeiaktionen erfolgen in den Entwicklungsländern zunächst noch mit den »Bombergeschwadern des Kapitals« gegen fundamentalistische Autokraten, in den halbzivilisierten Ländern mit Maschinenpistolen gegen Regionalisten, in der europäisierten Großstadt aber nur mit Gummiknüppeln, Tränengas und Wasserwerfern gegen Anarchisten und Idealisten. Den Resolutionen folgen die Blauhelme, diesen die Grünhelme. Das Maß an gerechtfertigter Gewalt wird bestimmt durch die Hitler-Nähe des Störenfrieds. Der Hitlertypus bezeichnet die Grenze des Sozialisierbaren.

30.

Die Gewalt der Kosmopolizei ist im übrigen zunehmend menschenfreundlich. Der Samthandschuh der Humanität schont den Täter, die Opfer lassen sich verbrannte Autos und zerschlagene Schaufenster gefallen. Die Kosten werden über Preisregulierungen auf die Allgemeinheit umgelegt. »Es ist die Weisheit aller Regierungen, kleinere Mißstände zu ertragen, um größere zu vermeiden« – so Mandeville 1714. Die drei Affen vom Koshin-Fest lehren, wie man Frieden hält: Nichts Unangenehmes hören! Nichts Unangenehmes sehen! Nichts Unangenehmes sagen!

Das Toleranzgebot erhöht die Nachsicht mit dem *fait accompli* innerhalb einer dehnbaren Schmerzgrenze. Der Vernünftige gibt nach um des lieben Friedens willen. Darum wächst mit der Vernunft in einer Gesellschaft der Spielraum der Unvernünftigen. Das Maß an Freiheit wächst mit der Zahl der Narren.

31.

Die Tabuzone der zivilisierten Regionen beschränkt sich auf die körperliche Unversehrtheit. Die Bereitschaft zu einer friedlichen Lösung von Meinungsgegensätzen durch Schiedsgerichte auf dem Kompromißwege erreicht man durch die Verbesserung der Erziehung und der Überwachung, durch moralische Zermürbung von Scharfmachern mit der Hilfe von Medien und durch Sprachregelung in der Art von Orwells Newspeak. Eigenwillige Nonkonformisten und unbelehrbare Dissidenten kriminalisieren wir als Extremisten, sobald sie Schaden anrichten oder gar zur Waffe greifen. Gefaßt, werden sie in Vollzugsanstalten mittels Dauerberieselung durch die Mattscheibe normalisiert und sozialisiert.

32.

Zukunftweisend ist weiterhin die psychiatrische Behandlung von unverbesserlichen rechten Antidemokraten und linken Terroristen, ihre Beruhigung vermittels Pillen und Spritzen. Kommt es trotzdem noch zu Gewaltausbrüchen, so wird man die Aggressivität schließlich gentechnisch zu beseitigen trachten. Die Gentechnik beschleunigt ja bloß die natürliche Fortentwicklung durch Mutation und Selektion.

Das Lebenstabu des *homo domesticus* rangiert vor der Menschenwürde, das zeigt nicht nur der Umgang mit Sterbenden in unseren Krankenhäusern, das lehrte bereits die Zwangsernährung der Häftlinge im Stammheimer Hungerstreik. Das Zuchthaus, als Pädagogium der Freiheitlich-Demokratischen Grundordnung etikettiert, wurde vorübergehend zur Klinik für Verstockte. Die totalitäre Humanität setzt an die Stelle der Todesstrafe die mit Staatsgewalt erzwungene Lebenspflicht. Die Minderung der Menschenwürde zahlen wir als Preis für die Vermeidung des unzeitgemäß gewordenen, aber gefährlich gebliebenen Martyriums. Wir verhindern, daß die Vorkämpfer einer utopischen Gesellschaft sich freiwillig opfern, damit wir nicht selbst unfreiwillig von deren gewalttätigen Anhängern geopfert werden.

»Die Menschenwürde ist unantastbar.« Wer diesen Satz formuliert hat, war schlecht in Geschichte, oder schlecht in Deutsch oder schlecht in beidem.

33.

Die angeborene Aggressionslust ist ein Relikt aus der Geschichtszeit, war im *struggle for life* für die Evolution unentbehrlich und hat im evolvierten Zeitalter der Vollendung ihren Sinn verloren. Man kann sich auch keine Aggressivität mehr leisten, denn die technischen Destruktionspotentiale haben den ›Feinden der Menschheit‹ Entfaltungsmöglichkeiten eröffnet, die untragbar erscheinen.

Nachdem im Ersten Weltkrieg Wehrdienstverweigerer von der k.u.k. Psychiatrie als Kriegsneurotiker stationär behandelt wurden, legitimieren nun Mafiosi mit atomaren oder chemischen Waffen jeden Eingriff – zumal wenn er für den Eingreifenden schmerzlos und für die Allgemeinheit lebenswichtig ist.

34.

Terroristen, die ein Kernkraftwerk sprengen, das Trinkwasser einer Großstadt vergiften oder die Stromversorgung unterbinden können, verfügen über neuartige Erpressungspotentiale. Die Technik macht uns empfindlich. Für die Technomanie scheint es einfacher, den Menschen zu zähmen, als auf die gefährlichen Instrumente bloß deswegen zu verzichten, weil man sie mißbrauchen könnte. *Abusus non tollit usum.*

35.

So gewiß der Geschichtsverdacht die körperliche Gewalt aus dem Modell der Endgesellschaft verbannt, so schwierig wird es, sie ersatzlos zu tilgen. Das zu Recht so genannte Böse liegt in der Lust, Schmerzen zuzufügen; die reinste Form des Bösen ist die mutwillige oder gar selbstgefällige Gewalt. Sie ist sowohl im Naturkonzept von Seewiesen als auch im Heilsplan Zebaoths verankert. Die Verheißung der Himmlischen Heerscharen *et in terra pax* richtet sich nicht, wie Luther unzutreffend übersetzte, an alle Menschen. Sie beschränkt sich auf die *homines bonae voluntatis.* Ohne Streit und Kampf wäre die Geschichte weder theologisch noch biologisch zu denken. Denn eine ›Geschichte‹ ohne Gewalt hätte Anspruch auf einen anderen Namen.

36.

Freud rechnete mit einem Urtrieb auf Destruktion und Aggression, weswegen die Weltgeschichte »im wesentlichen eine Reihenfolge von Völkermorden« sei (1915). Dennoch hoffte er auf eine allmähliche Bändigung des Trieblebens durch die Vernunft, die »dem Kriegführen in absehbarer Zeit ein Ende setzen wird« (1932). Man müsse die Neigung zur Gewalt ›ablenken‹. Ihre zweckdienliche, aber keineswegs unentbehrliche Verwendung in der Politik, im Strafrecht und in der Pädagogik wird ergänzt durch ihre psychische Entlastungsfunktion beim Abbau von angestauter Wut.

37.

Gewalt als Genußartikel bedarf allerdings gewöhnlich einer Entschuldigung. Die Opfer der Tierhetzen und Gladiatorenkämpfe während der Pax Romana waren zumeist verurteilte Verbrecher, Kriegsgefangene oder wenigstens nachkaufbare Sklaven. Die moralische wie die ökonomische Belastung schien tragbar. Die Folterszenen auf mittelalterlichen Altären und Kirchenwänden dienten *ad maiorem Dei gloriam* der Glaubensstärkung. Die Zulassung der Öffentlichkeit bei Exekutionen – in Europa zuletzt im Osmanenreich – sollte abschrecken und die Rechtssicherheit erhöhen.

Nachdem Friedrich der Große und Napoleon die Tortur in ihren Ländern abgeschafft und das vergleichsweise humane 19. Jahrhundert eingeläutet hatten, zeigte sich im 20. Jahrhundert die Humanisierung im Gewaltkonsum als Faksimile, neuerdings überwiegend in der Fumetti- oder Videobranche. Kein Abend ohne Filmblut. Die Simulation der Brutalität erreicht Lebensnähe. In der Unterhaltungsindustrie kann sich die Bestialität gar herrlich offenbaren. Ohne ein solches emotionales Ventil ist der Verzicht auf geübte Gewalt in einer realistisch gedachten sozialen Homöostase schwer vorstellbar.

38.

Dürfen wir hoffen, daß sich der Bedarf an Brutalität durch Spielereien und Spiegeleien betrügen läßt, oder bleibt das Echte unersetzbar? Wie dem auch sei – aus den Miseren in den Tiefen der Menschheit bezieht der Historiker Einsicht und Blickweite. Er schwingt sich empor über irdisches Elend und findet sich wieder hochoben im herbstlichen Himmel: unter den wandernden Kranichen, die auf ihrem Zug in den Süden ein brennendes Thüringer Dorf überschweben. Sie wenden und kreisen und nutzen den Aufwind, gewinnen an Höhe und gleiten weiter, wie Gelächter sich schwingend in sonnige Fernen.

XI.
Die Zukunft der Utopie

We are such stuff as dreams are made on.

Shakespeare

1.

So alt wie die Menschheit ist, sind ihre Träume. Darum ist es ebenso schwer: Neues zu träumen, wie: Altes nicht zu träumen. Der Wach- oder Schlaftraum ist die Schaltstelle, wo Erlebnis und Charakter sich umsetzen in Ängste und Wünsche – darum ist der Traum die Quelle der Geschichte.

2.

Die geschilderten Züge der posthistorischen Schlaraffenzeit sind einzeln lange, nicht erst seit Platon vorgedacht. Denn die Geschichtslosigkeit gehört zum Wesen der Utopie, dem ältesten Traum der Menschheit. Erst wenn die Zeit wiederkommt, in der das Wünschen geholfen hat, hört das Wünschen auf. Das Paradies auf Erden, das Jenseits der Ungläubigen ist erreicht. Die Utopie des Endes fordert das Ende der Utopie.

3.

Platons entpolitisierte Polis ist in unserer *societas finalis* übertroffen, denn die ersehnte Stabilität, an die Platon selbst nicht glaubte, ist schlußendlich dadurch erreicht, daß nicht nur die Könige, sondern alle Bürger sich wie Philosophen aufführen. Weisheit regiert; *pursuit of happiness*, wie das vor Jefferson schon Epikur gelehrt hat, vereint die Herzen. Sein Garten der Freundschaft hat sich zur Kosmopolis geweitet; die Erde ward ein einziger Lustgarten, ohne Reisbreimauer. Zebaoth sprach zu Cherub: »Stecke dein Flammenschwert in die Scheide!«

4.

Geschlechter kommen, Geschlechter gehn – doch ihre Wünsche bleiben bestehn. Büchners Leonce (1836) verheißt bei seiner Machtübernahme: »Wir lassen alle Uhren zerschlagen, alle Kalender verbieten und zählen Stunden und Monden nur nach der Blumenuhr, nur nach Blüte und Frucht. Und dann umstellen wir das Ländchen mit Brennspiegeln, daß es keinen Winter mehr gibt und wir uns im Sommer bis Ischia und Capri hinaufdestillieren und das ganze Jahr zwischen Rosen und Veilchen, zwischen Orangen und Lorbeer stecken.« Dazu Valerio: »Es wird ein Dekret erlassen, daß, wer sich Schwielen in die Hände schafft, unter Kuratel gestellt wird; daß, wer sich krank arbeitet, kriminalistisch strafbar ist; daß jeder, der sich rühmt, sein Brot im Schweiße seines Angesichts zu essen, für verrückt und der menschlichen Gesellschaft gefährlich erklärt wird, und dann legen wir uns in den Schatten und bitten Gott um Makkaroni, Melonen und Feigen, um musikalische Kehlen, klassische Leiber und eine commode Religion!«

5.

Spätere Sozialisten sahen die Zukunft, wenn auch ärmer an Ironie, ähnlich: Es ist möglich, »heute dies und morgen jenes zu tun, morgens zu jagen, nachmittags zu fischen, abends Viehzucht zu treiben, auch das Essen zu kritisieren«. Marxens Vision der klassenlosen Gesellschaft von 1848 hat sich in unserer Endzeit ebenso realisiert wie die Forderung Mao Tse-tungs von 1957: »Laßt hundert Blumen blühen!« Wenn Schiller 1795 in seinen ›Ästhetischen

Briefen‹ die Kultur als die Selbstverwirklichung des Menschen angesprochen hat, weil er hier, von den Zwängen der Arbeit und des Gehorsams befreit, sich im reinen Spiel ergehe, so ist dies in der geschichtslosen Gesellschaft erfüllt. Die *senectus mundi* wird zur *altera infantia*.

6.

Utopien erwachsen aus dem Leiden an der Geschichte. Weiße Utopien hoffen auf den Sieg des Guten, schwarze Utopien fürchten den Triumph des Bösen. Jene wollen eine *self-fulfilling prophecy*, diese eine *self-destroying prophecy* sein. Beide steigern bestimmte, positive oder negative Züge ihrer Gegenwart. Die Utopie ist eine Zukunft ohne Zukunft, sie fordert das Ende der Geschichte in einem zeit- und ziellosen Finale. Die Hoffnung auf den Hafen ist die Sehnsucht nach der Sackgasse.

7.

Jeder Entwurf einer geschichtslosen Endzeit trägt hinsichtlich dieser Geschichtslosigkeit utopische Züge. Auf geschichtslosem Grund können Utopien allerdings nicht mehr gedeihen, anderenfalls enthielte er doch noch geschichtshaltige Adern. Eine Utopie in oder aus der Utopie wäre nur als Über- oder Gegenutopie denkbar, nämlich eine mit Sympathie geschriebene historische Darstellung, die das Heimweh nach der Vorzeit offenbarte. Romantik ist mit vollendeter Geschichtslosigkeit nicht zu vereinen, denn sie bewiese Sehnsucht nach Rückkehr. Der Verzicht auf Geschichte erfordert ein Traumverbot.

Eine Warnung liefert das Beispiel Plutarch. Er sah, wie seine griechischen Landsleute unter der römischen Verwaltung friedlich und wohlhabend lebten und auch so viel Freiheit genossen, wie ihnen zuträglich war. Dennoch bedauerte er dieses Leben ohne ruhmreiche Taten, ohne Geschichte. Sein Herz hing an der zwar blutigen, aber ruhmvollen Vergangenheit, deren Helden er liebevoll schilderte. So tradierte er ein historisches Potential, das im 18. Jahrhundert seine Wirkung entfaltete.

8.

Das Ende des utopischen Denkens ist mit dem Beginn des liberaldemokratischen Weltalters noch nicht gekommen. Denn nicht nur bei Fundamentalisten und Großindustriellen wird von einer Schönen Neuen Welt geträumt: mehr noch im Sandkasten der Grünen. Die Suche nach dem großen Glück endet erst, wenn alle Wünsche erloschen oder erfüllt sind. Ersteres ist nicht von den Menschen, letzteres nicht einmal von Gott zu erwarten. Was soll er tun, wenn Bauern und Feriengäste sich im Gebet um besseres Wetter vereinen, wobei diese an Sonne und jene an Regen denken?

9.

Oasen verschwinden, indem sie der Sandsturm begräbt, oder dann, wenn die Wüste zu blühen beginnt.

10.

Abgesehen von der Forderung nach Geschichtslosigkeit, fügt sich der Entwurf eines Weltensabbats schlecht in die Tradition der Utopie, zumal wenn diese als statische, geschlossene und jene als flexible, offene Gesellschaft gedacht wird. Der Reiz utopischen Träumens liegt darin, der politischen Phantasie einmal die Zügel schießen zu lassen und zu sehen, wohin sie, angestachelt von Hoffnungen oder gepeitscht von Ängsten, am Ende führt. Nach menschlichem Ermessen aber sind himmlische wie höllische Staatsvisionen gleichermaßen unwahrscheinlich. Können wir den Himmel auf Erden auch nicht schaffen, läßt sich doch die Hölle auf Erden verhindern.

11.

Irdische Lebensformen bleiben vor wie nach einer Endzeitwende durchmischt, und nur eine durch Erfahrung gezügelte Vorstellungskraft, die Abweichungen nach Plus wie nach Minus meidet, darf hoffen, das Wahrscheinliche zu ermitteln. Ausgewogen wird der Entwurf einer Erd- und Endkultur nur als Plusminuslösung im welthistorischen Nullsummenspiel, und darin liegt sein anutopischer Charakter. Er wird all jene enttäuschen, die mit dem Gedanken an die Zukunft Hoffnungen oder Befürchtungen verbinden. Denn er bestätigt beide.

12.

»Die Vollendbarkeit der Geschichte ist Realität«, schrieb Hans Freyer 1955. Um diese Behauptung zu prüfen, müssen wir sie zerlegen: Wie ein geschichtsloses Ende der Menschheit aussähe, ist leichter zu beantworten als die Frage, mit welcher Wahrscheinlichkeit und zu welcher Zeit ein solches zu erwarten ist. Die Gründe dafür und dagegen sind erkennbar, aber schwer gegeneinander abzuwägen.

13.

Dem Niedergang alter historiographischer Themen steht der Aufstieg neuer gegenüber. Ihr historisches Potential ist nicht abzusehen: Was hier an Entwicklungsdynamik verborgen ist, könnte auf ein *Finale furioso* hinauslaufen. Vielleicht bilden die Anzeichen einer nahen geschichtslosen Endzeit auch bloß die Fermate über der Generalpause vor der Coda. Da eine Symphonie, nicht nur die Abschiedssymphonie Haydns, mit einem Schlußakkord endet, herrscht, solange dieser ausgehalten wird, melodielose Harmonie. Ebenso endet die Geschichte in einer Ruhe; aber wenn sie nur die letzten drei Tage der Gattung andauerte, lohnte die Mühe kaum, sie vorwegzudenken.

14.

Eine dauerhafte Geschichtslosigkeit erreichen wir nur, wenn wir den postglazialen Menschen, dem die Geschichtlichkeit zur Natur geworden ist, ersetzen durch den posthistorischen Menschen. Nach jüdisch-christlicher Lehre ist der Mensch durch den Sündenfall zur Geschichte, zum Weg durch das irdische Jammertal verdammt. Seine Selbsterlösung durch die Passion der Geschichte wäre zugleich sein Selbstgericht. Ohne den Parakleten bleibt der alte Adam bis zur Gnadenwahl *massa damnata*. Gemäß antiker Auffassung, am prägnantesten bei Thukydides, ändert sich an der *anthrópeia physis* nichts: Unersättlich, unbeherrscht und unselbständig folgt der Mensch seinen Trieben, sobald die Konventionen ins Wanken geraten: Seine irrationale Animalität befähigt oder verurteilt ihn zur Geschichte. Erst wenn wir Thukydides widerlegt haben, wenn wir unsere angeborene Streitlust, unsere *eris symphytos* überwunden, den emotionalen Idealismus Don Quichottes abgelegt und uns zur materialistischen Universalpragmatik Sancho Pansas emporgearbeitet hätten, dürften wir auf ein Ziel der Geschichte hoffen.

15.

In der Nachfolge der frühen Christen wollten die Kommunisten und die Nationalsozialisten für ihr Endreich einen neuen Menschen schaffen, den »Menschenstoff gemächlich komponieren«, doch hat es kein »kristallisiertes Menschenvolk« ergeben, der Golem ist ausgeblieben. Noch immer gilt die Devise: Fürchte deinen Nächsten wie dich selbst!

Die liberal-demokratisch-sozialen Anthropologen begnügen sich dagegen im allgemeinen mit dem alten Menschentypus, dem sie selbst angehören, aber ob aus ihm ein stabiles *Commonwealth of Nations* zu errichten ist, bleibt füglich zu bezweifeln. Vermutlich müssen wir doch den neuen Menschen anziehen, *induentes novum hominem*, und die mit dem Austritt aus der Geschichte stets verbundene Zweiteilung der Menschen in Sünder und Gerechte, in Böcke und Schafe vornehmen.

Schon der amerikanische *New Liberalism* forderte den *New Man*, weil Industrie und Individuum zusammenstoßen, und noch Konrad Lorenz sah »Grund zu der Annahme«, daß der Mensch von heute nur »eine Entwicklungsstufe auf dem Wege zum wahrhaft humanen Wesen sei«. Einzelgänger und Querdenker, die ein Immediatverhältnis zu Gott oder Natur beanspruchen und sich auf gesellschaftlich nicht vermittelte Werte berufen, sind unberechenbar. Sie gefährden die Geschichtslosigkeit und sind nicht mehr tragbar.

16.

Der vollintegrierte, durchhumanisierte Idealbürger der posthistorischen Gesellschaft muß vernünftig, lernwillig und friedlich sein, arbeitsam, tolerant und zuverlässig. Er muß Selbständigkeit und Flexibilität verbinden, Verantwortungsbewußtsein und Kompromißbereitschaft zeigen. Werte wie Mut und Stolz, Ehre und Würde weist er ab – sie führen zu Zwietracht. Es gibt nur noch wohltemperierte Weltbürger, die das sie Verbindende über das Auszeichnende stellen. Solidarität steht auf den Stirnen. Die Universalzivilisation hat sie aller konflikthaltigen Identitätsmerkmale entkleidet.

17.

Je größer eine Gruppe wird, desto kleiner wird ihr gemeinsamer Nenner; und das Bestreben, was alle Menschen *in fine saeculi* verbindet, liegt auf der eindimensionalen Linie von der nackten Existenz zur üppigen Subsistenz. Alle wollen dasselbe: Gesundheit und Geld, Abwechslung und Unterhaltung. Und sie wollen es auf dieselbe Weise: vernünftig und risikofrei. Die zentral organisierte Animation wird ergänzt durch industrielle Lustmacher, die nach international bewährten Erfolgsrezepten arbeiten. Ein Kopf gleicht dem anderen. Technisch gesprochen: Stecknadelgesellschaft. Zoologisch betrachtet: Ameisenstaat.

18.

Frobenius hat für die letzte Geschichtsperiode, für die ›Mechanei‹, auf das ›harmonische Ineinandergreifen‹, das heißt den Zahnradcharakter des posthistorischen *homunculus erectus perfectus*, verwiesen. Schon Georg Büchners Valerio führt ihn »mit schnarrendem Ton« vor: Pappendeckel und Uhrfedern mit allen Tugenden ausgerüstet: »Sie sind sehr edel, denn sie sprechen hochdeutsch. Sie sind sehr moralisch, denn sie stehen auf den Glockenschlag auf...« Der Maschinen-Charakter der Zahnradgesellschaft ist – seit Hölderlin und dem ›Ältesten Systemprogramm des Deutschen Idealismus‹ – der stärkste Einwand gegen den Staat aus der in der Endzeit allerdings überwundenen romantischen Grundstimmung. Sie steht unter Anarchie-Verdacht.

19.

Der Mensch der Geschichtszeit war unzufrieden, eigenwillig und leidenschaftlich. Diese Eigenschaften schleifen sich ab, indem der Mensch sich selbst nach ebenjenem Bilde umformt, das er der Natur aufzwingt. Sein Werkzeug ist die Mühle, das Urbild der Maschine. So wie Stein und Holz und die anderen natürlichen Grundstoffe allenthalben gemahlen, ihrer ursprünglichen Struktur beraubt und zu Materialien mit den gewünschten Qualitäten umgeschmolzen und umgepreßt werden, so löst sich die Familie auf nach Maßgabe der Produktionsbedingungen, so entledigt sich der Mensch selbst seiner urtümlichen Regungen, gewinnt er an Elastizität und Plastizität – wird Plastic-Man, synthetisch. Novalis sah es voraus: »Einst soll keine Natur mehr sein.«

20.

Den Kern der – nach Thukydides und Freud unausrottbaren – Urtriebe ummantelt eine dicker und fester werdende Schale der Wohlanständigkeit. Freilich kann sie (aus äußeren oder inneren Gründen) platzen. Die Entwicklung vom Caliban zum Gentleman hat die Menschheit mehrfach durchgemacht, und mehrfach ist sie wieder vom Biedermann zum Brandstifter abgesunken.

21.

Der Vorgang der Rebarbarisierung war im 18./19. Jahrhundert Reisenden durch die Mittelmeerländer vertraut und stand schon für die antiken Beobachter am Ende einer Dekadenz. Vico sah darin 1725 sogar den Gleichgang der Völkerschicksale: Das Wesen der Völker ist anfangs roh, dann streng, anschließend milde, danach verzärtelt und zuletzt halt- und sittenlos – *La natura de' popoli prima è cruda, dipoi severa, quindi benigna, appresso dilicata, finalmente dissoluta.* Thomas Cole hat 1836 in seinem Gemäldezyklus ›The Course of Empire‹ den Kreislauf ins Bild gesetzt.

22.

Ob dieses Auf und Ab das ondulierende Wesen der Geschichte ausmacht oder nur die Oberflächenkräuselung eines (abwechslungshalber aufwärts fließenden) Stromes darstellt, ist ein Scheinproblem. Denn einerseits erreicht jede zyklische Bewegung insofern ein Ziel, als das Ende mit dem Anfang nie ganz übereinstimmt. Und andererseits besitzt jeder begrenzte lineare Prozeß dann Kreisform, wenn er in die Ruhe des Ausgangs mündet. Nichts spricht gegen die Annahme, daß die Menschheit so wie frühere Kulturhöhen auch die einer humanen Zukunftsgesellschaft – sollte sie diese erreichen – wieder verspielt. Davon zeugt die doppelte Motivstruktur des handelnden Menschen, der nach der Mohrrübentheorie bestimmte Ziele ansteuert, mithin rationalen Zugmechanismen folgt, nach der Mistgabeltheorie hingegen Unlustgefühlen ausweicht, das heißt Triebmechanismen unterliegt, die ihrer unerwünschten Folgen halber meist hinterher rationalisiert werden.

23.

Die Umkehrbarkeit der Zweck-Mittel-Relation gilt wie im Kleinen so im Großen. Es könnte sein, daß die Geschichte nicht dazu dient, der Menschheit ein Endglück zu bescheren, sondern daß die Vorstellung von diesem bezweckt, die Geschichte in Gang zu halten. Mit der Erfüllung unserer Träume jedoch wäre eine Befriedigung und damit die Friedfertigkeit nicht zu erwarten. Wünsche wachsen rascher als Mittel, sie zu stillen. *Nemini nihil satis*, meinte Trimalchio. »Je mehr er hat, je mehr er will, nie schweigen seine Wünsche still«, hören wir im Liede. Solange die Menschen keine Engel geworden sind, werden sie Klio den Spiegel nicht nehmen.

24.

Keine Utopie hat es bisher auch nur auf dem Papier vermocht, der Geschichtlichkeit den Stachel zu nehmen: die Langeweile. Sie ist schwerer als die Not zu ertragen; das Bedürfnis nach Abwechslung reicht hin, um Revolutionen auszulösen, schrieb Polybios. Mag es den Leuten noch so gut gehen, eines Tages wird man mit Lamartine rufen: *la France s'ennuye!* Der Fußballkrieg zwischen Honduras und El Salvador von 1969 bis 1977 entsprang ähnlichen Entladungsbedürfnissen wie der Affentanz um die deutsche Volkszählung von 1987 oder die Asbest-Psychose in Berlin 1990/91.

Periodisch breitet sich auch im Wohlfahrtsstaat das von den spätantiken Kirchenvätern *acedia* benannte Gefühl aus, so könne es nicht bleiben, so dürfe es nicht weitergehen. Dann treten Prediger aus *Hyde Park Corner* heraus, benennen Schuldige und setzen Destruktionspotentiale frei. Der faustische Tatendrang erwacht. Der Büchse der Pandora leert sich wieder. Dann gibt es Scherben, gibt es wieder Geschichte.

25.

Man sieht: Eine nachgeschichtliche Gesellschaft ist vorstellbar. Die Zeiterfahrung läßt auch Züge erkennen, die in die Richtung auf ein Patt vor dem Matt führen. Ob sie aber das Ziel erreichen, sagt sie uns nicht. Wir stehen hier in einem doppelten Dilemma. Das theoretische Dilemma liegt in der Zweideutigkeit der Erfahrung, die uns sowohl die (kurzfristige) Prognostizierbarkeit als auch die (langfristige) Unberechenbarkeit des Geschehens beweist. Das praktische Dilemma liegt darin, daß wir die Pflicht verspüren, die Fragen des Zusammenlebens anzupacken, nicht aber das Recht besitzen, an ihre dauerhafte Lösung zu glauben. Die Nöte der Gegenwart zwingen uns zum Handeln, zum Marsch auf ein Ziel, das wir erstreben müssen, aber zu erreichen kaum wünschen können. Es gibt Grund zur Angst vor dem allzu gründlichen Erfolg. Eine allseits befriedete und befriedigte Welt zeigt Seiten, die uns geradezu hoffen lassen, daß wir sie nicht erleben mögen.

26.

Die Angst vor dem endlosen Fortschritt mindert ein großer Trost: Die Notwendigkeit endloser Übel, die der Fortschritt beheben soll. Mag auch die Menschheit immer weniger Grund zur Klage haben, sie wird darin kaum einen Grund zur Zufriedenheit finden. Ist die Geschichte als ganze der zuletzt erfolgreiche Versuch, das Problem des menschlichen Miteinander aufzulösen – wie Kant meinte –, oder ist sie bloß – wie Salomon dachte – die eitle Folge eben dieser Lösungsversuche? *Vanitas vanitatum!* Die großen historischen Probleme, so scheint es bisweilen, werden nicht gelöst, sondern nur, ausgelöst durch verfehlte Lösungsversuche, abgelöst durch größere Probleme.

27.

Welche Zukunft auch eintritt, eine bessere, eine schlimmere Zeit oder ewig dieselbe: Die Historiker müssen nicht bangen. Auch ein Dasein ohne Aussicht, auch ein Leben ohne Geschichte muß kein Leben ohne Historie sein. Die Geschichte zählt zu jenen Kulturgütern, die beim Verzehr nicht schrumpfen. Bleibt in der geschichtslosen Gesellschaft irgendein geistiges Bedürfnis erhalten, dann geht auch die historische Erinnerung nicht verloren. Küchenlateinisch: *Historia necesse est, res gestae non sunt necesse.* Die Geschichtsschreibung liefert der Endzeit allerdings weder Vorbilder noch Erfahrungen, denn die Menschheit ist dann nicht mehr entwicklungsfähig, nicht mehr entwicklungsbedürftig. Sie ist ausgereift. Entwicklung bezeugt Unreife.

28.

Die Geschichtswissenschaft, deren Themen sich erschöpfen, sobald kein Wandel in der Gegenwart mehr neue Fragen an die Vergangenheit stellt, wird nicht viel mehr zu erforschen haben – aber sie hat noch einiges zu erzählen. Die Erinnerung an die eher vernebelte als besonnte Vergangenheit beliefert die Unterhaltungsindustrie. Der Weltensabbat hat viel Freizeit zu füllen, sie eröffnet der Historie einen Sitz im Leben, wenigstens Sendeminuten im Bildfunk.

Der Mensch ist seit Adam verflucht, sich zu beschäftigen, und die letzten Menschen, das wußte schon Zarathustra, leben am längsten. Die Historie dauert (mich).

29.

Steht die Historie einerseits im Wettbewerb zu vielen weiteren Glasperlenspielen, so genießt sie andererseits unter diesen eine Sonderstellung. Ihren Unterhaltungswert steigert, daß sie dem Betrachter seine eigene Vergangenheit vorführt. *De te fabula narratur*. Die Historie dient dem Trostbedürftigen als Schatz, dem Selbstgefälligen als Spiegel, der ihm zeigt, wer er nicht mehr ist. Die Eitelkeit wird dafür sorgen, daß die Menschen an ihrer Geschichte interessiert bleiben. Das Greisenalter des Einzelnen, in dem nichts mehr passiert, verbindet sich häufig mit historischen Interessen – was blieb dem Schiffbrüchigen auf Salas y Gomez außer dem Himmel und der Erinnerung? Das Greisenalter der Menschheit genießt ebenso ungestört wie jener die vom Pflanzenkleid befreite Natur, lebt wie er heiter ohne Arbeit, ohne Sorgen von Vogeleiern und denkt gerne zurück an die Jugendsünden der Sturm- und Drangperiode, an den Schiffbruch im wogenden Meer der Geschichte, ohne welchen das *genus humanum* nie auf den rettenden Felsen der Altersweisheit emporgestiegen wäre.

30.

Die Historie belebt und belehrt. Sie zeigt den letzten Leuten, wie man es nicht machen sollte. Sie beweist ihnen, wie herrlich weit sie es gebracht haben, und lehrt sie beten bei sich selbst also: »Wir danken dir, Gott, daß wir nicht sind, wie die Leute weiland waren, nun wir keine Sklaven mehr halten, keine Frauen mehr entmündigen, keine Kinder mehr prügeln, keinen Tabus mehr unterliegen, keine Dämonen mehr fürchten, keine Diebe mehr rädern, keine Ketzer und Hexen mehr verbrennen, keine Kreuzzüge mehr führen, keine ledigen Mütter mehr köpfen, keine Ehebrecher und Warmen Brüder mehr ächten, keine Neger, keine Kulaken, keine Juden mehr verachten und vernichten und niemanden mehr verhungern lassen.«

Die Geschichte erweist sich als Labyrinth, aus dem man endlich herausgefunden hat. Je schwärzer das Gestern, desto strahlender das Heute. Gibt es einen fließenden Übergang aus den gewesenen in die genesenen Jahrhunderte, so dient die Bewußtmachung durchlebter Ängste der Beschleunigung dieses Übergangs, ja der psychoanalytischen Heilung von verschleppten Traumata aus der Geschichtszeit. Zur Selbstvergewisserung der Nachgeschichtlichkeit ist die Erinnerung an die Zeiten der Haupt- und Staatsaktionen didaktisch und dialektisch notwendig.

31.

Bürsten wir die Geschichte gegen den Strich, so zausen wir ihr das Fell, aber finden die Flöhe. Deutsche Geschichte von deutschen Post-Historikern als Gegengeschichte behandelt, entlarvt hinter dem Gott der Geschichte den Herrn des alten Äon, den Fürst dieser Welt, wie saur er sich stellt. Johann Gottlieb Fichte, das große ICH von Oßmannstedt (Schiller), hatte in den Deutschen – nach den Juden und den Griechen – das dritte ›Urvolk‹ erkannt, an dem sich der Geist der Geschichte am reinsten offenbare, weil es eine unverfälschte Sprache habe. Ihr Beruf sei es, sich zu einem neuen Menschengeschlecht zu erziehen und als Werkzeug Gottes die Menschheit ins Reich der Vernunft zu führen. – Allein die Vorzeichen sind auszuwechseln. Nestbeschmutzung beklage, wer nicht flügge ist.

31a.

Die deutsche Geschichte beginnt mit dem *Furor Teutonicus*, mit der Schlächterei im Teutoburger Sumpf, als die cheruskischen Bärenhäuter die Sendboten mediterraner Zivilisation verräterisch, hinterhältig und grausam liquidierten. Treffend resümierte Matthias Quad von Kinckelbach 1609 die antiken Kommentare: »Teutschland ist voller umschweifender leuth, da ist ein ewiger Winter, ein finster Himmel, ein unfruchtbar Erdrich, kein haus, sonder allein hütten mit blättern unnd helmen bedecket: die Einwohner dantzen auff den gefrornen Lachen und Sumpffen umbher, und leben allein vom gewäld, wo sie die nacht oder müde begreifft, da ist jhr haus, ein übelbekleid nackent volck.«

31b.

Das Mittelalter brachte eine tausendjährige Sonnenfinsternis, da die Germanen der römischen Kultur das Licht ausbliesen, bis sie schließlich einsahen, da anknüpfen zu müssen, wo sie abgerissen hatten, und die letzten Krümel der zerstörten Antike aus dem Schutt wühlten. Aachen sollte ein neues Athen werden; es folgten Isar-, Lahn- und Spree-Athen. Die kümmerlichen Reste der sorglos vernichteten klassischen Literatur kopierte man säuberlich, um das Schreiben nicht zu verlernen. Was macht Plautus im Nonnenkloster?

Dann diese endlosen Kämpfe zwischen deutschen Kaisern, die unverfroren in Glaubensdinge hineinregierten, und römischen Päpsten, die für die Selbständigkeit der geistlichen Macht kämpften! Verlustreiche Kriege jenseits der Alpen, vorübergehende Eroberungen jenseits der Elbe, kostspielige Kreuzzüge mit christlich verbrämten Metzeleien im Nahen Osten! Martin von Tours, einst Kriegsdienstverweigerer, nun Patron von Eroberern. Dann der religiöse Massenwahn, die Geißlerumzüge während der Pest und die nur allzu berechtigten Gravamina gegen die Kirche, weiter die Hexen- und Ketzerprozesse, die Eigensucht der Raubritter und Landesfürsten, Pfaffen und Pfeffersäcke.

Deutscher Forschergeist schenkte der Welt *summa cum laude* das Schießpulver, so wie später das Giftgas, die Rakete und die Atombombe. Schon das Mittelalter setzt die Zeichen. Hatte nicht Hegel recht, wenn er darüber sagte: »Das Vernunftwidrigste, Roheste, Schmutzigste durch das Religiöse begründet und bekräftigt – dies ist das widrigste und empörendste Schauspiel, das jemals gesehen worden...«?

31c.

Mit der Neuzeit besserte sich wenig. Luther erstickte den Freisinn der Humanisten und der Bauern, erhob die Fürsten zu Glaubenspäpsten und provozierte die Stiftung des Jesuitismus. Barbey d'Aurevilly: *On avait brûlé Luther lui-même, le monde était sauvé.*

Es folgen Abenteuer in Übersee: Unterdrückung, Ausplünderung, Zwangsbekehrung. Kaiser Karl V legitimiert – nach Genesis, Aristoteles und Thomas von Aquin – die Negersklaverei. In Europa Glaubensspaltung, Glaubenszwang, Glaubenskriege... Jeder Bundesgenosse ist den Dynasten recht, wenn's um die Vergrößerung des eigenen Territoriums geht. Zudem die Ohnmacht der Reichsgewalt: *Germaniam esse irregulare aliquod corpus et monstro simile,* heißt es bei Monzambano *alias* Pufendorf 1667. Wer wagt noch, den Aufstieg Preußens zu begrüßen? Den *roi philosophe,* der kaltblütig in Schlesien einmarschierte und seine Muttersprache verleugnete?

31d.

Ein Korse mußte kommen, um mit den zweitausend Hutzelstaaten aufzuräumen. Und der Dank? Der Heroismus der sogenannten Freiheitskriege hat unser Verhältnis zum Westen nachhaltig belastet, kein geringerer als der GeheimeRat aus Weimar warnte am 13. XII. 1813 weitsichtig. Und am 6. IV. 1829: »Die Deutschen gehen jeder seinem Kopfe nach ... woraus denn viel Treffliches hervorgeht, aber auch viel Absurdes.« Dachte Goethe, der »Profoß der Sansculotten-Rotte« (Lavater), an die letzte dynastisch begründete Erbteilung deutscher Untertanen in Thüringen von 1827? Folgt der Pauperismus der Industrialisierung, die Hungersnot im Biedermeier und das Elend der Auswanderer. Dann diese kläglichen Revolutionsversuche des teutschen Michel! Das Erbübel der Deutschen ist ihre angeborene Blauäugigkeit. Mit dem Danaer-Geschenk des preußischen Reiches kleindeutscher Nation 1871 und seiner

Scheinglorie beginnt die Kette der Katastrophen, deren Ende ich im April 1945 im hessischen Lindheim mit den olivgrünen Kolonnen der 11. amerikanischen Panzerdivision erlebte. *Chewing Gum* hieß die Parole.

31e.

Soweit wir bereit und fähig sind, zu lernen, lernen wir durch nichts mehr als durch unsere Fehler. Je größer sie sind, desto mehr können wir lernen. Nachdem Deutschland militärisch wie moralisch die größten denkbaren Fehler begangen hat, ist es zum *praeceptor mundi* geworden. Wir lassen uns den ersten Rang nicht nehmen, erst oben dann unten, und leuchten den Völkern voraus durch unsere moralische Sensibilität.

31f.

Deutschland behauptet sein Monopol auf Moralismus durch nationale Selbstkritik. Goethe: »Wir Deutsche sind von gestern«. Hölderlin: »Barbaren von alters her«. Schopenhauer mit Wieland: Es ist »ein Unglück, ein Deutscher geboren zu sein.« Nietzsche: »Blonde Bestie«. Mommsen: »Dienst im Gliede und politischer Fetischismus.« Carl Friedrich von Weizsäcker: »Deutschland ist bald der Spott, bald der Schrecken und stets das Rätsel Europas.« – Max Scheler lokalisierte demgemäß das »moralische Herz der Welt« im Volke der Richter und Henker.

32.

Pflastert die Geschichte den Weg, der zu uns heraufführt, mit großen Ereignissen oder sind diese nicht eher Stolpersteine, *skandala* auf eben diesem Pfade? Haben wir unser Hier und Jetzt nicht ebensowohl trotz wie wegen der Geschichte erreicht? Im gleichen Maße, in dem die Geschichte nicht aus Schritten, sondern aus Sprüngen über Hindernisse, aus gern genutzten Versuchungen zu

Umwegen besteht, müßten wir als Endzeitler/innen froh sein, diesen Hürdenlauf hinter uns zu wissen. Die Irrungen und Wirrungen, die der Neid der Götter und/oder die Dummheit unserer Altvorderen der Menschheit beschert haben, wären um eine weitere vermehrt, wenn wir an der Geschichte festhielten; sie wären aber glücklich überwunden, wenn wir glauben dürften, ihr entronnen zu sein. In diesem Falle hätten wir Grund, auf das Geschehene herabzusehen, dann wären wir gegen romantisches Heimweh nach früheren Zeiten gefeit. Das Haar in der Suppe erspart uns den Dank an den Koch.

33.

Vielleicht ist es der altmodische Hang zum Positiven, der uns in der historischen Bilanz die oben herausgekehrte Sollseite gewöhnlich verdeckt. Das gilt auch für andere Disziplinen. Wie sonst wäre der Stolz der Biologen auf die Evolution zu erklären? So wie in der Geschichte der Menschheit zahllose Kultur- und Kunstgüter, Völker und Städte untergegangen sind, so wie in der Geschichte des Kosmos zahllose Sterne geplatzt und Spiralnebel zerstoben sind, so zeigt die Geschichte des Lebens zahllose Arten, die so wie das Mammut aussterben mußten, um zäheren Konkurrenten den Raum zum zeitweiligen Überleben zu überlassen. 320 Millionen Jahre gibt es Lebewesen. Die heute existierenden Arten sind nur ausnahmsweise über zwei Millionen Jahre alt. Der Baum des Lebens besteht überwiegend aus abgebrochenen Ästen. Der periodische Artentod verbietet es, von ›Erfolgen‹ im Kampf ums Dasein zu sprechen. Die allermeisten Lebewesen waren letztendlich doch mißglückte Versuche – erfolgreich behauptete sich allenfalls der Blattfußkrebs (*Triops cancriformis*).

34.

Daß der Mensch erst in den letzten Sekunden der auf ein Jahr umgerechneten Evolution auftaucht und die Kürze seines Daseins durch rasante Vermehrungen zu kompensieren sucht, macht ihn nicht zur Krone der Schöpfung, sondern zu einem prädestinierten Leitfossil. Es gibt inzwischen mehr Lebende als Tote. Exzessive Vermehrung geht nach der Verhulst-Pearl-Kurve dem Aussterben gewöhnlich voraus: In der Spätzeit einer ihrem Maximum nahen Art werden die Ressourcen knapp, wächst die Angriffslust, erlischt der Brutpflegeinstinkt. Daß der Mensch aber überhaupt entstehen durfte, erklärt seinen Stolz auf die Evolution als ganze.

35.

Im gleichen Maße, in dem der Mensch aus seiner Geschichte heraustritt, gewinnen deren negative Züge Interesse für ihn. Der bukolische Traum vom Arkadien der Vergangenheit ist ausgeträumt. Historie wird, gemäß dem Untertitel eines berühmten Buches, zur Abrechnung. Die Andersartigkeit des veralteten Menschentyps definiert die Identität des neuen. Die *histoire scandaleuse* leistet damit mehr als einen beliebig ersetzbaren Beitrag zum seelischen Bedarf des befriedeten Menschen. Sie begründet Identität und Solidarität unter den Nachgeschichtlern. Im Zeitalter der Politik war das Freund-Feind-Schema allezeit historisch hinterfüttert: So wie die eigene Art durch die Geschichte begründet wurde, erklärte die Geschichte ebenfalls die Andersartigkeit des anderen. Die Bereitschaft zur Selbstbehauptung wurde damals durch schwarz-weiß (-rot) gemalte Geschichtsbilder verstärkt, die Trennlinie von Gut und Böse war die Grenze zum Nachbarn.

36.

Die Verneinung der individuellen Vergangenheiten ist die Voraussetzung für eine universale Zukunft, die sich ihrer Eigen- und Andersart versichern will. Freilich ist diese Verneinung eine Drittel-Wahrheit, weil die Zukunft zu zwei Dritteilen von den Vorräten zehrt, die sie der Vergangenheit entnimmt. So weit wenigstens müßte sie diese bejahen. Geschieht das nicht, so bestätigt sich die Einsicht, daß ohne ein gezieltes Vergessen ein Selbstbewußtsein nicht aufzubauen ist. Stolz bezeugt ein wohlverwaltetes Gedächtnis.

37.

In der politisch entsorgten, geschichtslosen Universal-Gesellschaft ist das Entrüstungspotential aus der nunmehr grenzenlosen *One World* in die Vergangenheit verlagert. Die Trennlinie dessen, was man ablehnt, wird nicht mehr räumlich, sondern zeitlich gezogen, aus der Geographie in die Chronologie übertragen, und die weltweite Abscheu gegen Tortur und Inquisition, gegen Auschwitz, Gulag und Hiroshima führt die Lebenden aller Länder zusammen. Je gräßlicher die Untat, desto einfacher ist das Einvernehmen über sie herzustellen, desto schneller stellt sich der Solidarisierungs- und Sozialisierungseffekt ein.

38.

Die ›Helfer der Menschheit‹ haben im enger werdenden Gedächtnis der Nachwelt keine Chance gegen Stalin, Mao und Hitler – wobei Hitler bis auf weiteres der schlechthinnige Weltfeind bleiben wird. Im Hitler-Mythos kulminiert der weltweite Konsens darüber, was zu verhindern ist. Zu Braun gibt es keine Komplementärfarbe, braun erscheint in keiner Flagge der Welt. Die Zahl der Opfer von Lenin und Stalin und Mao ist zwar höher, aber historische Bewußtseinstatsachen beruhen eher auf Qualitäten als auf

Quantitäten. Der im Namen von biologischer Wissenschaft und sozialem Fortschritt begangene Massenmord verletzt uns tiefer bei einem Herrn aus Braunau, Ehrenbürger einer unbekannten Zahl anschließend in Schutt und Asche gelegter deutscher Städte, als bei asiatischen Despoten aus dem Umkreis eines Tamerlan. Auch haben die toten Juden in den lebenden bessere Anwälte als die Kulaken, die Chinesen und sonstigen Opfer des Roten Terrors in ihren Nachfahren.

39.

Die Fähigkeit zur Verwertung des Kapitals ›Geschichte‹ ist ungleich verteilt, und seine Verwendungsmöglichkeiten sind vielfältig. Das historische Bewußtsein kultivierte einst das Gedächtnis an große Taten, das posthistorische Bewußtsein pflegt nun die Erinnerung an erlittene Schmerzen. Der Rückblick auf den eigenen Leidensweg ist bald ein psychischer oder politischer, bald ein ökonomischer oder apokalyptischer Stimulus.

40.

»Dem Kommenden aber dient man nicht, indem man das Gewesene verteufelt«, schrieb Jacob Taubes. Das sehen bereits die Paenultimi anders. Alle vergangenen Untaten müssen bewußtgehalten werden, einerseits der Humanität wegen, andererseits um das Selbstwertgefühl zu heben. Die allerletzten aber, die das Glück erfinden werden, sind klug; sie wissen alles und finden kein Ende, zu spotten: »Ehemals war alle Welt irre.«

41.

Endzeitnahe Historiker erfüllen diese Erwartungen in vorauseilendem Gehorsam gegenüber dem Zeitgeist. *Historia ancilla temporum.* Die Magd tut ihre Schuldigkeit, die Magd darf bleiben.

GLORIA VICTORIA HISTORIA!

XII.
Der Prophet im Feigenbaum

Mensch werde wesentlich! Denn wann die Welt vergeht,/ dann fällt der Zufall weg, das Wesen, das besteht.

Angelus Silesius

1.

Unter Marc Aurel erregte ein Mann Aufsehen, der den wilden Feigenbaum auf dem Marsfeld erklettert hatte und das nahe Weltende im Feuerregen verkündete. Zur Beglaubigung versprach er, sich in einen Storch zu verwandeln. Er sprang herab und ließ einen solchen Vogel, den er unter seinem Gewand verborgen hatte, entfliegen. Der Mann wurde dem Kaiser vorgeführt. Die Befragung ergab, daß er Unruhe stiften und diese zum Plündern benutzen wollte. Tun die Eschatologen nicht alle dergleichen? Sie künden das Ende und rauben den Hörern die Zukunft. Verdient ihr Klappern Gehör?

2.

Es war des Philosophen auf dem Thron nicht unwürdig, Endzeitpropheten zu vernehmen, Endzeitlehren zu prüfen und Endzeitgedanken durchzuspielen:»Bald wird alles, was du siehst, vergehen, und so werden auch die Zuschauer dieser vergehenden Dinge vergehen, so daß der Letztlebende mit dem Erstverstorbenen in eine Linie rückt.« Marc Aurel rechnete mit einem Untergang, der aber nur ein Übergang sei. Das Weltgeschehen war ihm eine Abfolge von Metamorphosen, auch das Weltende selbst nur ein Wandel. Mit der Idee der ewigen Wiederkehr vertrat er die Gegenmeinung zum *fin de tout*.

3.

Das Thema Endzeit ist eine ebenso alte wie verbreitete Vorstellung, eine Denkfigur, in der sich eine wiederkehrende, nie ganz gleiche, nie ganz verschiedene Zeitstimmung gestaltet. Die *Apocalypsis cum figuris* hat in vielen Formen aus unterschiedlichen Gründen dazu gedient, die eigene Zeit in ihrem Verhältnis zum Vorher und Nachher zu begreifen. Eingebettet einerseits in die Geistesgeschichte und andererseits in die Zeitverhältnisse und daher nur im Schnittpunkt diachroner und synchroner Betrachtung plastisch, begegnet sie als Untergangsstimmung auf dem Tiefpunkt einer Dekadenz ebenso wie als Heilserwartung vor dem Übergang in ein letztes Reich. Derartige Eschatologien kannten die frühen Griechen, die späten Römer, die Perser, die Juden und das germanisch-christlich-islamische Mittelalter.

4.

Das Endzeitbewußtsein von Menschen der Vergangenheit relativiert den Katastrophismus von Menschen der Gegenwart, und dieser macht jenes, wo nicht verständlich, so doch verzeihlich. Die häufige Wiederkehr dieser Endzeitlehren erweist ihre Topik, aber nicht ihre Abwegigkeit. Vielfach zeigt ein Blick auf die Lage, daß die Betroffenen Grund zur Klage oder Anlaß zur Hoffnung hatten, wenn auch die daran geknüpften Erwartungen übertrieben waren. Seit der Französischen Revolution haben die Krisenstimmen angesichts der allseitigen Modernisierung an Verbreitung und Überzeugungskraft gewonnen. Die Industrie und Technik ist für die Optimisten der lichtbringende Morgenstern, für die Pessimisten der Lucifer einer neuen Zeit. Neu ist sie gewiß, doch ist sie die letzte?

5.

Silvester 1870 prophezeite Jacob Burckhardt eine ›Ära von Kriegen‹, Silvester 1887 sogar einen ›Weltkrieg‹, der den Bestand der Kultur in Frage stelle. Das ist schrecklich eingetreten, und mit der Erfindung der Kernwaffen drohte das *fin de siècle* in ein *fin du globe* überzugehen. Nun hat die Wende im Osten uns die Angst vor der atomaren Apokalypse genommen. Zugleich scheint sie den Sieg der liberalkapitalistischen Demokratie über alle anderen politischen Systeme gebracht zu haben. Dies könnte das letzte Kapitel der Weltgeschichte eröffnen, wenn nicht Fundamentalismus, Bevölkerungsdruck und Technikfolgen für unabsehbare Turbulenzen sorgen. Wie die Hochkultur und das Christentum, so bieten auch die Ideale der Aufklärung und der Französischen Revolution eine gemeinsame Basis, einander zu treffen – auch mit dem Gewehr.

6.

Der Weg zurück wäre ein Weg ins Vergessen. Er steht uns nicht offen, schrieb doch schon Kleist: »Das Paradies ist verriegelt und der Cherub hinter uns; wir müssen die Reise um die Welt machen und sehen, ob es vielleicht von hinten irgendwo wieder offen ist.« Möglicherweise landen wir auch im Inferno. Darum: Geht langsam und bedächtig vor! Dieselbe Straße führt nach Jerusalem und nach Gomorrah. Es kommt darauf an, wo man haltmacht.

7.

Die Alternative zwischen Orplid und Orkus könnte eine ähnliche perspektivische Illusion sein wie die zwischen Kosmos und Chaos, zwischen Lichtbringer und Lucifer – Morgenstern und Abendstern sind dasselbe Gestirn. Langfristig ist eine befriedete, ausgereifte Weltgesellschaft vorstellbar, eine Zukunft ohne Entbehrung und ohne Entwicklung, ja ohne Geschichte, ein Finale, dessen anziehende und abstoßende Züge einander aufwiegen. Die planetarische Episode Mensch läuft aus, unsicher ist nur, wie und wann. Daran änderte sich auch nichts, wenn die reine Vernunft zur Herrschaft käme – ein Punkt, der vielleicht noch ferne wäre.

8.

Die eilfertig angenommene Begrenztheit der Geschichte entspringt der wirklichen Beschränktheit unseres Denkens über sie. Die Endzeit-Idee ist ein Kind der Ungeduld. Sie offenbart eine konstitutionelle Insuffizienz unseres historischen Denkens. So wie in der Geschichte dauernd Neues beginnt, so geht auch immer Altes zugrunde. Das ist mal weniger, mal mehr und irgendwann alles. Da die Menschheit nicht ewig lebt, stimmt die letzte Apokalypse, sofern die Propheten das Prophezeien nur nicht vorzeitig aufgeben. Wir dürfen den Mut zum Besteigen des Feigenbaums nicht verlieren. Er ist der Baum der Erkenntnis. (Von einem Apfelbaum weiß die Bibel nichts). Auf Beifall können wir indessen nicht rechnen: nach dem Ende aus physischen, vor ihm aus psychischen Gründen. »Ein Prophet gilt nichts in seinem Vaterlande«, heißt es bei Lukas – hinzuzufügen wäre »und nichts in seiner Zeit«.

9.

Zum Handeln verurteilt, tun wir, wie wenn wir ein Resultat anstrebten, von dem wir doch nicht wissen, wie es aussehen wird. Betrachten wir den Weg, den wir uns dorthin bahnen, gleichsam aus der Kranichperspektive, so erkennen wir, daß mehrere Ziele vor uns liegen, die sich gegenseitig verdecken. Das finale Stadium der sich beschleunigenden Entwicklung zeigt uns Züge, die uns darüber trösten, noch nicht so weit zu sein. Alle nähergelegenen Ziele hingegen erweisen sich, sobald wir angekommen sind, als Fata Morgana. Wenn aber das Ende dazwischentritt, so überrascht es uns wie den reichen Mann, dem – abermals bei Lukas – gesagt ist: »Du Narr! Diese Nacht wird man deine Seele von dir fordern.« Prinzipiell müssen wir immer damit rechnen, daß wir am Ende sind, aktuell können wir es nie mit Sicherheit sagen. Ist nicht dieser dreifache Irrtum über das Ende – in eschatologischem, praktischem und existenziellem Betracht – die Voraussetzung allen Handelns?

10.

Die Endzeit-Idee ist mehr als eine temporäre Idiosynkrasie der Schwarzen Galle Melencolia I. *Nostra res agitur.* So wie wir die Gestalt einer Erscheinung nur aus ihren Grenzen erkennen, die Mitte einer Sache nur von ihren Rändern aus errechnen können, so gewinnen wir ein Gesamtbild der Geschichte nur von deren Ende her. Der historische Pegasus wird vom Schwanze her aufgezäumt. Da wir den Ausgang nicht kennen, bleiben alle Urteile vorläufig – und ist das Ende erreicht, nützen die Einsichten nichts mehr. Wir müßten den Schluß aus der Sicht eines Plusquamfuturum vorwegnehmen. Dazu wäre der Wille zum Handeln ohne Rest in Willen zur Erkenntnis umzupolen. Die letzte Einsicht führt zur Lähmung.

11.

Indem sich die Geschichte im subjektiven Sinne dauernd *hic et nunc* vollendet, verkörpert der Glaube an ihr objektiv einmaliges Ende, an den Übergang der Zeit in die Ewigkeit, einen in die Chronologie hineingespiegelten Wesenszug individueller Befindlichkeit. Es ist der Zustand, »wenn alle Zeit von dir abfällt«, wie es bei Meister Eckhart heißt. Die Finalität wird gleichsam aus der horizontalen Fluchtlinie des Geschehens in die vertikale Blickflucht der Betrachtung geklappt.

Die Allgegenwart dieses doppelsinnigen Endes bedeutet die Endlosigkeit der Gegenwarten, die ewige Vollendung *hic et nunc*, deren Wahrnehmung uns Angst und Hoffnung verschleiern. Die Wirklichkeit liegt zwischen Vergangenem und Kommendem mitten inne. Der Geist ist wesentlich itzt. Hier stimmt Hegel zusammen mit dem Schlesischen Engel und seinem Wort: »Mensch, werde wesentlich!« Die höchste Subjektivität, das *hic et nunc*, ist die höchste Objektivität. Wieder begegnen wir der *coincidentia oppositorum* wie dem Swinegel sien Fro.

12.

Die Antwort auf die Frage »Endzeit?« lautet »Ja *und* Nein!« Die Argumente für und gegen sie, sowohl in puncto Wahrscheinlichkeit als auch in puncto Wünschbarkeit scheinen ins Unendliche vermehrbar. Wieviel Gründe dafür und dagegen vertragen wir noch? Schon jetzt wiegen sie so schwer, daß die Waage zu brechen droht.

Wo wer zu sammeln aufhört und Bilanz zieht, hängt ab davon, was für ein Mensch er ist, und dies davon, ob er noch mit Muttermilch oder bereits mit hochwertiger Babyvollkostkraftnahrung aufgezogen worden ist. Liegt es nicht daran, daß die Zwanzigjährigen verzagter in die Zukunft blicken als die Fünfzigjährigen und uns um die Gnade der frühen Geburt beneiden?

Hesiod erwartete im letzten Zeitalter, daß die Kinder bereits grauhaarig und weise auf die Welt kämen. Vielleicht stimmt es: je jünger, desto älter.

13.

Wenn in unserer Gegenwart wieder einmal das Ende beschworen wird, so ist das nicht nur ein Allgemeinplatz. Denn die Flammenzeichen an der Wand sind kaum zu übersehen. Die Weisen aus dem Abendlande wetteifern im Versuch, sie zu entziffern, denn Daniel selbst ward gewogen und zu leicht befunden. Wir sehen wohl, was da ist, aber wissen nicht, was aufhört; und ahnen kaum, was kommt. Und dennoch hält uns ein Bild gefangen: Umrisse, keine Farben, *disegno senza colore*. Anders gewendet:

Auch ein treffend vorausgesagtes Geschehen besagt nichts über die Empfindungen derer, die es dann erleben.

14.

Ob die Zukunft sich aufhellt oder verdüstert, können die Gehenden so wenig wie die Kommenden entscheiden. Sie müßten mit den Augen aller Menschen sehen können und dürfen doch kaum ihren eigenen trauen. Nichts verführt so wie der ureigenste Augen-Schein. Wenn allerdings das Wissen um die eigene Fehlbarkeit auch seinerseits dieser ausgesetzt sein sollte, wäre unser Trachten nach Wissen nicht ohne Sinn.

15.

»Mit einer Blume im Knopfloch«, schreibt Cioran, »dem Ende der Geschichte zusteuern: dies ist die einzig würdige Haltung im Ablauf der Zeit.« Vielleicht sind wir selbst diese Blume, die blüht und welkt, nicht wissend, wen sie ziert. Wen schmückt der Kosmos?

16.

AN DEN ORION

Höher steigt der Horizont,
hinter dem die Zeit verschwindet,
wo die Sonne, wo der Mond,
wo das Sternenheer erblindet.
Und mir ist, wie wenn die Tiefe
mich in ihren Schatten riefe.
Chaos, öffne deinen Schoß!

Einen Scheideblick noch gönnt
mir, ihr Parzen mit der Klinge,
auf, zum fahlen Firmament
durch die Dämmerung der Dinge,
wo Orion einsam waltet,
wie ein Stundenglas gestaltet,
oben, unten uferlos.

Anmerkungen

Die im folgenden nur mit Autorennamen und Jahreszahl genannten Bücher finden sich mit vollem Titel im Literaturverzeichnis. Dort sind auch die Abkürzungen aufgelöst.

Thema
Die in Homburg gehaltenen Vorträge von R. vom Bruch, A. Demandt, J. Farrenkopf, M. Ferrari-Zumbini, J. Herf, G. Kamphausen, H. Lübbe, G. Merlio, H. Ottmann und C. Vollnhals sollen unter dem Titel: A. Demandt/J. Farrenkopf (Hgg.), Der Fall Spengler, 1993 im Akademie-Verlag Berlin erscheinen. * Zur Geistesgeschichte der Eschatologie: Taubes 1947 * Zum apokalyptischen Ton: Niethammer 1989 nach Derrida nach Kant. * Properz II 10

I.
1. Worte des Vorsitzenden Mao Tse-tung (sogenannte Mao-Bibel),1967,74
2. Hegel 1831/1961,45
3. Cicero, De oratore II 36
9. Zur Buße: Spengler, 1923 I 216; II 291f
10. Kant, Beantwortung der Frage: Was ist Aufklärung? In: Ders.I 163
11. Zum Tauwetter: Mohler, in der Zeitschrift ›Europäische Ideen‹ (Wiedervereinigungs-Sondernummer 1975, Heft 10/11) * M. Kriele 1987,14 * H.-A. Steger 1987,24
15. Luther 1. VIII.1521 * Paulus, 1. Brief an die Thessalonicher 5,19ff

II.
2. Kant, Das Ende aller Dinge (1794), in: Ders. VI 635ff; 645f * Platon, Politikos 268ff * SVF. II 625f * Augustinus, Über den Gottesstaat XII 14 nach 1. Petr.3, 18
5. Hesiod, Werke und Tage 109-201 * Platon, Hipparchos 229 B *

Aristoteles, Staat der Athener 16 * Ovid, Metamorphosen I 89ff.
6. Noah: 1. Mose 6ff * Propheten: Hesekiel 38,16; vergleiche auch 38,8
8. Zu Ökopax: R. Bahro 1987,428ff
9. Zu Esra und Baruch: E. Kautzsch, 1900 II 331ff * Römische Autoren: Tacitus, Historien V 13; Sueton, Divus Vespasianus IV * 1. Qumran sb.V 23-2 * Paulus, 2. Brief an die Thessalonicher 3,10 * Irenaeus von Lyon, Gegen die Häretiker V 33
10. Zum Saeculum Augustum: Sueton, Divus Augustus 100 * Lucrez, De rerum natura V 95f; *machina* bedeutet hier ›Gefüge‹ * Zu Sallust etc.: K.D. Bracher 1948/87; A. Demandt 1979,137f * Kleinasien: Orientis Graeci Inscriptiones Selectae 458 Zeile 41
11. Zum Lebensgefühl: K.D. Bracher 1948/87
12. Lactanz, Divinae institutiones VII 15,14ff (dort auch Seneca) * Florus, praefatio 4 * Ammianus Marcellinus XIV 6,3ff * Rutilius Namatianus I 139f.
13. Paulus, Römerbrief 13 * Melito bei Euseb, Kirchengeschichte IV 26/33 * zu Origenes und Eusebios: E. Peterson, Theologische Traktate, 1951,49ff * Paulus, 2. Brief an die Thessalonicher 2,6f
14. Zu Martin: Sulpicius Severus, Dialoge II 14 * Zu Orosius: A. Lippold, Orosius, christlicher Apologet und römischer Bürger, Philologus 113, 1969,92ff * Zum *katechon*: Paulus, 2. Brief an die Thessalonicher 2,6f
15. Die Inschrift über dem Goldnen Tor: HAEC LOCA THEODOSIUS DECORAT POST FATA TYRANNI / AUREA SAECLA GERAT QUI PORTAM CONSTRUIT AURO * Zum Dieb: Paulus, 1. Brief an die Thessalonicher 5,2
16. Zu Zarathustra: G. Widengren, Iranische Geisteswelt, 1961,165ff * Zu Schatten: Plutarch, Moralia 370
17. Zur Eisenmauer: Koran, Sure 18,82ff. * Zur Windzeit: Die Edda, übertragen von Felix Genzmer, 1933, 38 (Völuspa)
18. Grimmelshausen, Simplicissimus III 3ff.
19. Zur Renaissance: A. Demandt 1978,101f;154ff;215
20. Fontenelle und die Aufklärung. Textauswahl und einleitende Abhandlung von W. Krauss, 1969; A. Demandt 1978,63;449
21. Schiller, Resignation (1786): »Genieße, wer nicht glauben kann, Die Lehre / ist ewig wie die Welt. Wer glauben kann, entbehre! / Die Weltgeschichte ist das Weltgericht.« In: Ders., Sämmtliche Werke, 1827 I 176
23. Zu Amerika: Hegel 1822/1930,198ff

24. J. Paul, Über die Wüste und das gelobte Land des Menschensohnes, 1795
25. F. Meinecke, Weltbürgertum und Nationalstaat, 1907/28,11: »Das Ideal ist allenthalben: Ungebrochene nationale Lebensgemeinschaft in allen wesentlichen Zielen des Daseins.« * Zum Ende der Menschheit: MEW. 20,324; 21,268 * F.M. Dostojewski, Tagebücher. Darin: Notierte Gedanken 1880 und 1881 * W. Solowjew, Drei Gespräche, 1899
27. N. Cohn 1969,377ff; 1969,76ff
28. Spengler, 1923 I 20; Ders. 1931,74;87
29. A. Toynbee, Study IV S.1807 * Spengler 1951, 339 f
30. Max Weber 1905/1922,203f
31. E. Jünger 1932/82,78ff;95; Ders. 1959,96;111;182;258
32. J. Huizinga 1948,136f;128;278
33. G. Benn 1947
34. R. Guardini 1950,86ff
35. H. de Man 1951/52,124f * A. Gehlen 1963,344 * F. Fukuyama 1992 passim

III.
3. Th. Müntzer, Die Fürstenpredigt, hg. von G.Franz (Reclam) 1967/76 * Zu Augen: Lukas-Evangelium 19,27
4. Max Weber 1895/1958,21: »Die Deutsche Geschichte schien zuende. Die Gegenwart war die volle Erfüllung der vergangenen Jahrtausende« * J. Haller 1939/40 Vorwort * C.F. von Weizsäcker 1977, 566f; 1988, S.427; R. Baladur 1991, S.381 * Kant, Das Ende aller Dinge (1794), in: Ders. VI 635ff;649
8. Zum Makkabäersieg: Daniel 3,35
9. Cicero, Briefe an Atticus I 18,6 * Vergil, Aeneis I 279 * Kant, Idee zu einer allgemeinen Geschichte in weltbürgerlicher Absicht (1784). In: Ders., I 221ff
10. J. Burckhardt 1868/1935,5
13. Thukydides I 21
14. Zur Lykanthropie: Petron, Satyricon 62
16. Marc Aurel, Selbstbetrachtungen IV 32; VII 48 f; X 27
17. K. Jaspers 1949,266; Ders. 1932,189 * R. Bultmann 1964,12
18. A. Kojève 1947,387 * H. Jonas 1970,30
22. Ibn Hazm Al Andalusi, Das Halsband der Taube, deutsch von M. Weisweiler, 1961,126f
23. Kant, Das Ende aller Dinge, in: Ders. VI 635ff;637
24. B. Pascal, Pensées 347, ed. L. Brunschvicg
26. K. Esser und L. Hardick, Die Schriften des heiligen Franziskus von Assisi, 1963, 164ff.

IV.
3. Plinius maior, Naturalis historia XXXV 35/112
4. Zur Mitte: H. Sedlmayr 1948
6. Zu Cellini: Goethe, Werke, Vollständige Ausgabe letzter Hand, 35,1830,244
10. J. Huizinga 1948, 124
16. L. Frobenius 1921/53, 106 * K. Lorenz 1983, 78ff; 209
17. K. Lorenz 1983,208
19. Historismus: F. Meinecke, Werke III 2 ff * H. Lübbe 1977,90ff
21. E. Jünger 1950,280
24. Marx 1845/1952,8ff
25. Spengler 1919/32,80 * F. Fukuyama 1992,20 * Augustinus, sermo 81,8f * F. Fukuyama 1992,440;193
27. F. Fukuyama 1992,444 * Platon, Staat 546
28. Spengler 1933,86 * K. Popper 1970,94;236;262; Ders., Das Elend des Historizismus, 1960
29. R.M. Rilke, im Insel-Almanach 1915,14ff
31. Zum Krieg: Heraklit VS 22 B 53
32. Zu Bismarck: A. Demandt 1978,163
34. Zu Mäusekriegen: Plutarch, Agesilaos 15
35. Vaterland: Diogenes Laertios II 98f
36. E. Jünger 1959,115
37. C. Schmitt 1940/88, 128

V.
1. Thukydides I 22;II 48;III 84 * Polybios II 35,5ff;VI 1;XII 25b
4. Max Weber 1968,594 * Plinius maior, Naturalis historia II 13
5. Spengler 1923 I 78ff; I 32
6. Th. Kuhn 1962/67,184f;214;223;
7. Th. Kuhn 1962/67,219
8. Th. Kuhn 1962/67,225f
9. Th. Kuhn 1962/67,200 * Zum Phönix: Plinius maior, Naturalis Historia X 2/3 (haud scio an fabulose); Tacitus, Annalen VI 28 (miraculum, plura ambigua). Spätere wie Mela III 83 behandeln den Phönix wieder als Faktum.
12. Heraklit VS 22 B 40
13. Zu Quintessenz: Platon, Apologie 21D
15. L. Frobenius 1921/53,107 * Zu Odysseus: Homer, Ilias X 513ff
27. Platon, Staat 557c

VI.
3. Zu Alkibiades: Thukydides VI 90 * Zu Alexander: Plinius maior, Naturalis Historia XXXV 16 * Zu patria: Cicero,

Tuscu- lanische Gespräche V 108
4. Vergil, Aeneis I 278f * Plinius maior, Naturalis Historia XIV 1
8. H. Cohen, Deutschtum und Judentum, 1915 * Max Weber 1916/58,152ff * C. Schmitt, Großraum gegen Universalismus (1939). In: Ders., Positionen und Begriffe, 1940/88, 295 ff * Kant, Zum ewigen Frieden (1795), in: Ders., V 657ff
17. Zu Cato: Orosius IV 23,10
19. Spengler 1936/51, 339 f * C. Schmitt 1988,295; A. Demandt 1988 * Zu Satan: Matthäus 4
21. Aristoteles, Politik 1255 A * Corpus Iuris, Institutionen I 3; Digesten I 5,4
23. Kant, Erneuerte Frage etc., in: Ders., Der Streit der Fakultäten, in: Ders. I 631ff;636ff
25. Kant 1795 V 688 * Max Weber 1958,15;24 * Heraklit VS 22 B 90
26. Matthäus 18,20 * Euseb, Vita Constantini I 28
28. Zu Kyros: Herodot I 153
32. Zum Calvinismus: Max Weber, Die protestantische Ethik und der Geist des Kapitalismus, 1920 * W. Weitling, Garantien der Harmonie und der Freiheit, 1842, 260
34. Platon, Staat 546 A * Sallust, Jugurthinischer Krieg 2 * Homer, Ilias VI 146ff * Solon, Elegien 4,30ff * Pindar, Pythische Oden 2,25ff * Aischylos, Agamemnon 381ff

VII.
3. Zum Fundamentalismus: Merkur 9/10, 1992
4. F. Kürnberger, Der Amerikamüde, 1855/1985
5. Spengler 1923 I 551; II 382 f; 546 f.
9. Zur Kaufhaus-Aggression: Ulrike Meinhof, Die Würde des Menschen ist antastbar, 1980/88, 153 ff.
13. Plutarch, Moralia 985D ff
16. Zu den Heiligen: Augustinus bei Migne, Patrologia Latina 34,398
20. K. Popper im Spiegel 13,1992,210; ähnlich H. Jonas im Spiegel 20,1992,95, der gleichwohl sein ›Prinzip Verantwortung‹ seinen drei Kindern widmete.
24. Max Weber 1895/1958,12
25. Spengler 1933,164
27. Zu fertilitas: Cicero, Tusculanische Gespräche II 36
28. S. Freud 1927/86,149;155 * 1. Mose 9,2; vgl. Jesus Sirach 17
32. A. Schweitzer, Kultur und Ethik, 1923/60; 328 ff
34. Bundesgesetzblatt 1967 I 582ff; 1975 I 705ff;710f
39. Ausgeführt bei: J. Huizinga, Homo Ludens, 1956
40. F.G. Jünger 1939,152

41. S. Freud, Das Unbehagen in der Kultur, 1930, In: Ders., 1986, 222
45. Zum Moloch: 2. Könige 23,10; Jeremias 32,35
46. Max Weber 1968,594
47. Zauberlehrling: Lukian, Lügenfreund (Philopseudes) 33ff
51. Müllzwerge: Die Zeit, 27. XII.1991, S.60
52. R. Baladur 1991
55. Zu Keos: Strabo X 5,6; Aelianus, Varia historia III 37 * Zu Massilia: Valerius Maximus II 6,7f
58. E.Renan, Feuilles Détachées, 1892, XIV * Gebote: 1. Mose 1,28;9,1ff;35,11 * Platon, Staat VII

VIII.
1. F.Dürrenmatt, Die Physiker (1962), Punkte zu denselben im Anhang derselben, Nr.3;4.
4. Zu Amor: Petr.Frid.Arpe, Pyrrho sive de dubia et incerta historiae et historicorum veterum fide, Kiel 1716, p.13
5. Wir beurteilen das Erfahrene vor dem Hintergrund des Vorstellbaren: Demandt 1986.
9. Ammianus Marcellinus XXVII 2,11
11. Tacitus, Annalen IV 32
14. N.I. Danilewsky 1871/1920, 62;69
16. Kant, Idee einer allgemeinen Geschichte in weltbürgerlicher Absicht (1784). In: Ders., I 235 * K.Jaspers 1932,190
20. Goethe, Wilhelm Meisters Lehrjahre VII 5
21. Die Vögel: Matthäus 6,26 * Zu Miskawaih: F. Rosenthal 1965,137 * Synesios Brief 148
22. Cicero, De oratore II 169,1
23. I. Gontscharow, Oblomow, 1859, Kapitel 9
26. Augustinus, Gottestaat XII 14
27. Spengler 1923 I 143

IX.
9. Herodot II 113 * Platon, Staat 424 A; 449 C * Engels MEW. 21,77
11. Greuel: 5. Buch Mose 22,5 * Platon, Symposion 190 * Psychoanalyse: Freud, Das Unbehagen in der Kultur (1930). In: Ders., 1986, 191 ff
18. Max Weber 1958,321

X.
1. Marx zu den Menschenrechten: MEW.2,119f
2. Zu Römern: Tacitus, Agricola 11,4

3. Den alten Tugenden hat Joachim Günther in seinen letzten Neuen Deutschen Heften einen Nekrolog gewidmet.
4. Platon, Horoi (Definitionen) 415a
5. Kant, Über den Gemeinspruch: Das mag in der Theorie richtig sein, taugt aber nicht für die Praxis (1793). In: Ders. I 193
14. Max Weber 1958,320
15. Herodot III 80
18. Engels MEW. 21,168
21. Zum Jüngling: Matthäus 19,21
23. Goethe aus Neapel am 27. V. 1787
24. Spengler 1923 II 61
25. Tacitus, Germania 33
26. Kant, Erneute Frage, ob das menschliche Geschlecht in beständigem Fortschreiten zum Besseren sei (1797). In: Ders., Der Streit der Fakultäten (1798). In: Ders., I 645
36. Freud, Zeitgemäßes über Krieg und Tod (1915). In: Ders. 1986, 52; Ders., Warum Krieg? (1932). In: Ders. 1986, 286

XI.
3. Platon, Staat 546d. Platons Staat ist strenggenommen keine Utopie. Er wird als Gedankenspiel präsentiert, nicht als reales Gebilde auf einer fernen Insel. Unter bestimmten Voraussetzungen läßt er sich schaffen und geht nach bestimmten Gesetzen wieder verloren. Platons Gesetzesstaat enthält zusätzlich die Möglichkeit der Verbesserung.
5. K.Marx, Die Frühschriften, hg. von S.Landshut, 1968,361 * Worte des Vorsitzenden Mao Tse-tung,1967,358
7. Plutarch, Praecepta gerendae rei publicae, in: Ders., Moralia 798ff
12. H. Freyer 1963,78
14. Jammertal: Psalm 84,7 * Thukydides I 22; III 84
15. Zu Christen: Paulus, Brief an die Epheser 4,22ff; an die Kolosser 3,9f * Lorenz 1983, 281
18. Zum Maschinen-Vorwurf: A.Demandt 1978,271ff * L. Frobenius 1921/53,107
21. Vico, Scienza nuova,1725,I 2,67
24. Polybios XXXVI 13,3
26. Kant, Idee zu einer allgemeinen Geschichte in weltbürgerlicher Absicht (1784) In: Ders., I 221ff * Salomon im Kohelet, passim
29. Zu Salas y Gomez: Adelbert von Chamisso, Sonette und Terzinen
31. Fürst: Johannesevangelium 12,31; 14,30; 16,11 * Fichte, Reden an die deutsche Nation, 1807/08, IV ff.

31d. Zu Thüringen: Ed. Meyer, Sitzungsbericht der preußischen Akademie der Wissenschaften 13,1928,S.157.
31f. Goethe zu Eckermann, 4. Mai 1827 * Hölderlin: Hyperion II 2 (Werke bei Insel 1961,636) * Schopenhauer: Parerga 13 (Insel-Ausgabe IV 123) * Nietzsche, Genealogie der Moral I 11 * Mommsen: Testamentsklausel bei A. Wucher, Theodor Mommsen, 1968,219 * C.F. von Weizsäcker, Wahrnehmung der Neuzeit, 1983, 238 * Scheler: Hugo Ball, Zur Kritik der deutschen Intelligenz, 1919/1980,26. Dort auch eine Blütenlese deutscher Selbstkritik.
40. J.Taubes 1947,193

XII.

1. Zum Feigenbaum (caprificus): Scriptores Historiae Augustae, Marcus 13
2. Endzeitgedanken: Marc Aurel, Selbstbetrachtungen IX 33; vgl.II 14; IV 50;X 7
5. J.Burckhardts Briefe an seinen Freund Friedrich von Preen 1864-1893,1922,30;219
6. H.v. Kleist, Über das Marionettentheater
8. Zum Feigenbaum: Eva pflückte vom Baum der Erkenntnis keinen Apfel, sondern eine Frucht (1. Mose 3,2ff). Vermutlich war es eine Feige (1. Mose 3,7), die im Alten Testament – aus Gründen der historischen Pflanzengeographie – erheblich öfter genannt wird als der Apfel. – Zum Propheten: Lukas 4,24
9. Zum reichen Mann: Lukas 12,20
12. Hesiod, Werke und Tage 181
15. Zur Blume: E.Cioran 1949/79,147

Literatur

G. Anders, Die Antiquiertheit des Menschen, I 1956/80, II 1980
Ders., Endzeit und Zeitende, 1972. 2. Auflage unter dem Titel: ›Die atomare Drohung‹, 1981
R. Bahro, Die Logik der Rettung, 1987
R. Baladur, Gründe, warum es uns nicht geben darf, 1991
G. Benn, Der Ptolemäer, 1947
G. Bergfleth, Baudrillard und die Todesrevolte. In: J. Baudrillard, Der symbolische Tausch und der Tod, 1991
F.W. von Bissing, Altägyptische Lebensweisheit, 1955
K.D. Bracher, Verfall und Fortschritt im Denken der frühen römischen Kaiserzeit, 1948/87
S. Breuer, Die Gesellschaft des Verschwindens, 1992
R. Bultmann, Geschichte und Eschatologie, 1964
J. Burckhardt, Weltgeschichtliche Betrachtungen, 1868/1935
E. Cioran, Lehre vom Zerfall, 1949/79
N. Cohn, Die Protokolle der Weisen von Zion, 1969
N.I. Danilewsky, Rußland und Europa, 1871/1920
Y.A. Dauge, Le Barbare, 1981
J. Delumeau, La peur en occident, XIVe-XVIIIe siècles, 1978
A. Demandt, Geschichte als Argument. Drei Formen politischen Zukunftsdenkens im Altertum, 1972
Ders., Metaphern für Geschichte, 1978
Ders., Denkbilder des europäischen Epochenbewußtseins, Archiv für Begriffsgeschichte 23, 1979, 129ff
Ders., Ungeschehene Geschichte, 2. Aufl. 1986
Ders., Europessimismus, In: Die politische Meinung 32, 1987, S.149ff
Ders., Biologische Dekadenztheorien, Saeculum 36, 1985, 4ff
Ders., Staatsform und Feindbild bei Carl Schmitt, Der Staat 27, 1988, 23ff
J. Farrenkopf, Oswald Spengler's Philosophy of World History and International Politics, Ph. Diss. University of Virginia, 1989
J. Fest, Der zerstörte Traum. Vom Ende des utopischen Zeitalters, 1991

S. Freud, Kulturtheoretische Schriften, 1986
H. Freyer, Theorie des gegenwärtigen Zeitalters, 1955/1963
L. Frobenius, Paideuma. Umrisse einer Kultur und Seelenlehre, 1921/53
F. Fukuyama, The End of History? The National Interest 16, 1989, S.3ff
Ders., Das Ende der Geschichte, 1992
A. Gehlen, Studien zur Anthropologie und Soziologie, 1963
Ders., Ende der Geschichte? In: Ders., Einblicke, 1975, S.115ff
R. Guardini, Das Ende der Neuzeit, 1950
M. Haeusler, Das Ende der Geschichte in der mittelalterlichen Weltchronistik, 1980
J. Haller, Die Epochen der deutschen Geschichte, 1940
G.W.F. Hegel, Die Vernunft in der Geschichte, 1822/1930
P.M. Holt, Islamic Millenarianism and the Fulfilment of Prophecy. In: A.Williams (ed.), Prophecy and Millenarianism. Essays in Honour of Marjorie Reeves, 1980, S.335ff
J. Huizinga, Schriften zur Zeitkritik, 1948
K. Jaspers, Die Atombombe und die Zukunft des Menschen, 1958
Ders., Die geistige Situation der Zeit, 1932
Ders., Vom Ursprung und Ziel der Geschichte, 1949
H. Jonas, Wandel und Bestand, 1970
Ders., Das Prinzip Verantwortung, 1979
E.Jünger, Der Arbeiter. Herrschaft und Gestalt, 1932/82
Ders., Über die Linie (1950). In: Ders., Werke 5 = Essays I o.J., 245ff
Ders., An der Zeitmauer, 1959
Ders., Annäherungen, 1970
F.G. Jünger, Die Perfektion der Technik, 1939/46
I. Kant, Sämtliche Werke in sechs Bänden, (Insel) 1921
E. Kautzsch (Hg.), Die Apokryphen und Pseudepigraphen des Alten Testaments I/II, 1900
KHM = Kinder- und Hausmärchen der Brüder Grimm
J. Kocka, Überraschung und Erklärung. Was die Umbrüche von 1989/90 für die Gesellschaftsgeschichte bedeuten könnten. In: Was ist Gesellschaftsgeschichte, 1991, S.1-21
A.Kojève, Introduction à la lecture de Hegel, 1947
Ders., Hegel. Eine Vergegenwärtigung seines Denkens. Kommentar zur Phänomenologie des Geistes, 1947/1988
P.Kondylis, Planetarische Politik nach dem Kalten Krieg, 1992
R.Koselleck, Historia Magistra Vitae. Über die Auflösung des Topos im Horizont neuzeitlich bewegter Geschichte. In: Natur und Geschichte. Karl Löwith zum 70. Geburtstag, 1967, S.196ff

M. Kriele, Die demokratische Weltrevolution, 1987
Th. Kuhn, Die Struktur wissenschaftlicher Revolutionen, 1967
J. Kunisch (Hg.), Spätzeit. Studien zu den Problemen eines historischen Epochenbegriffs, 1990
K. Löwith, Weltgeschichte und Heilsgeschehen, 1953
K. Lorenz, Das sogenannte Böse. Zur Naturgeschichte der Aggression, 1963/65
Ders., Der Abbau des Menschlichen, 1983
H. Lübbe, Geschichtsbegriff und Geschichtsinteresse, 1977
H. de Man, Vermassung und Kulturverfall, 1951/52
Mandevilles Bienenfabel, herausgegeben von O. Bobertag, 1914
R. K. Maurer, Hegel und das Ende der Geschichte, 1980
Ders., Ein möglicher Sinn der Rede von Postmoderne im Spannungsfeld zwischen Technologie und Ökologie. In: W.Ch. Zimmerli (Hg.), Technologisches Zeitalter oder Postmoderne?, 1988, S.88ff
MEW = Karl Marx und Friedrich Engels, Werke, 1962ff
G. F. Nicolai, Die Biologie des Krieges, 1919
L. Niethammer, Posthistoire. Ist die Geschichte zu Ende? 1989
K. Popper, Der Zauber Platons, 1944/70
Ders., Das Elend des Historizismus, 1960/75
M. Reeves (Essays in Honour of), Prophecy and Millenarianism, 1980
F. Rosenthal, Das Fortleben der Antike im Islam, 1965
H. Schelsky, Der Mensch in der wissenschaftlichen Zivilisation, 1961
C. Schmitt, Positionen und Begriffe, 1940/1988 (darin: ›Neutralität und Neutralisierungen‹ und ›Großraum gegen Universalismus‹, beide 1939)
H. Sedlmayr, Verlust der Mitte, 1948
O. Spengler, Preußentum und Sozialismus, 1919/32
Ders., Der Untergang des Abendlandes, I/II, 1923
Ders., Der Mensch und die Technik, 1931
Ders., Politische Schriften, 1933
Ders., Jahre der Entscheidung, 1933
Ders., Reden und Aufsätze, 1951
H.A. Steger+R.Morell (Hgg.), Ein Gespenst geht um ... Mitteleuropa, 1987
SVF = Stoicorum Veterum Fragmenta, ed. J.von Arnim, 1902ff
J. Taubes, Abendländische Eschatologie, 1947
A. de Tocqueville, Das Zeitalter der Gleichheit. Eine Auswahl aus dem Gesamtwerk, herausgegeben von S.Landshut, 1954
A. Touraine, La société post-industrielle, 1969

VS = Die Fragmente der Vorsokratiker, griechisch und deutsch
   von H. Diels und W. Kranz, 1934ff
M. Weber, Gesammelte politische Schriften, 1958
Ders., Gesammelte Aufsätze zur Wissenschaftslehre, 1968
C.F. v. Weizsäcker, Gedanken über unsere Zukunft, 1966
Ders., Der Garten des Menschlichen, 1977
Ders., Bewußtseinswandel, 1988

Gliederung

Das Thema

1. Der ›Untergang‹ Spenglers
2. Die Berliner Mauer fiel
3. Fukuyamas ›Ende‹
4 Das Ziel der Geschichte
5 Endzeit-Visionen
6 Worum geht es?
7 Ein historisches Gedankenspiel

I. Die Wende

1. Putsch im August
2. Lernen aus der Geschichte
3. Magistra vitae – magistra mortis
4. Prognosen ermöglichen Projekte
5. Politik planbar?
6. Geschichte bietet Erfahrung
7. Interessenblendung
8. Illusionen links
9. Zynismus rechts
10. Lust an der Unmündigkeit
11. Tauwetter unerwünscht
12. Status-quo-Ideologie
13. Selbstbestätigung
14. Prognosen sind statthaft
15. Prognosen interessieren die Nachwelt

II. Denkfigur Endzeit

1. Beglückungskonflikt
2. Periodizität oder Finalität?
3. Relativitätstheorie und Kosmologie
4. Krisentypen
5. Hesiods Eisernes Zeitalter
6. Jüdische Messiashoffnung
7. Die Folge der Weltreiche
8. Romidee
9. Christliche Eschatologie
10. Pax Augusta
11. Morgen oder Abend?
12. Lebensaltergleichnis
13. Euseb: Aeternitas Romae
14. Völkerwanderung und Antichrist
15. Mittelalter-Visionen
16. Zarathustras Weltbild
17. Koran und Edda
18. Simplicissimus
19. Der neue Tag der Humanisten
20. Aufklärung und Fortschritt
21. Säkulare Teleologie
22. Erziehung und Entwicklung
23. Endzeit bei Hegel
24. Eine Vision Jean Pauls
25. Nachhegelianismen
26. Liberalkapitalistischer Fortschritt
27. Protokolle der Weisen von Zion
28. Oswald Spengler
29. Arnold Joseph Toynbee
30. Max Weber
31. Ernst Jünger
32. Jan Huizinga
33. Gottfried Benn
34. Romano Guardini
35. Hendrik de Man
36. Ubiquität

III. Wahrheitsgehalte der Apokalyptik

1. Ausdruckswert der Endzeitgefühle
2. Wahrheit und Topik in der Antike
3. In der Neuzeit
4. Im 20. Jahrhundert
5. Psychologie: Wichtigtuerei
6. Die letzte Endzeitprognose wird stimmen
7. Teilweise Bestätigung
8. Daniel und Makkabäer
9. Imperium sine fine bei Vergil
10. Einwände gegen Prognosen
11. Auch Tatsachenbehauptungen sind ungewiß
12. Asymmetrische Schlußverfahren
13. Urteile enthalten Prognosen
14. Historische Urteile sind vorläufig
15. Geschichtlichkeit unabstreifbar?
16. Phantasielosigkeit
17. Anthropologie: Lebensbereiche geschichtlich
18. Sind nachgeschichtliche Menschen denkbar?
19. Geschichte wesentlich?
20. Kontinuität unabdingbar?
21. Diskontinuität wünschbar?
22. Ende gewiß
23. Ende bedauerlich?
24. Ende verdient
25. Ende begrüßenswert
26. Naturethik

IV. Umbrüche in der Gegenwart

1. Den Glauben an die Geschichte prüfen!
2. Der Übergang des Abendlandes
3. Die Modernität des Hellenismus
4. Verlust der Mitte
5. Techne, Ars, Kunst
6. Ästhetische Autonomie
7. Der Stil der Stillosigkeit

8. Traditionsnähe
9. Traditionsferne
10. Neo-Dadaismus
11. Publikum am Nasenring
12. Ende der Kunstkritik
13. Vandalismus in ästhetischer Absicht
14. Maßstäbe sind künstlich
15. Ende der Kunstentwicklung
16. Außereuropäische Hochkulturen enden
17. Intraspezifische Selektion
18. Musealisierung
19. Synkretismus statt Individualisierung
20. Politische Prinzipienkonkurrenz
21. Implosion des Ostblocks
22. Revolution gemäß Marx
23. Ende der Sozialhistorie
24. Ende der Ideologie
25. Francis Fukuyama
26. Rom unter Augustus
27. Die Massendemokratie ist jung
28. Offene Gesellschaft
29. Ende des Krieges
30. Krieg und Kultur
31. Krieg und Verfassung
32. Kriege belehren
33. Kalter Krieg oder Atomtod?
34. Mäusekriege
35. Heldentod
36. Gesundheitskult
37. Carl Schmitt und die Neutralisierung
38. Themenschwund in der Geschichte?
39. Quisquilien
40. Neue Themenbereiche

V. Vergangene Fortschritte

1. Schlegel und Spengler
2. Tendenzen

3. Turbulenzen
4. Fortschritt im Wissen
5. Spenglers Wissensstile
6. Kuhns Paradigmenwechsel
7. Fortschritt kumulativ und linear?
8. Wissensfortschritt evolutiv?
9. Irrtümer sterben nicht aus
10. Umwelt und Anpassung
11. Erkenntniswille
12. Schatten der Aufklärung
13. Wachsender Aufwand
14. Guillotine
15. Fortschritt des Könnens
16. Herstellung und Nutzung von Werkzeug
17. Kulturgefälle
18. Hellenisierung, Romanisierung, Sinisierung
19. Hochreligionen progressiv?
20. Europäisierung
21. Kolonialisierung
22. Künftige Fortschritte
23. Mechanei
24. Homogenisierung der Geräte
25. – der Sprache
26. – der Gefühle
27. Identitätsverlust

VI. Wege zum Weltstaat

1. Tocqueville
2. Weltreichsideen im Orient
3. – bei den Griechen
4. – bei den Römern
5. – im Mittelalter
6. – in der Neuzeit
7. – im 19. Jahrhundert
8. Weltkriege und Weltstaat
9. Innenpolitischer Fortschritt
10. Rückfälle in der Antike

11. Germanen und Romanen
12. Totalitäre Experimente
13. Oszillation des Fortschritts
14. Modernisierung durch Marxismus
15. Ende der Ideologie?
16. Dialektik der Selbstentzweiung
17. Wetzstein Sozialismus
18. Rechtsprogressiv gegen Linkskonservativ
19. Neue politische Großräume
20. Kommende Wirtschaftskriege
21. Kojève über Hegel: Kampf und Arbeit
22. Ansehen oder Reichtum?
23. Erzieherische Weltkriege
24. Gegenseitige Unterhöhlung
25. Ökonomisierung der Politik
26. Werbung allerorten
27. Politisierung der Ökonomie
28. Politik der Notlösung
29. Marktpolizei
30. Mandevilles Bienenfabel
31. Universalreligionen
32. Mammonkult
33. Fortschritt oder Kreislauf
34. Dekadenzmodell
35. Wiederholte Anläufe
36. Degeneriert auch der Weltbund?

VII. Drei unlösbare Aufgaben

1. Rotkäppchen
2. Fundamentalismus-Bevölkerungswachstum-Technikfolgen
3. Fundamentalismen
4. Anti-Amerikanismus
5. Zweite Religiosität
6. Das Recht auf Rassismus
7. Verweigerung
8. Diogenes in der Tonne

9. Neuere Nostalgien
10. Konzessionen
11. Toleranzgrenze Lebenstabu
12. Radikalitätsgrade
13. Odysseus und Gryllos
14. Surrogate
15. Symbolische Konzessionen
16. Bevölkerungswachstum
17. Kuchen für die Welt
18. Entwicklungshilfe
19. Die Ideologie der Nächstenliebe
20. Die oktroyierte Familienplanung
21. Kinderfeindschaft
22. Entwicklungsethik?
23. Zumutbare Lebensbedingungen
24. Völkerwanderungen
25. Lebensraum
26. Waffenexport als Entvölkerungshilfe
27. Germanen in Rom
28. Technikfolgen
29. Zunehmende Künstlichkeit
30. Inselwende
31. Ausschlachtung der Natur
32. Ehrfurcht vor dem Leben
33. Technikfolgenentsorgungstechnik
34. Wachstum, Wachstum über alles
35. Der Zwei-Fronten-Krieg der Grünen
36. Wozu verzichten?
37. Natura magistra vitae?
38. Vier Antinomien der Technik
39. Technik als Spiel
40. Selbstentmündigung
41. Technik leistet Arbeit: Medizin
42. Zeitgewinn?
43. Technik schafft Genuß: Attrappen
44. Technik bezwingt die Natur
45. Selbstfesselung
46. Der Stier des Phalaris

47. Zauberlehrling
48. Senecas neunzigster Brief
49. Künftige Geschichtsthemen
50. Rest-Natürlichkeit
51. Hartes Ende: Müllzwerge
52. Baladurs Selbstopfer
53. Weiches Ende: Phäaken
54. Fundamentalismus gemäßigt
55. Bevölkerungszunahme gebremst
56. Technik perfekt
57. Naturverschleiß gedrosselt
58. Umkehr

VIII. Ungeschichtliches Geschehen?

1. Dürrenmatt
2. Das größtmögliche Unglück
3. Paradies oder Rattenkäfig
4. Sine ira et studio
5. Grisaille
6. Buridan und Bileam
7. Geschichtslos heißt bedeutungslos
8. Bedeutung ist quantifizierbar
9. Stufen historischer Dignität
10. Geschichtslosigkeit ist perspektivisch
11. Tacitus und Mommsen
12. Von der Republik zur Kaiserzeit
13. Christen und Barbaren
14. Dürrezeiten
15. Zunehmende Ereignisdichte
16. Kommt ein Altweibersommer?
17. Gaußsche Glockenkurve
18. Die Zukunft der Zurückgebliebenen
19. Bedeutungslose Ereignisse
20. Entwicklung ohne Geschichte
21. Zeitloses Bewußtsein
22. Spiel und Ritual
23. Apathie statt Pathologie

24. Metaphern für Geschichtslosigkeit
25. Stagnation
26. Zyklik und Linearität
27. Verwandtschaft beider
28. Ist Vergängliches sinnlos?

IX. Ein Zustand ohne Geschichte

1. Geschichtsleere
2. Zivilisationsstufe beliebig
3. Kultur ist geschichtsneutral
4. Musengaben dürfen dauern
5. Wieviel Politik ist zuträglich?
6. Machtpolitik ist geschichtsverdächtig
7. Soziodynamisches Gleichgewicht
8. Totale Toleranz
9. Geschlecht und Geschichte
10. Das Ende der Ehe
11. Platons Kugelgleichnis
12. Erotikindustrie
13. Weltbürgertum
14. Computerpolitik
15. Vollzug statt Entscheidung
16. Sachzwang statt Willkür
17. Demoskopischer Opportunismus
18. Administrative Despotie
19. Stochastische Willensbildung
20. Triumph der Konservativen

X. Alternde Ideale

1. Keine Politik ohne Ideale
2. Freiheit wird gegenstandslos
3. Überwundene Zwänge
4. Selbstbestimmung statt Fremdbestimmung
5. Freiheit – ein Grenzproblem
6. Freizeit wächst
7. Freiräume schrumpfen
8. Freiheit und Anarchie

9. Der Sieg des Liberalismus
10. Abbau der Respektfiguren
11. Großinquisitor
12. Formenschwund
13. Konkurrenzkapitalismus
14. Sanfte Imperien
15. Gleichheit wird hergestellt
16. Wirtschaftliche Ungleichheit bleibt
17. Klassen im Kommunismus
18. Egalisierender Kapitalismus
19. Die Zukunft des Snobismus
20. Brüderlichkeit wird selbstverständlich
21. Schmarotzer zieren die Zivilisation
22. Humanität schillert
23. Fortgeschrittene Selbstdomestikation
24. Kriege bleiben denkbar
25. Gewalt ist geschichtsverdächtig
26. Friede auf Erden
27. Bandenkämpfe und Bürgerkriege
28. Dauerübel Cosa Nostra
29. Weltweite Polizeiaktionen
30. Elastische Schmerzgrenzen
31. Neue Überwachungsmethoden
32. Totalitäre Humanität
33. Aggressivität wird obsolet
34. Gefährliche Instrumente
35. Das Böse
36. Der tägliche Gewaltkonsum
37. Brutalität als Genußartikel
38. Kraniche über Ernstroda

XI. Die Zukunft der Utopie

1. Alte Träume
2. Utopie geschichtslos
3. Kosmopolis als Lustgarten
4. Leonce und Lena
5. Marx und Mao

6. Weiße und schwarze Utopien
7. Utopien in der Utopie?
8. Erlöschen die Wünsche?
9. Oasen verschwinden
10. Die Grenzen der Phantasie
11. Nullsummenspiel
12. Endzeit wahrscheinlich?
13. Wie lange muß sie dauern?
14. Der posthistorische Mensch
15. Der wohltemperierte Weltbürger
16. Eigenschaften des Endmenschen
17. Der eindimensionale Mensch
18. Die Zahnradgesellschaft
19. Plastic Man
20. Rückfälle bleiben denkbar
21. Rebarbarisierung
22. Triebstruktur
23. Unersättlichkeit
24. Fruchtbare Langeweile
25. Angst vor dem Erfolg
26. Probleme lösen sich ab
27. Historie dauert (mich)
28. Unterhaltungshistorie
29. Salas y Gomez
30. Geschichte als Gruselkabinett
31. Deutsche Antihistorie
32. Geschichte als Hürdenlauf
33. Verlustrechnung der Evolution
34. Der Mensch als Leitfossil
35. Freund-Feind-Schema
36. Gezieltes Vergessen
37. Entrüstungs-Potential
38. Hitler der Weltfeind
39. Kapital Geschichte
40. Nietzsches letzter Mensch
41. Historia ancilla temporum

XII. Der Prophet im Feigenbaum

1. Caprificus
2. Marc Aurel und der Prophet
3. Apocalypsis cum figuris
4. Krisengefühle rundum
5. Ende der Geschichte?
6. Jerusalem oder Gomorrah?
7. Orplid oder Orkus?
8. Der letzte Prophet behält recht
9. Ziele täuschen
10. Der Schluß macht das Ganze
11. Existenzielle Finalität
12. Endzeit – ja und nein
13. Unklare Zeitzeichen
14. Trügerischer Augenschein
15. Kosmos heißt Schmuck
16. An den Orion

CIP-Kurztitelaufnahme der Deutschen Bibliothek

Demandt, Alexander:
Endzeit? / Alexander Demandt.–
Berlin: Siedler, 1993
ISBN 3-88680-478-0

© 1993 by Wolf Jobst Siedler Verlag GmbH, Berlin

Der Siedler Verlag ist ein gemeinsames Unternehmen
der Verlagsgruppe Bertelsmann und von Wolf Jobst Siedler

Alle Rechte vorbehalten,
auch das der fotomechanischen Wiedergabe
Schutzumschlag: Jürgen Stockmeier, Berlin
Satz: Bongé + Partner, Berlin
Druck und Buchbinder: Mohndruck, Gütersloh
Printed in Germany 1993
ISBN 3-88680-478-0
Erste Auflage